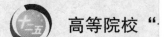

高等院校 "

U0630844

秘书写作实务

MISHU XIEZUO SHIWU

主　编　熊发平　郭征帆

副主编　宋　扬　宦书亮　侯慎伟　乔彩霞

编　委　王红玲　赵展春　县晓晴　潘俊鲜

电子科技大学出版社

图书在版编目(CIP)数据

秘书写作实务 / 熊发平,郭征帆主编.—成都:
电子科技大学出版社,2015.2
ISBN 978-7-5647-2834-2

Ⅰ.①秘… Ⅱ.①熊… ②郭… Ⅲ.①公文—写作
Ⅳ.①H152.3

中国版本图书馆 CIP 数据核字(2015)第 033348 号

秘书写作实务

主 编 熊发平 郭征帆

出　　版:电子科技大学出版社(成都市一环路东一段 159 号电子信息产业大厦　邮编:610051)
策划编辑:郭蜀燕　杨仪玮
责任编辑:李　毅
主　　页:www.uestcp.com.cn
电子邮箱:uestcp@uestcp.com.cn
发　　行:新华书店经销
印　　刷:北京市彩虹印刷有限责任公司
成品尺寸:185 mm×260 mm　　印张:16.75　　字数:415 千字
版　　次:2015 年 2 月第一版
印　　次:2018 年 10 月第二次印刷
书　　号:ISBN 978-7-5647-2834-2
定　　价:35.00 元

前　　言

秘书作为领导的参谋和助手,其工作职能是辅助管理、综合服务,具体体现在"办文"、"办会"、"办事"三大工作任务之中,而办会、办事都离不开办文,办文是一项最基础的工作。写好各类文字材料,以文辅政,是秘书最重要的一项职能工作。从初级秘书到中级秘书再到高级秘书,对秘书写作能力的要求越来越高。秘书写作能力是秘书的一项核心职业能力,是秘书的看家本领。秘书如果具有较强的文字材料写作水平,则可以极大地增强核心职业竞争力,极大地拓展其职业发展空间。

秘书写作课程历来都是秘书专业的核心课程。作为秘书写作课程建设的核心——秘书写作教材建设越来越受到重视。为全面提升职业秘书写作素养,满足秘书写作教学的需要,我们本着严谨务实的态度编写了这本《秘书写作实务》,以期对我国秘书写作教材建设做出一定的贡献。

编写这本《秘书写作实务》教材,我们力求达到以下几个目标。

一是注重教材内容的系统性、实用性。教材以获得秘书岗位实用写作技能技巧为宗旨,从各类机关单位特别是企业秘书岗位写作实际出发,结合秘书国家职业标准,精选了35种常用文书进行介绍。全书共分秘书写作基础、党政机关公文写作、工作事务文书写作、公关礼仪文书写作和商务文书写作5个单元36个项目,既有秘书写作基础知识的介绍,也有具体的实用文种写作知识和技巧的介绍,全面提升职业秘书写作素养。

二是注重知识介绍的科学性、规范性和例文的时代性。对党政机关公文部分,我们根据最新公文规范文件《党政机关公文处理工作条例》和《党政机关公文格式》编写,保证知识介绍的权威性和规范性。对具体文种写作知识的介绍,力求严谨、科学,不人云亦云、以讹传讹,并力求有新的见解。在例文的选取上,既注重例文的典型性,同时注重其时代性与贴近性,尽量选取近3年来的典型例文,选取贴近秘书工作实际的例文。

三是注重编写体例的科学性和实训性。教材按照项目课程教学设计编写体例,整体上由教学单元和教学项目构成,每个项目是一个独立的教学内容,完成某一方面知识或某个文种的学习。各个教学项目按"走进课堂——知识导航——例文评析——技能训练"的体例编写,其中穿插"知识卡片"栏目。"走进课堂",尽量从秘书工作实际出发设计工作情景并提出思考问题,目的是了解学习任务,提高学习兴趣;"知识导航",介绍文种基本写作知识与写作规范,对相近文种辨析异同;"例文评析",精选有时代感的例文进行点评,使学生进一步理解文种写作规范;"知识卡片",介绍与主体知识相关的拓展性知识;"技能训练",有针对性地设计病文修改、情景材料写作等实训项目,通过大量的贴近实际的训练切实提高写作能力。

　　《秘书写作实务》这本教材结构体例新颖、目标明确、内容充实,可作为高等院校、成人高校各类专业写作课程教材,也可供各级党政机关、社会团体、企业事业单位的办公室人员作为公文写作培训教材和业务参考书使用。本教材配有教学课件和习题参考答案。

　　本教材由重庆城市管理职业学院熊发平和铜仁学院郭征帆担任主编。熊发平编写了第一、三、五单元,郭征帆编写了第二、四单元。熊发平提出本教材的编写思路,负责体系设计和润色统稿,在统稿过程中对全书的内容、体例和行文风格等进行了修改和完善。全国众多兄弟院校一线有教学经验的老师参与了教材的编写,在此向本书参与付出的人员表示感谢。

　　本书的编写和出版得到了电子科技大学出版社的大力支持,重庆市沙坪坝区曾家镇党政办肖婷婷提供了部分写作案例,在此表示衷心的感谢。在编写的过程中,我们参考了诸多文献及网站资料,有的进行了标注说明,有的无法查明出处,在此,对原作者一并表示感谢!由于编者水平所限,疏漏与不足之处,诚望各位专家、学者、读者不吝赐教,不胜感激。

编　者

2015 年 1 月

目　录

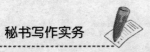

单元一　秘书写作基础

项目1　秘书写作认知

【走进课堂】

秘书写作的苦与乐

坚实的文字功底是秘书的首要条件。在机关做秘书工作,写材料是基本功、常干的活,躲不开,避不了。如果你不会写,或者是不想写,唯一的办法就是离开机关,逃之夭夭,或者是待在机关一辈子,但只干一些打杂跑腿出不了大的成绩也难以进步提高的事情。因此,从你跨进机关办公室那一天起,你就一定要学写材料,与纸与笔亲密接触、形影不离,熟悉、熟练直至精通文字材料,与写材料结下不解之缘。如:年度开始,要写工作计划;部署工作,要写领导讲话;开展工作,要写实施方案;调查情况,要写调查报告;查办问题,要写检查结论;承办课题,要写研究论文;交流学习,要写经验材料;年度终了,要写工作总结,等等,等等。你的工作,除了写,还是写,写完了一个材料,下一个材料接着写。

刚刚参加工作那时,我年纪轻,资历浅,写材料这类苦活自然躲避不了。那时,写个请示,拟个通知,几百字、上千字,只要领会了意图,清楚了情况,明确了内容,三下五除二,挥笔疾书,一气呵成,只要格式对了,语句通了,意思表述清楚了就行,也还算是简单轻松,举手之劳。但是,如果碰上召开全省性工作会议,全面部署专项性工作,调查解析某项专题情况,领导讲话呀,工作总结呀,经验材料呀,调研报告呀,等等。既有理论指导,又有实际操作;既有原则要求,又有具体安排;既要指出问题,又要分析原因,还要提出改进措施;既要总结成绩,又要谈出体会,还要提出方向任务。这些数千字、上万字的文稿,写起来就辛苦了。往往这个时候,时间紧,要得急,需在两三天内,甚至更短时间完成,逼上梁山了,只好日夜连轴转,通宵达旦地干,几小时、十几小时,甚至几天,把自己关在屋里,与外界断绝,看文件,翻材料,埋头伏案,苦思冥想,绞尽脑汁。手写酸了,腰勾痛了,腿发麻了,屁股坐得发烧了,累得不像个人样。写完了,交给科长;科长看了,改了,交给主任;主任看了,改了,呈报领导;领导看了,批了,提出意见,原路退回。到我手中,不敢延误,又连夜奋战修改,直至领导满意为止。顺利的时候,一次或两次就大功告成,不顺利的时候要三次四次,甚至更多次数,几上几下,翻来覆去,反复折腾,可以说是脑力和体力超强透支,让你心力交瘁、精疲力竭,很长一段时间都恢复不过精神来。

话说回来,当看到自己苦心堆砌的文字变成一篇思想丰富气势恢宏的文稿,印成一大摞崭新整齐并散发出油墨香味的材料,被众多人捧在手中如获至珍严肃认真地阅看,领导脸上为此露出灿烂笑容的时候,身上的沉重枷锁总算卸载下来,不由得暗中一阵快慰和欢喜,犹如喝了一罐蜜糖似的,甜蜜蜜、乐滋滋的,要多高兴有多高兴,要多快乐有多快乐,一切苦涩、烦闷、疲惫烟消云散,全都抛到九霄云外去了。

就这样,日复一日,年复一年,反复地、不停地写呀,写呀。苦了乐,乐了苦,苦了再乐,乐了再苦,苦中有乐,乐中有苦,其苦无尽,其乐无穷。写得多了,见得多了,习惯了,顺畅了,脑瓜子也好使多了,一通百通,驾轻就熟,手到拈来。文字能力、思维能力、分析问题和解决问题的能力以及工作水平竟提高了不少。这时,突然想起一句古语:"宝剑锋从磨砺出,梅花香自苦寒来。"我写材料的经历又何尝不是如此呢?

后来,工作时间长了,资历老了,地位高了,也算超脱出来,熬出头了。除了自己一时兴趣来了,写点体会性、感悟性文章,拿到有关报纸杂志上发表发表,练练手笔,养养心性,图个虚荣,赚点稿费之外,一些场面上的文字性工作就交给属下去做了,自己再不亲自捉刀主笔了。只在他们写之前拿出点指导性意见,交代些重点关键事项,审查下写作方案和提纲,稿子出来后看一看,圈画一下,提出一些修改意见罢了,少了许多动脑筋费心思加班熬夜拼时间拼体力之苦。(据文秘114网站《秘书心得体会:如何写好材料》改编)

思考:1. 你是怎样理解"坚实的文字功底是秘书的首要条件"这句话的? 2. 从作者的感悟中,你认识到秘书写作有哪些特点? 3. 你认为怎样才能提高秘书写作能力?

【知识导航】

一、秘书写作的含义

顾名思义,秘书写作是秘书工作者所从事的写作活动,其主体是秘书工作者,客体是秘书工作职责范围内的各类公务性应用文书。换言之,秘书写作就是秘书工作中各类公务文书的写作。

对秘书写作的性质,可以从三个方面来把握。

一是秘书写作是应用写作。秘书写作直接为完成组织的管理目标服务,秘书写作的文体是各类应用文书,属于应用写作的范畴。

二是秘书写作是公务写作。秘书写作不是秘书个人的业余创作和私务写作,是为完成某项公务活动服务的。

三是秘书写作是秘书职责写作。秘书写作是秘书工作的重要内容之一,是秘书履行秘书岗位职责的职务写作行为。

二、秘书写作的特点

秘书写作与文学写作和其他写作活动相比,带有很强的职业特征。具体来说,秘书写作具有以下几个显著特征。

1. 受命性

秘书写作的动因往往出于领导方面的安排,不是有感而发的主动写作,而是奉命作文的被动写作,具有受命性和被动性。职业秘书要随时随地准备接受领导安排的文书拟制任务。

2. 政策性

秘书写作是各级机关单位实施领导、处理公务的重要工具,传达党和国家的路线、方针、政策,代表着党和国家政权组织以及制发机关的权威和意志,具有很强的政策性。秘书写作要求秘书具备较高的政策水平。

3.代言性

秘书写作是公务写作的性质以及秘书工作潜隐性、幕后性的特点决定了秘书写作是代机关立言、为领导作文,体现的是制发机关的意志和领导的意图,不能带有任何个人的感情色彩,文稿署名也是署制发机关名称或领导姓名。秘书在写作时一定要站在组织或领导的立场和角度收集材料、思考问题、谋篇布局、组织语言。

4.规范性

秘书写作在文种选择、体例格式、语言表达以及处理程序上都有比较严格的规范,要遵守有关文件的规定或遵循约定俗成的写法。

5.限时性

限时性一是源于文书本身时效性要求,二是源于文书工作制度要求,三是源于领导要求和工作情势要求。秘书在领受写作任务后必须在规定的时间段内完成。

三、秘书写作的文体

秘书写作的内容非常广泛,涉及秘书工作的方方面面。就秘书写作的文体种类来说,主要有以下几类。

(一)党政机关公文

党政机关公文又称通用公文、党政公文,是最主要的法定公文。党政机关公文是党政机关实施领导、履行职能、处理公务的具有特定效力和规范体式的文书,是传达贯彻党和国家方针政策,公布法规和规章,指导、布置和商洽工作,请示和答复问题,报告、通报和交流情况等的重要工具。党政机关公文适用于各级党政机关公文处理,其他机关和单位的公文处理可以参照执行。《党政机关公文处理工作条例》规定公文种类有 15 个,即决议、决定、命令(令)、公报、公告、通告、意见、通知、通报、报告、请示、批复、议案、函、纪要。这 15 个文种是机关单位间往来的正式文种,是秘书要重点学习的首类文种。

(二)事务文书

事务文书是指机关、单位、团体为处理单位内部和单位间的工作事务所使用的文书,是除法定公文和商务文书外的所有普通应用文书。事务文书种类繁多,主要有:计划、总结、简报、信息、会议记录、述职报告、调查报告、讲话稿、规章制度、传真稿、备忘录、请柬、邀请信、贺信(贺电)、感谢信、启事、声明、典型材料、汇报材料、新闻稿等。有的教材将事务文书还进一步细分为工作事务文书、日常事务文书、公关礼仪文书、新闻传播文书、会议文书、演讲文书、信息文书、书信文书、法规规章文书等,不过这些分类大多是一些教材为了讲述的方便而从某一个角度进行的划分,说不上错,但也不够严谨。比如,工作事务文书与日常事务文书谈不上有何本质区别,开幕词、闭幕词既可以说是会议文书,也可以说是演讲文书,甚至可以归为礼仪文书。本教材在介绍事务文书时,分为工作事务文书和公关礼仪文书两大类。工作事务文书主要包括计划、总结、会议记录、简报、规章制度等与单位管理工作紧密相关的文种;公关礼仪文书主要包括欢迎词、欢送词、感谢信、慰问信、贺信等与单位社会交往紧密相关的文种。事务文书在写作格式上没有专门的文件作出规定,遵循约定俗成的格式和写法。

(三)机关行业专用文书

机关行业专用文书指在特定机关、特定行业、特定领域使用的专门文书。在我国,特定机关公文有人大机关公文、人民解放军军队机关公文、人民法院机关公文、人民检察院机关公文等。常见的机关行业专用文书有外交文书、法律文书、军事文书、教育科技文书、新闻出版文书、涉外文书等。机关行业专用文书的文种繁多,诸如:外交部门使用的照会、国书、条约、协定、备忘录、领事证书;侦查机关使用的讯问笔录、立案报告、破案报告、通缉令等;检察部门使用的起诉决定、批准逮捕决定、起诉书等;法院使用的开庭通知书、判决书、调解书、裁定书、审判庭笔录等。许多专用文书是在特定的部门、适应特殊需要使用的,如外交文书在外交部、大使馆、领事馆使用,是进行外交活动的一种工具;司法文书在侦查、检察和司法机关使用,是处理各类案件的工具。许多专用文书有其特殊制作程序和专门术语。行业专用文书行业性、专门性强,本教材不作介绍。

（四）商务文书

商务文书是指机关、单位、团体为处理商务事务所使用的文书,主要有:意向书、合同、商务函电、订货单、商品说明书、招标文书、投标文书、市场调查报告、可行性研究报告、经济活动分析报告、广告文案等。鉴于商务文书业务性强,且多用于业务部门,本教材只介绍意向书、合同、招标文书、投标文书等几种商务秘书常用的文种。商务文书除标准文本和示范文本外,其余遵循约定俗成的格式和写法。

四、学习秘书写作的意义

（一）秘书写作是机关单位实施管理、处理公务的重要工具

公文作为一种正式的信息传递方式,是各级各类机关单位最重要的管理和沟通工具。党和国家的方针、政策,通过公文来传达贯彻;法律、法规、各种管理制度的制定和实施,规范着人们的行为;上级机关单位通过公文布置工作、批复问题、通报情况、实施领导;下级机关单位通过公文请示问题、汇报工作、反映情况;机关单位间通过公文联系工作、交流情况;公文是各职能部门依法行政、办理公务的凭证和依据;公文是宣传教育、传递信息的重要渠道。离开了公文,大至国家,小至基层单位,各项管理工作将难以实施。从古至今,公文都发挥着重要的管理职能,是"经国之大业,不朽之盛事"。

（二）秘书写作是秘书辅助管理、服务领导的重要手段

秘书作为领导的参谋和助手,其工作职能是辅助管理、综合服务,具体体现在"办文"、"办会"、"办事"三大工作任务之中,而办会、办事都离不开办文,办文是一项最基础的工作。作为秘书,写好文字材料,以文辅政,是为领导和机关工作服务的基本要求,是秘书最重要的一项职能工作。

（三）秘书写作是展示机关单位形象的重要窗口

一个单位的管理水平如何,往往可以通过其制发的公文体现出来。文书处理工作规范高效的机关单位,其各方面管理工作也往往做得不错。一份公文的正式发出,要经过秘书部门的审核和领导签发,其文稿质量不仅体现了秘书的个人素质和文稿撰写水平,也是秘书部门和单位领导工作水平的体现,反映整个机关单位的政策水平、管理水平和工作风貌。公文是一个单位的"门面"和"窗口",公文质量关系到行业、企业、单位的形象。

（四）秘书写作有助于拓展秘书职业发展空间

秘书写作能力是秘书的一项核心职业能力,是秘书的看家本领。从秘书岗位的层级性

来看,从初级秘书到中级秘书再到高级秘书,对秘书写作能力的要求越来越高。具有较强的应用文写作功底是文字秘书的一项基本条件。如果秘书写作能力不强,则只能在前台接待、办公室文员等初级秘书岗位从事电话、打字、接待、文件收发、会务服务等操作性、服务性工作,难以胜任文稿起草、调查研究、辅助决策等中高级秘书岗位工作。而且初级秘书工作可替代性强,职场竞争力弱。秘书如果具有较强的文字水平,则可以极大地拓展其职业发展空间,进一步锻炼增强其工作能力,甚至走向各级领导岗位,这样的实例是非常多的。总之,秘书写作是增强职业竞争力,更好地实现秘书参谋助手职能的手段,也是秘书实现自我人生价值的良好途径。

五、提高秘书写作能力的途径

作为文秘专业的学生,我们如何较快地掌握秘书写作的规律,提高秘书写作水平,成为秘书写作高手呢?

(一)提高认识,培养兴趣

首先,认识秘书写作的意义,主动学习。深刻认识到秘书写作在秘书工作中的重要地位,认识到秘书写作对自身职业发展的重要意义,培养对秘书写作的强烈责任感,有千方百计提高文字水平的强烈意愿,变被动学习为主动学习,变"要我学"为"我要学"。

其次,正确认识秘书写作,克服畏难情绪。秘书写作作为一种实践技能,需要通过较长时期的刻苦训练才能获得与提高,但也不是我们想象的那样高深莫测,难以掌握。只要我们把握秘书写作的基本规律,经过一定时期的刻苦训练,是能够达到较高的写作层次的。

第三,培养兴趣,体味快乐。在大多数人看来,写作是一件苦差事,但当我们深入其中之后,你会发现哪怕是一篇严肃的公文,也有它独特的美,这种美,不同于文学作品激荡心魄的形象美、意蕴美、情感美,而是一种切实管用的朴实美、庄重美、理性美。特别是当我们拟写的文稿得到领导和同事的夸赞,发挥它巨大的实用功能后,你会有一种艰辛付出之后收获的喜悦和成就感。当秘书写作成为一种兴趣时,我们就会把它当成一件快乐的事情去做,乐此不疲,如饥似渴地去钻研。

(二)加强学习,提升素养

秘书写作是一项综合性的技能,是秘书全部的才学胆识的综合体现。秘书写作不仅需要秘书具备深厚的文字功底和写作技巧,而且需要具备较高的政策理论水平、广博的知识积累、丰富的生活阅历,具备较强的综合分析能力、信息收集处理能力以及办公自动化能力等多种能力和素养。在秘书写作基本素养方面,我们应着重在以下几个方面加强学习。

1.提升思想素养,打好理论政策功底

秘书写作具有强烈的政治性和政策性,秘书政治理论与政策水平的高低直接决定了文稿的质量。秘书必须重视政治理论学习,树立科学的世界观和价值观,并以之加强自己在信仰、观点、品德、节操等方面的改造;善于运用马克思主义的立场、观点、方法观察、处理问题;始终坚持正确的政治方向,树立为人民服务的思想,全面贯彻党和国家的路线方针政策;熟悉国家基本法律法规和与本行业相关的政策、法规,保证所提出的措施、办法不与之相抵触;忠诚于党的事业,以高度的责任心和无私奉献的精神全身心地投入每一篇文稿的撰写。

2.提升知识素养,打好知识文化功底

完善合理的知识结构、文化知识的雄厚积累是提高秘书综合素质、胜任现代秘书工作的需要,也是秘书写好各类文章的基础。秘书人员不但要有深厚的秘书工作专业知识,而且还应有广博的科学文化基础知识、法律法规基础知识、政治经济理论基础知识;熟悉行业情况,掌握相关行业知识;懂得一定的管理学、心理学、市场营销学、社会学、传播学、新闻学、统计学、会计学等辅助知识;具备风土人情、餐饮常识、电脑常识、财会常识、礼仪常识等常识性知识。秘书尤其应尽可能地懂得经营管理知识,熟悉所在行业技术业务知识,这两方面的知识越丰富,写出的东西就越切合管理实际。知识文化的学习,是一个长期积累、循序渐进的过程。秘书必须养成多读书、勤学习的习惯,博和专相结合,精读与泛读相结合,不断丰富深化秘书的知识系统。

3. 提升语文素养,打好语言文字功底

一是语言修养。秘书写作离不开语言文字的运用,秘书要掌握语音、文字、词汇、语法、逻辑、修辞等现代汉语知识,不断提高文字表达能力;注意语言积累,掌握一定数量的词汇和应用文书惯用语,谙熟一些成语、古语、典故、名言警句、生动鲜活的群众语言,不断丰富自己的语言储备;养成精心锤炼词句的好习惯,从语法、修辞、逻辑方面下功夫,增强语言表达效果。

二是辞章修养。认真学习写作的基本理论,了解写作的过程和要素,把握写作的基本规律;掌握各类文体的语体特征,恰当运用表达方式和表达技巧;掌握日常生活与秘书工作各类常用文书的特点、结构和基本写法。

4. 提升信息素养,打好调查研究功底

秘书写作的过程,也是对信息资料的收集、筛选、分析、运用过程。秘书要善于运用信息技术,善于通过多种方式广泛收集信息资料。

秘书写作不仅要精研政策,吃透上情,还要深入调研,吃透下情。调查研究是获取第一手信息资料的重要途径。通过调查研究形成观点,积累材料。

提高秘书的调研能力,首先要养成调查研究的良好习惯。毛泽东说:"没有调查,就没有发言权。"坐在屋里空想出来的东西,必然不切合实际。只有经常深入基层、深入群众、深入实际,掌握第一手资料,了解真实情况,写出来的文章才能够符合社情民意,才能够做到说实话、办实事、讲实情、求实效,才能够避免说大话、说空话、说套话、说假话。其次,要掌握一定的调查方法,如实地考察、个别访谈、开调查座谈会、问卷调查、普遍调查、典型调查、抽样调查等。此外,还应做好对调查材料的分析研究,通过比较、综合、归类、提炼,去粗取精、去伪存真,由表及里、由此及彼,揭示事物规律,把握事物本质。

5. 提升思维素养,打好逻辑思维功底

秘书写作是以对客观事物的深刻认识、对问题准确的判定分析、对行动的科学决策为前提。秘书认识问题、分析问题、解决问题的思维水平决定了秘书写作思想的深度、高度和正确程度,直接影响着文稿的质量。高质量的文稿,必然反映着起草者良好的思维能力和较高的认识水平。秘书写作除了布局谋篇、组织文字本身所需的思维能力外,还需要善于对问题作深入的理性思考,能够抓住事物的本质,从理性的高度提出解决问题的办法。

提高认识水平和思维能力,一是要学习马克思主义唯物辩证法,以唯物辩证法的基本原理为指导,对客观事物进行科学的鉴别、概括和分析,防止用孤立、片面、静止的观点去看待分析事物,善于透过现象看本质,防止被表面现象所迷惑,提高看问题的深刻性和预见能力;

二是要学习形式逻辑,掌握基本的逻辑规律,能够正确地判断、推理;三是要学习现代思维科学,学会逆向思维、纵深思维、发散思维等创新思维方法,提高创新能力。

（三）多看范文,以读悟写

学习秘书写作技巧,除了要从理论上把握秘书写作的特点和规律,掌握各类文种的基本结构和写法外,多看范文,细心品味,把握规律,模仿借鉴,不失为一种行之有效的好方法。首先,我们要对教材上的典型例文认真品读,从主题、材料、结构、语言表达等方面细心体味,从中把握应用文书的语体特点和文种的写作规律。其次,养成评析文章的好习惯,在生活中、工作中,有意识地对接触到的文章从写作特色方面进行分析评价,发现其写作上的优缺点,而不是仅仅关注其内容。第三,多进行换位比较,设想假如是自己,会怎么去写,通过比较,总结规律。第四,通过广泛阅读例文,熟悉文种结构模式、语言风格,积累应用文书惯用语。第五,对优秀的范文,熟读成诵,烂熟于心,作为写作时参考借鉴的蓝本。

（四）躬行实践,勤于练笔

"纸上得来终觉浅,绝知此事要躬行。"秘书写作作为一种实践技能,需要通过较长时期的刻苦训练才能获得与提高。没有实践就不能把写作知识转化为写作能力,没有实践就不会有切身体会,没有实践就难以发现写作中的不足。勤写多练,是提高秘书写作能力最根本的途径。"常看胸中有本,常写笔下生花。"写作能力来源于日积月累,笔耕不辍。

练笔的方式,一是仿真模拟训练与实战写作相结合、片断训练与全篇训练相结合、专项训练与综合训练相结合、重点文体训练与次要文体训练相结合。二是由简到难,由小到大,先练习简短的小型的公文,再练习长篇的综合性的大型材料。三是先重点进行语体训练,形成语感,后进行文体方面的训练。

（五）精益求精,反复修改

学习秘书写作,不但要重视勤写,还要重视精改。脍不厌细,文不厌改。反复修改的过程,是对问题的认识不断深入、思想不断升华、文字不断完善的过程。重要的文稿都是反复修改出来的,几次、十几次甚至几十次地修改。

文稿的修改润色,既是文稿撰写的一个重要环节,也是提高秘书写作能力的一种重要方法。文章频改,工夫自出。事实上,多一次认真修改,就多一份写作的体验,就多一份收获的欢欣,就多一次难得的提高写作技能的机会。作为称职的秘书人员,要有高度的责任感和细致严谨、精益求精的工作作风,养成修改文稿的良好习惯。在平时的写作训练中,我们一定要严格要求自己,深究细研,反复推敲,发挥出自己最好的水平,直到自己满意为止。千万不可抱着交差应付的态度,不管语句通不通畅,有无病句错字,马马虎虎,一写了之。那样的话,我们的写作水平永远难以提高,也不可能做好其他工作。

修改文稿,应先整体审视,对文种、观点、材料、结构、语言、格式进行全方位考察,然后再进行局部的调整修改和具体词句的推敲。做到文种正确,格式规范,内容简洁,主题突出,观点鲜明,结构严谨,表述准确,文字精练。

修改文稿,可以采用读改法,通过反复诵读发现问题进行修改;如果交稿时间不急,还可以采用冷冻法,搁置一段时间后再修改;还可以求助他人修改,比如同学互改,请老师批改,请同事、领导修改,对他人的修改意见应虚心接受,仔细揣摩,择善而改。

【技能训练】

一、调查走访党政机关、公司企业、事业单位秘书部门，了解秘书写作在秘书工作中的作用、秘书写作具体文种的使用情况、秘书写作应具备的能力素养以及文秘工作者对秘书写作的感悟，将调查结果写成一份简易的调查报告在班上进行交流。

二、结合自身实际，谈谈如何学好秘书写作课程并拟写一份《秘书写作学习计划》。

项目2　秘书写作的基本要素

【走进课堂】

接触秘书这个岗位，不过两年有余。刚入门接触材料时，感受就一个字："晕"。当领导第一次把一个材料任务交给自己的时候，头晕脑涨，心乱如麻。这都怎么写，都写个啥，按啥格式写，说啥样的话，全不知道，憋得满地乱蹦。好不容易弄出点东西来，左看不行，右看不妥，撕了再写，写了再撕，反反复复，最后弄到领导那里了，两个字："枪毙"。

后来，我有幸参加了一个星期的秘书写作研修班，懂得了秘书写作的好些门道。主题、材料、结构、语言是文章的四个基本要素，秘书写作与其他任何文章写作一样，都必须合理安排好这四个基本要素。如果对领导的意图没有完全领会，对涉及的领域不够熟悉，对材料的背景不够了解，对语气措词把握不好，那么写出来的材料就重点不突出，抓不住要害，言之无物，空洞之味，当然要被领导"枪毙"推倒重来了。后来，在每一次写作前，我都会认真领会领导意图，吃透政策文件精神，明确写作思路，广泛收集材料，精心设计提纲，安排好文稿结构，然后一气呵成组织语言写出初稿，最后精心修改润色，务求主题突出，观点鲜明，内容简洁，结构严谨，表述准确，文字精练。遇到不明白的地方，我就主动上网学习，虚心向同事和领导请教。期间过程越是艰辛，成绩就越显得来之不易，越会倍加珍惜。一篇篇材料的圆满完成，一句句领导的肯定话语，都是我享受甘甜的源泉，成为推动我今后工作的强大动力。

思考：秘书写作在主题、材料、结构、语言上有什么特点和要求？

【知识导航】

一、秘书写作的立意

（一）立意的含义

"意"即文章的主题，是作者在说明问题、发表主张或反映生活现象时，通过文章全部内容所表达的基本观点或中心思想。秘书写作的"意"，就是通过文稿体现出来的行文的目的和基本观点。秘书写作的立意，就是秘书在起草文稿前，搞清楚要表达什么观点，提出什么主张，达到什么目的。

（二）立意的作用

主题是文章的灵魂，决定文章思想水平的高下；主题是文章的统帅，决定材料的取舍、结构的安排和语言的运用。秘书写作具有很强的现实效用和政策性，立意尤其重要，如果行文目的不清楚,没有现实针对意义,不能完整准确体现发文机关意图,所提政策措施和办法不切实际,甚至违背党的路线方针政策,与国家法律法规相抵触,那不但没有行文的必要,反而会对工作造成损害,甚至说是反动的。

(三)立意的依据

秘书写作立意的依据主要有三个:一是行文目的,如发布命令、报告情况、请示问题、布置工作、作出决定、通知事项等,行文目的本身就是公文的主旨。二是领导意图和政策规定,公文起草应当符合国家法律法规和党的路线方针政策,完整准确体现发文机关意图。三是客观实际和材料本身的意义。如计划、总结、述职报告、调查报告、可行性分析报告等,主要是从客观工作实际,从材料、事实本身中形成观点。

(四)立意的要求

秘书写作的立意,要求做到正确、集中、鲜明、深刻、新颖。

1. 正确

就是要符合国家法律法规和党的路线方针政策,完整准确体现发文机关意图,并同现行有关公文相衔接;一切从实际出发,分析问题实事求是,所提政策措施和办法切实可行;符合客观实际,能够反映社会、单位、部门和客观事物的真实面貌。

要做到立意正确,一是要准确领会领导意图。二是要吃透政策法规。三是要深入调查研究。四是要充分进行论证,广泛听取意见。如果公文涉及其他地区或者部门职权范围内的事项,起草单位必须征求相关地区或者部门意见,力求达成一致。

2. 集中

秘书写作的文稿应做到"一文一事",主题单一。

3. 鲜明

文稿观点明确,态度明朗,赞成什么,反对什么,旗帜鲜明,不能含蓄隐晦,含糊其辞。这是因为秘书写作讲究实用,贵在务实,必须针对工作或生活中的实际问题,在文稿中直接表明对某件事的态度或解决某个问题的意见,而不能够像文艺作品那样通过生动的故事、栩栩如生的艺术形象以及意象意境来曲折含蓄地暗示给读者。

4. 深刻

秘书写作立意的深刻是说文稿立意高远,见解独到,现实针对性、指导性强。站得高,想得深,看得透,分析事物鞭辟入里,能够揭示事物的本质规律,见人所未见,发人所未发,所提政策措施和办法切实可行,有极强的操作性。

要做到立意深刻,增强文字材料的思想性,最重要的是要善于站在全局和思想理论的高度去思考问题、提出对策;善于借助唯物辩证法这个伟大的认识工具,独具慧眼地观察和分析问题,从局部的、感性的、表面的现象里跳出来,用联系的、全面的、发展的、辩证的观点去提炼和升华思想,总结出来带有规律性的东西;善于抓住普遍存在的突出的问题,从众多的矛盾中提出主要矛盾,从复杂的问题中提出核心的、本质的原因;善于理论联系实际,有针对性地提出切实可行的办法措施。

5. 新颖

秘书写作的文稿富有新意,与时俱进,有新观点、新见解、新主张、新措施。不是"岁岁年年花相似"的雷同,不是上级文件的翻版。

二、秘书写作的取材

（一）材料的含义

材料是作者为了某一写作目的收集、写入文章之中的事实情况和精神依据。广义的材料泛指作者收集积累以备选用的一切原始资料。狭义的材料专指写入文章中成为文章构成要素用以表现主题的事实、数据、理论依据。广义的材料概念适用于写作准备，狭义的材料概念适用于文章分析。写作就是由广义的材料向狭义的材料转化的过程。

秘书写作的取材，包括材料的获取、材料的鉴别、材料的选择、材料的使用等一系列材料工作。

（二）材料的作用

材料是文章的血肉，解决言之有物的问题。材料的作用主要体现在两个方面。一是材料是形成观点、提炼主题的基础。二是材料是表现文章主题的支柱。没有材料基础，观点将无法产生。没有材料支撑，文章就空洞无物。没有材料，写作就成了无米之炊，写作活动就无法进行。一篇文章的内容如何，首先取决于作者掌握材料的多少和好坏。

（三）材料的种类

材料的分类方法很多，既有直接材料，又有间接材料；既有事实材料，又有理论材料；既有本体材料，又有背景材料；既有面上材料，又有点上材料；既有正面材料，又有反面材料；既有具体材料，又有概括材料；既有现实材料，又有历史材料；既有主要材料，又有次要材料。

直接材料是直接从现实生活中获取的材料，人们习惯上称为"第一手材料"。直接材料源于作者的观察、感受、采访、调查等，因而可信程度较高。间接材料是作者通过各种社会交际和传媒手段所获得的材料，人们习惯上称为"第二手材料"，这类材料从阅读、他人言谈等途径获取，真实可信程度不如直接材料高，但快捷便利、方便引用。

事实材料是指历史或现实生活中发生、发现或总结概括的事实情况，包括生活工作情况、发生的事情，所遇到矛盾和问题，工作举措与成果等，在文章中表现为具体事例、现象概括、统计数据等形式。事实材料排斥想象、虚构、情感等主观因素，也拒绝道听途说、捕风捉影、添油加醋、张冠李戴等虚假成分。事实材料是立意的重要基础，事实材料是表现主题的事实依据。事实材料在整个写作中占据的比重很大。收集材料应当首先从事实材料入手。理论材料包括政策法规、上级精神、经典言论、科学原理、社会公理等理论依据。理论材料可以提高说服论证力，提高思想高度，保证文稿主题思想的正确性。

本体材料是构成事实本身的材料，是构成文稿的中心内容，在文稿中居于主导地位。背景材料是与本体事实相关的材料，对主体事实进行补充、衬托，使事实更充实、饱满，在文稿中居于辅助地位。

（四）材料的收集与积累

广泛占有材料是秘书写作的基础。占有材料越多，选择的余地就越大，对事物本质及其内在联系就判断得越准，就越容易产生新思想、新观点。秘书在写作前必须大量地收集获取材料。收集材料的途径和方法很多，一是平常的自我积累，二是单位、部门提供材料，三是调查采访获取材料，四是查阅文献获取材料。

为提高工作效率，满足各类文稿写作需要，秘书在平时的工作学习中应该有意识地积累素材,通过亲身经历和调查阅读等多种渠道收集占有材料,建立自己的材料库。一是要做好"第一手材料"的收集。做生活的有心人,学会观察与思考,时刻关注国内外形势的发展变化,关注本地区、本单位的中心工作,关注领导人的重要活动,关注人民群众的心声,等等,并把自己的所见、所闻、所想和所感及时记载下来,形成文字素材。二是要做好第二手材料的收集。将有关书籍、报纸、杂志上、网络上的有用资料裁剪或收集起来,分门别类地粘贴在专门的本子上或整理成电子素材。

（五）材料的选择与使用

选择材料的原则:一是围绕主题选择材料,根据表现主题的需要决定材料的取舍。二是选择真实准确的材料,对一些重要的观点、表述和名人名言等,要认真查找出处;对一些重要的事实和数字,要加以核实整理,确保准确无误。三是选择典型材料,即选取那些最有代表性,能够揭示事物本质的材料。四是选择新颖的材料,即选择以前未曾用过的新鲜材料,或已用过但又挖掘出新意的材料。

在材料的使用上,一是恰当安排材料顺序,二是根据表现主题的需要和文体的特点确定材料的详略。三是根据需要对材料进行必要的加工,有的要删节,有的要概括,有的要改变角度。

三、秘书写作的结构

（一）结构的含义

结构即文章的布局,指文章的组织形式和内部构造。结构是文章的骨架,解决言之有序的问题。安排结构就是对材料有序地组织和排列,使之纲目清楚,思路贯通,层次清晰,衔接紧密。

文章的结构,包括两个方面:表现为思维形式的叫做逻辑结构,即通常所说的写作思路;表现为语言形式的叫篇章结构,即文章的外在形式。写作者一般先形成逻辑结构,再形成篇章结构;阅读者一般先了解篇章结构,然后理清逻辑结构。

（二）秘书写作的结构要素

秘书写作文稿的结构要素有标题、开头、主体、结尾、层次、段落、过渡、照应、署名、日期等。

1.标题

标题是文稿的名称,概括内容或揭示主题。通用公文的标题由发文机关、事由、文种构成。事由是对公文内容的概括,是由介词"关于"引出的一个短语。如"重庆市人民政府关于2013年度重庆市科学技术奖励的决定"。事务文书的标题有的采用公文式标题,有的采用一般文章式标题,有的采用新闻式标题,有的以文种名称为标题。一般文章式标题有单标题和正副标题两种形式。

2.开头、主体与结尾

开头、主体、结尾是文稿的正文部分。开头是文稿的起始部分,可以是一个句子,也可以是一个自然段,还可以是几个自然段。开头或者概述情况,给读者一个总的印象,或者交代行文缘由,说明行文的背景、原因、目的、意义、根据。主体是文稿的展开部分,具体陈说事项,阐述观点。结尾是文稿的收束部分,或总结强调,或提出希望,发出号召,表达祝愿,或补充说明相关事项。

秘书写作开头方式有情况概述式、目的根据原因式、开门见山式、引述来文式、问候祝贺式等。

秘书写作主体的逻辑结构方式主要有并列式、递进式两种。主体的外在结构形式主要有条文式、表格式、条文表格结合式。

秘书写作结尾方式有总结式、强调式、希望要求号召式、祝愿式、说明式、自然结束式等。

3. 层次与段落

层次也叫意义段,是文稿思想内容的表现次序。层次的划分,着眼于文稿的思想内容,体现作者思路展开的具体步骤。安排层次的原则,一是要符合客观事物的发展规律和内在联系。二是要符合人们的认识规律。三是要符合文体特点。四是要服从表现主题的需要。

段落也称自然段,是构成文稿的基本单位。语言形式是以换行为标志。每一个段落表达一个相对完整的意思。划分段落,可以使层次显得更为清晰,同时便于阅读。一个层次可以是一个段落,也可以是几个相连的段落。一篇文稿可以只有一段,即篇段合一式,也可以由多个段落构成。

4. 过渡与照应

过渡是层次之间、段落之间的衔接和转换,是连接上下文的纽带。过渡在文章中起承上启下的作用,使前后相邻的段落自然衔接,使层次之间的转换更为清晰。过渡的方式有过渡词、过渡句、过渡段。常用的过渡词有:因此、总之、综上所述、尽管、但是、然而、可是、相反地等。过渡句是用一个句子进行过渡,如:现将有关事项通知如下,特提出以下意见等。过渡段是用一个独立的自然段来承转过渡。

照应指文稿前后内容上的关照和呼应。照应能帮助人们了解文稿脉络和层次之间的内在联系,使文稿结构严谨、浑然一体,是体现文稿逻辑关系、强化主题的重要手段。照应的方式有三种:文题照应、首尾照应和前后照应。文题照应的方式有文章内容与标题照应、文章主题与标题照应、文章开头与标题照应、文章结尾与标题照应等。

过渡与照应使文稿气血贯通,脉络分明。

5. 署名与日期

署名标明制发机关或作者姓名,日期标明成文日期或公文生效日期。公文的署名一般是制发机关名称或领导人签名。通用公文的日期是生效日期。事务文书的日期一般是成文日期。

署名与日期一般标注于正文之后,有的标注在标题下方。

（三）秘书写作的结构特点

秘书写作的结构特点一是程式性,二是简明性,三是条理性。

1. 程式性

秘书写作各类文体都有较为固定的结构要素和写法。文体的结构规范,一是明文规定,二是约定俗成。法定公文都有明文规定的格式规范,一般事务文书遵循约定俗成的格式规范。

2. 简明性

秘书写作重在实用高效,在结构安排上力求简明。

秘书写作正文在层次安排上一般采用三段式结构,由缘由、事项、结尾三部分构成。开头或简要说明行文目的、根据,或概述情况,或直叙缘由;中段具体陈说事项,阐述观点;结尾用简短的语句或总述归纳或提出希望要求或强调行文目的等。简短的文稿有的由事项和要求两个层次构成,有的甚至只有事项一个层次。

秘书写作往往还在层次或段落前安排小标题或提要句,概括层次或段落的内容或主旨,易于读者把握。

3. 条理性

在外部结构形式上,秘书写作一般采取条文式写法,分项叙述,标项撮要,文稿结构层次清晰,富于条理。

(四)秘书写作的结构要求

秘书写作对结构的要求,应做到以下六点。

一是严谨,文书的各个部分之间有严密的逻辑关系,前后提法一致,观点与材料统一,不出现相互矛盾或互不相干的现象。

二是自然,过渡自然,上下衔接,环环相扣,前后呼应,首尾圆合,浑然一体。

三是完整,文书的各个结构要素齐备,不能残缺不全。

四是统一,文书的各个部分比例适当,结构匀称,体例统一,形式和谐。

五是简明,结构简单,层次清晰,条理分明。

六是规范,按照明文规定或约定俗成的要求安排结构要素,并规范拟写。

【知识卡片】

精心设计提纲

提纲是思路要点的文字体现形式,是文书的间架结构和思想内容的"蓝图"。写提纲好比"修房子",只要把框架搭好,再砌砖和装饰就不难了。

提纲的分类:1. 粗纲,只简略标出公文的层次段落和各部分之间的大致关系。2. 细纲,除粗纲所标内容外,还要标出开头结尾、过渡照应、层次段落的安排与处理。3. 粗细纲,就是两者的结合,将某些部分详细列明,有些部分只用简略语句加以概括。

提纲的写作步骤:1. 确定写作内容与主旨,写出主标题。2. 全面罗列素材,精心归纳提炼各层次的标题,并用序码标识出来。对标题的提炼,尽量采取"对称"和"排比"等写作手法,尽量使用短语,使其便于记忆。3. 细分写作层次。尽量具体到一、二、三级标题以下各层次的内容,用序码标识并注明每一级标题下所要表述的内容。

四、秘书写作的表达

(一)秘书写作的表达方式

表达方式是撰写文章采用的语言表述方法和形式。叙述、描写、抒情、议论、说明是五种基本的表达方式。秘书写作以实施管理、处理公务为目的,主要用来陈述情况、说明事项、阐述观点,在表达方式上主要采用叙述、说明、议论三种表达方式,较少使用抒情和描写。除个别文体独立使用某种表达方式外,秘书写作一般都综合运用叙述、说明、议论三种表达方式。

1. 秘书写作的叙述

叙述是用来陈述事实、叙说情况的一种表达方式。叙述的作用在于使人了解事件经过和有关事实情况。叙述的要素有人物、时间、地点、事件、原因、结果,称为叙述六要素。叙述的人称是作者进行叙述的立足点和角度。叙述的人称有第一人称、第二人称、第三人称三种。叙述的方法有详叙、概叙、顺叙、倒叙、插叙、补叙和分叙等。

秘书写作的叙述特点:(1)在叙述内容上,秘书写作以记事为主,主要是记叙事件、交代事实。(2)在叙述人称上,秘书写作主要采用第一人称和第三人称。第一人称一般是指发文机关。(3)在叙述的方式上,秘书写作主要采用顺叙和概叙,强调平铺直叙,概括地、综合地反映情况。(4)叙述常与议论结合运用,为议论提供事实依据。

2. 秘书写作的说明

说明是用来介绍事物、解说事理的一种表达方式。说明的作用在于使人对事物、事理获得客观认知。说明是说明文的主要表达方式。说明的顺序主要有时间顺序、空间顺序、逻辑顺序三种。说明的方法主要有定义说明、诠释说明、举例说明、数字说明、分类说明、分项说明、比较说明、图表说明等。

秘书写作的说明特点:(1)在秘书写作中,说明是产品说明书、组织介绍、合同、规章制度等说明性文体的主要表达方式。(2)在公文中,说明这种表达方式主要用来交代行文的背景、目的、根据,介绍人物身份和工作做法等。(3)秘书写作中的说明在语言风格上主要采用平实性说明。

3. 秘书写作的议论

议论是用来阐述道理、表达观点的一种表达方式。议论的作用在于批驳谬误,表达主张。即对某件事情或某个问题进行分析、推理,作出评价,表明自己的立场、观点、意见、主张。

议论的要素:议论有论点、论据和论证三要素。论点,是作者对所论问题提出的看法、主张。论据是证明论点的理论依据和事实依据。论证,是用论据证明论点的过程,体现论点和论据之间的严密逻辑关系。

议论的类型:分为立论和驳论两种。立论又叫证明,是从正面阐述自己观点的正确性,从而把论点建立起来的说理方法。驳论又叫反驳,是设法证明对方论点是错误的,从而驳倒对方、树立起自己论点的说理方法。反驳的基本思路是指出矛盾。反驳的角度有三种:反驳论点、反驳论据、反驳论证。在一篇文章中,有的是典型的立论或驳论,有的则交叉使用,破立结合。

论证的方法:论证的方法主要有归纳法、演绎法、类比法、对比法、比喻法、例证法、引证法、归谬法、反证法等。

秘书写作的议论特点:(1)在论证类型上,秘书写作主要是正面论证,从正面阐明观点、看法、主张。(2)常常简化论证过程,不写明推理环节,直接作出论断,表明立场、观点。(3)常采用夹叙夹议、论说结合的形式。(4)注重客观、冷静,不带或少带感情色彩。

(二)秘书写作的语言规范

语言是文章的细胞,解决言之有文的问题。文章的主题、结构和材料运用都要靠语言表达出来。在语体风格上,秘书写作绝大多数文体都具有公文语体准确、简洁、平实、庄重的特征。

1. 准确

秘书写作的语言运用不仅要符合语法规则和逻辑规律,而且要能够如实反映客观实际,准确体现表达意图,做到语义明确,用语得体,轻重适度,褒贬得当。

一是要学会斟酌字句,熔炼词语。注意辨析同义词的细微差别,精心挑选中心词,准确使用修饰限定语。在使用褒贬感情色彩的用语时,要注意分寸,尽量少用"非常"、"很"、"最"、"绝对一流"、"绝无仅有"一类的词语,就是不要把话说绝。有些词意思相近,但又有细微的差别,要认真推敲,恰当运用。

二是要规范使用缩略语,不滥用简称略语,以免造成歧义。

三是要语气恰切,用语得体。要根据文体特点、与受文对象的关系、特定的题旨情境措词。如:对上级行文用语要尊重谦恭,对下级行文用语要肯定明确,对平级和不相隶属机关行文用语应平和礼貌。再如:颁布政令要庄重严肃,批评错误要义正词严;请示问题要礼貌恳切;报喜祝捷要热烈欢快等。

2. 简洁

秘书写作用语要求简明扼要,文字精练,没有赘语,用最少的语言表达最丰富的内容。

一是要适应秘书写作的表达要求,在叙事、说理、解说时做到直陈其事,直述观点,直提要求,不事铺张,不说空话、套话。

二是使用单音节文言词、规范的简称、"的"字短语、成分共用句、无主句。成分共用句:即利用联合短语做句子成分,把若干相关的意思凝聚在一个句子里,使句子结构紧凑,语言简洁 。如:各省、自治区、直辖市人民政府,国务院各部委、各直属机构。"的"字短语,如"故意杀害被继承人的"、"伪造、篡改或者销毁遗嘱,情节严重的"。

三是要删繁就简,尽量把可有可无的字、词、句、段删去,做到"句中无余字,篇内无长语"。

3. 平实

秘书写作以实用为目的,在内容上要求言之有物、具体实在、切实可行,在语言风格上要求质朴自然、平易实在、通俗易懂,不玩弄辞藻、装腔作势、故弄玄虚、夸大其词。

一是注意对客观事物作如实表述,不允许任何的夸张和想象,也不允许带有强烈的情感色彩。

二是注意修辞。秘书写作追求词妥句稳、准确达意、通俗易懂,切忌浮华艳丽、含蓄隐晦,用文艺笔法写作公文。在词语的运用上,一般不用语气词、感叹词、儿化词和描绘性、形象性的词语,不使用生僻的字眼;在句式的使用上,以陈述句和祈使句为主,少用或不用感叹句和疑问句;在修辞格的使用上,主要运用消极修辞,重在选词炼句,一般不使用夸张、比拟、婉曲、反语、双关等文艺作品常用的修辞格。

4. 庄重

作为实施管理、处理公务的重要工具,秘书写作具有法定的权威性和鲜明的政策性,用语必须端庄持重、格调严肃。

一是使用规范的现代汉语书面语言。使用现代汉语通用词汇,不用口语词、方言土语及生造词语;同时,还应注意计量单位、数字的规范用法。

二是大量使用公文专用语。公文专用语也叫公文惯用语,是人们在长期的公文写作实践中形成和使用的有特定含义和固定用法的公文用语。公文专用语包括公文术语和公文惯用语。公文术语是公文拟制、办理、管理等公文处理工作使用的特定用语,如"批转"、"审核"、"签发"、"印发"等。公文惯用语是指公文中的习惯用语,如"当否,请批示"、"特此通知"是公文结尾惯用语。公文专用语中有很多是文言词,如"顷奉"、"为荷"、"滋因"、"欣逢"、"悉"、"系"、"希"、"望"等,这些文言词具有庄重、典雅、凝练的特点,适当使用,能够增强公文的庄重性、严肃性、简洁性。学习秘书写作,我们应该有意识地积累公文专用语。

【知识卡片】

常用应用文书专用语

1.**开头用语**:用于说明发文缘由,表示行文的目的、依据、背景、原因等。

为、为了;根据、按照、遵照、依照;鉴于、关于、由于、兹因;目前、当前;兹、兹有、兹将、兹介绍、兹派、兹聘;敬悉、欣悉、欣闻、惊悉;前接、近接;据查、据报。

2.**承启用语**:用于承接过渡的词语。

用于开头与主体部分之间承上启下的词语:根据……决定,根据……特通告如下,依据……公告如下;为了……现决定,为……通报如下;现就……问题请示如下,现将……(情况)报告如下,现就……问题提出如下意见,现将有关事项通知如下;拟采取如下措施;经……研究,答复如下;现函复如下;现纪要如下。

用于主体与结尾综述性的承启衔接语:综上所述、如前所述、总之。

3.**引述用语**:用于批复或复函等引述来文作为依据的用语。

悉(知道)、收悉、电悉 、文悉等。

4.**批转用语**:用于批转、转发、印发通知时的用语。

批示、阅批、审批、批转、转发、印发。

5.**称谓用语**:用于表述指代关系的称谓词语。

自称用语:本、我。如:我部、我办、本人、本公司。

对称用语:贵、你。如:贵局、贵校、你单位、你校。

他称用语:该。如:该厂、该生等。

6.**经办用语**:表明工作处理过程或情况。

经、业经、兹经、未经、前经、已经;拟、拟办、拟定;施行、暂行、试行、可行、执行、参照执行、贯彻执行、研究执行;审定、审议、审发、审批;会议听取了、会议讨论了、会议认为、会议指出、会议决定、会议希望、会议号召、会议要求。

7.**表态用语**:用于表态的语言。

不同意、原则同意、同意;不可、可办、照办;批准、原则批准。

8.**结尾用语**:用于请示、函、报告、批复与复函、意见、知照性公文等的结尾。

用于请示:当否,请批示;如无不妥,请批转各地执行;妥否,请批复。

用于函:请研究函复;盼复,请予复函;不知尊意如何,盼函告;望协助办理,并尽快见复;专此函达;敬希函复;特此函告等。

用于报告:以上报告,请指正;以上报告,请审阅;特此报告。

用语批复:此复、特此专复;特函复。

用于意见:以上意见,如无不妥,请批转各地区、各部门执行;以上意见当否,请批示。

用于知照性公文:特此公告;特此通知;特此通报;特此通告。

9.**期请用语**:用于提出希望、请求。

希、望、希望、请、拟请、恳请、务请、恭请、敬请、函请、务希、尚望、即请查照、希即遵照、为要、为盼、为荷。

10.**强调用语**:用于强调,加强语气。

要、应、必须、应该、一律、一定、切切、切实、切勿、务必、迅即、速、从速、坚决、严加、不得、不准、严禁、禁止等。

【技能训练】

一、请在空白处填上恰当的词。

1.（　　　）局《……请示》(×××〔2013〕8号)_____,经与××部研究,_____如下:……

2.（　　　）国务院领导指示精神,我局_____××司××办公室抽调×名同志组成了"××事件调查组"。

3.《××××办法》_____经公司董事会讨论通过,现发给你们,望结合本单位具体情况（　　　）执行。

4.……以上意见,如（　　　）,（　　　）批转各部属院校。

5.（　　　）局大力协助,我校×××研究所各项筹建工作已基本告一段落。

6.（　　　）生（　　　）我校××系××专业××级学员,……

7.（　　　）该厂此类错误做法,上级有关部门曾多次行文,（　　　）其有关领导迅即查清问题,限期纠正错误。

8.（　　　）悉（　　　）总公司成立,谨表（　　　）。

9.（　　　）减轻农民负担,（　　　）农民的合法权益,（　　　）农民的生产积极性,（　　　）农村经济持续稳定协调发展,制定本条例。

10.有计划地扶持西部不发达地区。这是关系国民经济（　　　）发展、（　　　）民族团结、（　　　）边疆、（　　　）国家长治久安的大事,（　　　）高度重视。西部地区要（　　　）自己的特点和优势,（　　　）创造条件发展经济。

二、下面是一则通告的开头部分,请指出存在的问题并加以修改。

当前,全国形势一片大好。我市也不例外。真是少见的欣欣向荣的局面啊!但却有一些不和谐音符。扒手、骗子、抢人的、吸"白粉"的、卖淫的,什么坏人都有。这种局面如不尽快控制,我市的工农业生产、各种商品交易、广大市民的人身、财产安全都会大受影响。况且,国家也有法律法规,特别是"新刑法"规定得太好了,我们一定要贯彻。所以,作出以下通告决定。

三、下面是一篇下乡调查综合汇报的开头,请指出存在的问题并加以修改。

阳春三月,风和日丽。我们省商业学校企管班的45名同学从广州乘船,在十五日凌晨到达肇庆。啊!肇庆,美丽的肇庆,南粤的胜地,多少个日日夜夜啊,同学们梦寐以求,要来领略你的风采,今天,如愿以偿了。但是,这次我们是要到你的农村——城郊、大湾、碌步三个区的食品站,作为期一月的近两年来生猪收购情况的调查。因此,大家都把实习调查,学好专业放在首位。在实习老师的带领下,在到达肇庆市的当天,听完市食品公司经理对情况的介绍后,下午就分头到三个区的调查点去了。

四、分析下列句子是否符合公文语言要求,如果不符合请改写。

1. 区人民政府规定:碗口粗的树一律不准砍伐。

2. 改革开放后,农民的钱包鼓起来了,日子过得红火了,生活就像吃甘蔗,由尾吃到头,越吃越甜。

3. 你校请示已经收阅多时,近段因工作繁忙,未及时批复,请原谅。

4. 贵公司到底有库存多少,请老实告之。

5. 水稻收割季节眼看就要到来了,我们县还缺少镰刀 6000 把、箩筐 2000 担、风车 200 台,盼望着你们能快速地拨付给我们,好满足我们县的紧急需要,可不可以,请你们快一点回一封信告诉我们。

6. 与会者请于 9 月 14 日前来报到,任何人不得迟到,否则一切后果自负。

五、请在下文横线上各拟一个适当的小标题。

实施"旅游西进"战略的重要意义

一、_____

"建经济强市、创文化名城",是省委、省政府对杭州工作的殷切期望,也是我市"十五"发展的重要目标和全市人民的共同愿望。旅游业是关联度大、开放性强、对杭州经济社会全面发展具有重大带动作用的龙头产业。实施"旅游西进"战略,有助于推进经济结构调整和产业升级,增强杭州经济的综合实力和竞争力;有助于开发利用我市极为丰富的旅游资源,促进旅游业跨越式发展,进而带动一、二、三产业的全面繁荣;有助于挖掘历史文化内涵和丰富发展现代文化,推动文化产业发展和精神文明建设。

二、_____

杭州东西部地区发展的不平衡性,是制约我市率先基本实现现代化的重要因素之一。实施"旅游西进"战略,有利于改善西部五个县(市)的交通、通信等基础设施状况,加快西部地区生产要素的流动和集聚,增强西部地区吸纳中心城市辐射的能力;有利于妥善处理大都市与大杭州的关系,形成东西部各具特色、优势互补、相互促进、联动发展的局面,促进区域经济协调发展。

三、_____

建设现代化国际风景旅游城市,是杭州城市发展的目标定位。实施"旅游西进"战略,有利于整合和优化配置杭州的旅游资源,形成具有较大国际吸引力和知名度的旅游景区,确立和巩固杭州作为长江三角洲地区乃至全国旅游中心城市的地位;有利于推进城市基础设施和旅游服务设施建设,改善城市形象,提高城市信息化、现代化和国际化水平。

项目3 党政机关公文知识

【走进课堂】

作为一名文字秘书,要起草写作的文字材料很多,不仅要写作单位工作计划、工作总结、工作简报,准备各种会议材料,还要写作领导讲话稿、工作汇报材料、经验交流材料等大大小小、各种类型的材料。此外,还有一项重要的经常性的文字工作,那就是撰写起草公文。

公文是各级各类机关单位履行职能、实施管理、处理公务,与外界沟通联系的重要工具。大至国家机关,小至基层单位,离开了公文,各项管理工作将难以推进实施。撰写起草公文,是秘书文字工作的一项重要任务。

公文具有规范的体式、严格的行文规则和处理程序,最能体现秘书写作政策性、规范性特点,最能体现应用文书语言准确、简洁、平实、庄重的语体要求。学习秘书写作,首先应能写出规范的公文。

思考:1. 党政机关公文具体有哪15个法定文种,它们分别有什么用途? 2. 公文拟制有什么程序? 3. 公文起草的具体要求有哪些?

【知识导航】

一、党政机关公文的含义

公文是公务文书的简称。广义的公文包括法定公文、普通事务文书以及机关行业专用文书,是各级各类机关单位在处理公务过程中形成和使用的各类公务应用文书的统称。

狭义的公文是指的法定公文,指党和国家在有关公文管理法规性文件中明确规定的具有特定效力和规范体式的文书种类。

目前,法定公文主要有党政机关公文、人大机关公文、中国人民解放军机关公文、人民法院机关公文、人民检察院机关公文等。

党政机关公文是党政机关实施领导、履行职能、处理公务的具有特定效力和规范体式的文书,是传达贯彻党和国家方针政策,公布法规和规章,指导、布置和商洽工作,请示和答复问题,报告、通报和交流情况等的重要工具。党政机关公文含电子公文。

党政机关公文是各级党的机关和国家行政机关的法定公文,其他机关和单位如人大机关、政协机关、人民法院、人民检察院、军队机关等国家机关和企事业单位、人民团体一般都参照使用,成为机关单位间的正式公文文种,所以往往又被称为通用公文。一般我们所指的正式公文或公文,也是指的党政机关公文。

二、党政机关公文的特点

党政机关公文与一般应用文书相比,具有以下3个显著特征。

1. 鲜明的政治性和政策性

党政机关公文作为治国理政的重要工具,代表着党和政府的政治立场和执政理念,起着传达贯彻党和国家方针政策,领导和指导各项工作的重要作用,具有鲜明的政治性和政策以上的,以年计;保密期限在一年以内的,以月计。国家秘密的保密期限,自标明的制发日起算;不能标明制发日的国家秘密,自通知密级和保密期限之日起算。

5. 按公文来源分,可以分为收文、发文、内部公文。

6. 按公文载体分,可以分为纸质公文、电子公文。

五、党政机关公文的行文规则

行文规则是各级机关单位公文往来时需要共同遵守的规定和准则。《党政机关公文处理工作条例》第四章"行文规则"对行文主体、行文对象、行文方式等作出了具体的规定,对我们拟制公文具有直接的指导作用。公文行文规则主要有以下内容。

(一)行文的总规则

1."行文应当确有必要,讲求实效,注重针对性和可操作性。"

这条规则可以概括为讲求实效规则,强调公文行文理由应充分,公文内容应务实,讲求实效,不可陷于文牍主义、形式主义。对可发可不发的公文,坚决不发,不能为发文而发文。行文确有必要,讲求实效是党的实事求是的思想路线、党的优良作风在行文规则中的具体体现。

2."行文关系根据隶属关系和职权范围确定。一般不得越级行文,特殊情况需要越级行文的,应当同时抄送被越过的机关。"

这条规则可以概括为逐级行文规则。

行文关系是发文机关与受文机关的关系,是机关组织关系在行文中的体现。行文关系根据隶属关系和职权范围确定。行文关系包括隶属机关关系和不相隶属机关关系两大类。隶属机关关系即上下级机关关系,又可分为两种,一是处于同一组织系统的上级领导机关与下级领导机关之间的块块关系,它们在行政管理上是领导与被领导的关系,如国务院与各省、自治区、直辖市人民政府之间的关系;二是处于同一业务系统的上级业务主管部门与下级业务主管部门之间的条条关系,它们在业务管理上是指导与被指导的关系,如省教育厅与市教育局之间的关系。不相隶属机关关系也可分为两种,一是在同一组织系统或同一业务系统内的平级机关关系,如市财政局与市公安局;二是不属于同一组织系统或同一业务系统的机关关系,机关单位间没有地位、级别差异,如学校与医院。

越级行文是指下级机关越过自己的直接上级领导机关向更高的上级领导机关行文或上级机关向非直接下级机关行文。越级行文是一种非正常的行文方式,不利于发挥各级机关应有的职能作用,甚至造成机关与机关之间的矛盾,所以规定一般不得越级行文。在以下特殊情况下,下级机关可以越级行文但应当同时抄送被越过的机关:一是遇有特殊重大紧急情况,如战争、自然灾害等,如逐级上报,可能会延误时机,造成重大损失时;二是经多次请示直接上级,长期未得到解决的重大问题;三是上级领导或领导机关交办,并指定越级直接上报的事项;四是对直接上级机关或领导进行检举、控告;五是直接上下级机关有争议,而无法解决的重大问题;六是询问、联系无需经过直接上级机关的一些工作问题等。

(二)向上级机关行文的规则

1."原则上主送一个上级机关,根据需要同时抄送相关上级机关和同级机关,不抄送下级机关。"

向上级机关请示工作、报告情况、提出建议时原则上主送一个上级机关,主要是为了明确主办机关的责任,防止推诿、扯皮。其他上级机关和同级机关需要周知和支持的,抄送该上级机关和同级机关。这样既有利于事项的办理,又有利于上级机关和同级相关机关同时了解情况。

2."党委、政府的部门向上级主管部门请示、报告重大事项,应当经本级党委、政府同意或者授权;属于部门职权范围内的事项应当直接报送上级主管部门。"

经本级党委、政府同意或授权,其目的是为了加强党委、政府的集中统一领导,强化本级党委、政府的责任。属于部门职权范围内的事项直接报送上级主管部门,体现了党委、政府与其部门的职权划分和责任范围。

3."下级机关的请示事项,如需以本机关名义向上级机关请示,应当提出倾向性意见后上报,不得原文转报上级机关。"

处理下级机关的请示事项,是本级机关的职责;对具体问题的处理、具体事项的办理,本级机关比上级机关更了解情况,应充分发挥本级机关的作用,根据政策规定和实际情况提出办理的倾向性意见,供上级机关参考。这样有利于上级机关提高工作效率和办文质量,避免下级机关不作为,把问题和矛盾上交。

4."请示应当一文一事。不得在报告等非请示性公文中夹带请示事项。"

一文一事,即一件请示公文只请示反映一个问题,有利于上级机关审阅、批示和答复。

在报告、意见等非请示性公文中夹带请示事项,不但混淆了文种的功能,而且会严重影响请示事项的办理。上级机关收到此类违反行文规则的公文,可退回来文机关。

5."除上级机关负责人直接交办事项外,不得以本机关名义向上级机关负责人报送公文,不得以本机关负责人名义向上级机关报送公文。"

这条规则主要体现了公文的作者和受文对象一般应是机关单位,体现公文处理公务的性质。上行公文应当以机关的名义报上级机关,由上级机关的办公厅(室),按程序办理。

6."受双重领导的机关向一个上级机关行文,必要时抄送另一个上级机关。"

"另一个上级机关"是指上级领导机关或上级业务指导机关,如区卫生局,其上级业务指导机关是市卫生局,上级领导机关是区政府。

(三)向下级机关行文的规则

1."主送受理机关,根据需要抄送相关机关。重要行文应当同时抄送发文机关的直接上级机关。"

重要行文,指贯彻上级机关的重大决策、决议、决定等文件精神的实施意见,涉及全局性工作的重要部署、重大决策和重要事项的办理,处置重大事件、突发事件的预案和措施等方面的文件,在下发的同时抄送发文机关的直接上级机关。下级党委、政府涉及全局性工作的重要行文应当同时抄送上级党委、政府。党委、政府的部门涉及全局性工作的重要下行文应同时抄送同级党委、政府。

2."党委、政府的办公厅(室)根据本级党委、政府授权,可以向下级党委、政府行文,其他部门和单位不得向下级党委、政府发布指令性公文或者在公文中向下级党委、政府提出指令性要求。需经政府审批的具体事项,经政府同意后可以由政府职能部门行文,文中须注明已经政府同意。"

这是规范党委、政府的办事机构、工作部门、直属机构及其他单位如何向下级党委、政府行文的规则。党委、政府的办公厅（室）是党委、政府的办事机构和中枢机构,参与政务,管理事务,联系上下,协调各方,党委、政府的决策事项、管理事项等,不宜都以党委、政府的名义行文,党委、政府授权后由其办公厅（室）行文,这是为党委、政府简政。其他部门和单位在履行职能活动中,有工作任务、政策措施等需要向下级党委、政府部署的,应当请示党委、政府,由党委、政府行文或由党委、政府的办公厅（室）行文。政府部门除了以"函"的形式商洽工作、询问和答复问题、审批事项外,一般不得向下一级政府发布指令性公文。

3. "党委、政府的部门在各自职权范围内可以向下级党委、政府的相关部门行文。"

上级党委、政府的部门向下级党委、政府的相关部门行文,在行文关系中属具有隶属关系的条条关系,可以下发业务工作规划、计划、工作规范、工作部署、工作任务、批复等。凡超越部门职权范围的事项,应报请本级党委、政府行文。

4. "涉及多个部门职权范围内的事务,部门之间未协商一致的,不得向下行文;擅自行文的,上级机关应当责令其纠正或者撤销。"

这是向下级机关行文,部门之间应遵循的协商规则与未协商一致、违规行文的处理规则。

5. "上级机关向受双重领导的下级机关行文,必要时抄送该下级机关的另一个上级机关。"

这条规则也是为了领导机关之间、上下级机关之间及时了解情况,以便于工作,防止决策失误和指挥失误。

（四）联合行文规则

"同级党政机关、党政机关与其他同级机关必要时可以联合行文。属于党委、政府各自职权范围内的工作,不得联合行文。"

联合行文机关的行政层级必须相当。同级政府、同级政府各部门、上级政府部门与下一级政府可以联合行文;政府与同级党委和军队机关可以联合行文;政府部门与相应的党组织和军队机关可以联合行文;政府部门与同级人民团体和具有行政职能的事业单位也可以联合行文。

联合行文应当确有必要,比如涉及几个机关、部门的职权范围内的事项,涉及几个部门都需要对其进行管理或者从不同的角度进行监管的事项等可以联合行文。

联合行文应当明确主办机关。联合行文,主办机关一般排列在前。

（五）部门行文规则

1. 党委、政府的部门依据职权可以相互行文。

这是部门之间相互行文的规则。部门之间相互行文的条件是:同级党委、政府的部门。

党委、政府的部门依据职权可以相互行文,但应有行文的必要性,不得超越职权范围。凡超越自己职权范围的,应报请同级党委、政府行文。

部门之间在各自职权范围内相互发布、传达要求周知或者执行的事项,一般用"函"行文,也可以用"通知"行文。部门之间在各自职权范围内相互联系工作和答复审批事项,应当用"函"行文。

2. 部门内设机构除办公厅（室）外不得对外正式行文。

这是规范部门内设机构行文的规则,是从部门内设机构的职能出发作出的规定,确保部门的领导管理政令统一。规则中"正式"二字,可以理解为代表本部门行使职权、履行职能活动、发布政策性规范性文件的行为。部门内设机构,只有办公厅(室)是部门的办事机构,其他内设机构是业务工作机构。因工作需要,经部门同意或者授权,办公厅(室)可以代表本部门对外正式行文,答复应当由部门审批的事项。部门其他内设机构没有这个职权。部门其他内设机构在各自职权范围内可与相应机关的内设机构以"函"等形式联系工作。

【知识卡片】

行 文 方 式

行文方式指公文发布、传递的方法和形式。行文方式根据行文关系和工作需要确定。行文方式从不同角度可以有不同的分类:根据行文范围,分内部行文和对外行文;根据行文层级,分逐级行文、多级行文、越级行文、直达基层行文、公开发布;根据收文对象的主次,分主送和抄送;根据发文机关的数量,分单独机关行文、联合机关行文。

六、党政机关公文的拟制

(一)公文拟制程序

"公文拟制包括公文的起草、审核、签发等程序。"

公文文稿由文秘部门或其他部门起草后,应当由发文机关办公厅(室)进行审核,经审核不宜发文的公文文稿,应当退回起草单位并说明理由;符合发文条件但内容需作进一步研究和修改的,由起草单位修改后重新报送。审核通过的文稿最后经本机关负责人审批签发。

(二)公文起草的要求

公文起草应当做到以下几点。

1. 符合国家法律法规和党的路线方针政策,完整准确体现发文机关意图,并同现行有关公文相衔接。

解读:公文的主旨正确,体现公文的政策性。

2. 一切从实际出发,分析问题实事求是,所提政策措施和办法切实可行。

解读:公文的内容务实,有针对性、有可操作性。

3. 内容简洁,主题突出,观点鲜明,结构严谨,表述准确,文字精练。

解读:这是对公文主题、内容、结构、语言表达提出的总体要求。

4. 文种正确,格式规范。

解读:公文的文种应根据文种用途、行文目的、发文机关的职权和与主送机关的行文关系确定。公文的版式应严格遵循《党政机关公文格式》标准,公文各构成要素遵循《党政机关公文处理工作条例》的规定。

5. 深入调查研究,充分进行论证,广泛听取意见。

解读:这是一切从实际出发、实事求是、保证政策措施和办法切实可行的根本途径。

6. 公文涉及其他地区或者部门职权范围内的事项,起草单位必须征求相关地区或者部门意见,力求达成一致。

解读:在公文起草中要遵循协商一致的行文规则,保证政策措施和办法切实可行。

7. 机关负责人应当主持、指导重要公文起草工作。

解读：公文是传达贯彻党和国家方针政策、实施管理、指导工作的重要工具，政治性、政策性强，机关负责人对公文处理工作负有领导责任。

（三）公文审核的重点

1. 行文理由是否充分，行文依据是否准确。

2. 内容是否符合国家法律法规和党的路线方针政策；是否完整准确体现发文机关意图；是否同现行有关公文相衔接；所提政策措施和办法是否切实可行。

3. 涉及有关地区或者部门职权范围内的事项是否经过充分协商并达成一致意见。

4. 文种是否正确，格式是否规范；人名、地名、时间、数字、段落顺序、引文等是否准确；文字、数字、计量单位和标点符号等用法是否规范。

5. 其他内容是否符合公文起草的有关要求。

（四）公文的签发

公文应当经本机关负责人审批签发。

重要公文和上行文由机关主要负责人签发。

党委、政府的办公厅（室）根据党委、政府授权制发的公文，由受权机关主要负责人签发或者按照有关规定签发。

签发人签发公文，应当签署意见、姓名和完整日期；圈阅或者签名的，视为同意。

联合发文由所有联署机关的负责人会签。

【技能训练】

一、请在括号内填写适用的公文文种。

1. 某街道办事处决定加大投入保护国有矿产资源，请求区政府补助经费10万元。

（　　　　）

2. 国家税务总局修订形成了《全国税务机关公文处理办法》，印发给各省、自治区、直辖市和计划单列市国家税务局、地方税务局，局内各单位。　　　　　（　　　　）

3. 国务院就积极发展学前教育，着力解决当前存在的适龄儿童"入园难"问题，提出解决处理办法，发文给各省、自治区、直辖市人民政府，国务院各部委、各直属机构。

（　　　　）

4. 某市质量技术监督局就治理商业贿赂自查自纠情况向市治理商业贿赂领导小组办公室汇报。　　　　　　　　　　　　　　　　　　　　　　（　　　　）

5. 国务院就今后一个时期加快发展现代职业教育的指导思想、基本原则、目标任务和政策措施作出全面部署。　　　　　　　　　　　　　　　　　　（　　　　）

6. 某市人民政府决定在全市范围内开展集中打击赌博违法活动的专项行动，就有关事项进行公布。　　　　　　　　　　　　　　　　　　　　　　（　　　　）

7. 针对黄金周旅游出现的一些问题，为促进"黄金周"假日旅游健康发展，国家旅游局等9部门向国务院提出工作主张。　　　　　　　　　　　　　　　（　　　　）

8. 某学校就2014年秋季开学有关事宜作出安排。　　　　　　　　　（　　　　）

9. 某公司召开总经理办公会议，决定根据工作需要设立驻某省办事处，并任命××为

办事处经理。 （　　　　）

10. 某公司欲到某大学招聘员工,行文与学校联系商洽招聘相关事宜。 （　　　　）

11. 某大学 2013 级新生军训工作取得了圆满成功,学校决定对军训先进集体和先进个人予以表彰。 （　　　　）

12. 某公司员工××无故旷工 5 天,公司依据相关管理制度给予本人处理。
（　　　　）

13. 2014 年 7 月份以来,全国煤矿连续发生 3 起重大事故,国务院安委会办公室决定予以通报批评。 （　　　　）

14. 2014 年 5 月,国土资源部对油气探矿权、采矿权申请书格式进行了调整,将此情况向社会进行公布。 （　　　　）

15. 山西省人民政府向国务院请示申报太原为国家历史文化名城,国务院进行答复。
（　　　　）

16. 某公司召开职工代表大会,会后将会议主要情况和议定事项整理成文。
（　　　　）

17. ××有限公司召开股东会议,就会议讨论通过的重大决策事项形成公文。
（　　　　）

18. ××市人民政府决定在全市进行防空防灾音响警报试鸣,向社会告知有关事项。
（　　　　）

19. 国务院办公厅转发发展改革委、住房城乡建设部《绿色建筑行动方案》。
（　　　　）

二、分析下列事例是否符合行文规则并说明理由。

1. 某省属大学给校内各单位发布通知启用学校招生处等印章,抄送省教育厅。

2. ××市××区文化馆向区政府请示增加行政经费,并将该请示抄送该区人事局、财政局。

3. ××省××市××区某公司因税务问题受到该区税务所的处罚,该公司认为处罚不符合国家税法,特向市税务局申诉,并同时向××省税务厅申诉,并抄报于××市政府、××区政府。

4. 某街道办事处向区政府汇报 2013 年经济发展情况,在报告中请求区政府加大扶持力度,给予更多的特殊政策。

5. 中共××市委与市政府办公厅就学习贯彻中共第十八次代表大会精神联合向下发出通知。

6. 某街道办事处的治安科,负责治安管理工作,为了搞好本街道的治安工作,该科制发了一份公文——《关于做好治安防火的通知》,直接发给各个生活小区、本街道的大商场等。有的还张贴在街市上。

项目4 党政机关公文格式

【走进课堂】

公文作为机关单位履行职能、实施管理的重要工具,具有法定的权威性和特定的效力,表现在外在形式上,就是具有统一规范的格式。公文格式指公文的文面形式和写作格式,包括公文组成要素及其编排规则、公文用纸、排版和印制装订要求。公文格式是公文区别于其他文体的形式标志,是公文法定的权威性、严肃性和特定的效用在形式上的重要体现。公文格式是公文处理科学化、制度化、规范化的客观需要。格式规范,是公文写作的基本要求。

思考:1.关于公文格式的规范性文件有哪些? 2.公文一般由哪些要素组成? 3.公文各要素的拟写规范和具体编排规则是怎样的?

【知识导航】

一、公文格式规范文件

关于公文格式的规范性文件主要有两个,一个是中共中央办公厅和国务院办公厅联合发布的《党政机关公文处理工作条例》(中办发〔2012〕14号)(以下简称《公文条例》),一个是中华人民共和国国家质量监督检验检疫总局和中国国家标准化管理委员会联合发布的《党政机关公文格式》(GB/T 9704—2012)(以下简称《公文格式》)。在《公文条例》第三章"公文格式"部分,规定了公文格式的组成要素及主要要素的拟写规范。在《公文格式》中,规定了公文格式各要素的编排规则以及党政机关公文通用的纸张要求、排版和印制装订要求,并给出了公文的式样。《公文格式》包括公文的一般格式和信函格式、命令(令)格式、纪要格式三种特定格式。

二、党政机关公文的一般格式

(一)公文用纸

1.主要技术指标

公文用纸一般使用纸张定量为 $60 \sim 80 \ \mathrm{g/m^2}$ 的胶版印刷纸或复印纸。纸张白度80% ~ 90%,横向耐折度≥15次,不透明度≥85%,pH值为 7.5 ~ 9.5。

2.幅面尺寸

公文用纸采用 GB/T 148《印刷、书写和绘图纸幅面尺寸》中规定的 A4 型纸即国际标准 A4 型,其成品幅面尺寸为: $210 \ \mathrm{mm} \times 297 \ \mathrm{mm}$。

特殊形式的公文用纸幅面,根据实际需要确定。

(二)版面要求

1.页边与版心尺寸

公文用纸天头(上白边)为 $37 \ \mathrm{mm} \pm 1 \ \mathrm{mm}$,公文用纸订口(左白边)为 $28\mathrm{mm} \pm 1\mathrm{mm}$,版心尺寸为 $156 \ \mathrm{mm} \times 225 \ \mathrm{mm}$。

2. 字体和字号

如无特殊说明,公文格式各要素一般用 3 号仿宋体字。特定情况可以作适当调整。

3. 行数和字数

一般每面排 22 行,每行排 28 个字,并撑满版心。特定情况可以作适当调整。

4. 文字的颜色

如无特殊说明,公文中文字的颜色均为黑色。

(三)印制装订要求

1. 制版要求

版面干净无底灰,字迹清楚无断划,尺寸标准,版心不斜,误差不超过 1 mm。

2. 印刷要求

双面印刷;页码套正,两面误差不超过 2 mm。黑色油墨应当达到色谱所标 BL100%,红色油墨应当达到色谱所标 Y80%、M80%。印品着墨实、均匀;字面不花、不白、无断划。

3. 装订要求

公文应当左侧装订,不掉页,两页页码之间误差不超过 4 mm,裁切后的成品尺寸允许误差 ±2mm,四角成 90 度;无毛茬或缺损。

骑马订或平订的公文应当:

(1)订位为两钉外订眼距版面上下边缘各 70 mm 处,允许误差 ±4mm;

(2)无坏钉、漏钉、重钉,钉脚平伏牢固;

(3)骑马订钉锯均订在折缝线上,平订钉锯与书脊间的距离为 3~5mm。

包本装订公文的封皮(封面、书脊、封底)与书芯应吻合、包紧、包平、不脱落。

(四)公文格式各要素编排规则

1. 公文格式各要素的划分

公文一般由份号、密级和保密期限、紧急程度、发文机关标志、发文字号、签发人、标题、主送机关、正文、附件说明、发文机关署名、成文日期、印章、附注、附件、抄送机关、印发机关和印发日期、页码等 18 项要素组成。

《公文格式》将版心内的公文格式各要素划分为版头、主体、版记三部分。公文首页红色分隔线以上的部分称为版头;公文首页红色分隔线(不含)以下、公文末页首条分隔线(不含)以上的部分称为主体;公文末页首条分隔线以下、末条分隔线以上的部分称为版记。

页码位于版心外。

2. 版头

版头包括份号、密级和保密期限、紧急程度、发文机关标志、发文字号、签发人等要素,如图 1-1 所示。

(1)份号

份号是公文印制份数的顺序号。涉密公文应当标注份号。

如需标注份号,一般用 6 位 3 号阿拉伯数字,顶格编排在版心左上角第一行。如:"000002"。

(2)密级和保密期限

密级和保密期限即公文的秘密等级和保密的期限。涉密公文应当根据涉密程度分别标

（a）　　　　　　　　　　　　　　　　（b）

图1-1　版头

注"绝密"、"机密"、"秘密"和保密期限。按照《国家秘密保密期限规定》规定:凡未标注保密期限的国家秘密事项,其保密期限按照绝密级事项30年、机密级事项20年、秘密级事项10年认定。

如需标注密级和保密期限,一般用3号黑体字,顶格编排在版心左上角第二行;保密期限中的数字用阿拉伯数字标注,密级和保密期限之间用"★"隔开,如:"机密★1年"。

（3）紧急程度

紧急程度是公文送达和办理的时限要求。根据紧急程度,紧急公文应当分别标注"特急"、"加急",电报应当分别标注"特提"、"特急"、"加急"、"平急"。

如需标注紧急程度,一般用3号黑体字,顶格编排在版心左上角;如需同时标注份号、密级和保密期限、紧急程度,按照份号、密级和保密期限、紧急程度的顺序自上而下分行排列。

（4）发文机关标志

发文机关标志是公文版头部分的核心。发文机关标志由发文机关全称或者规范化简称加"文件"二字组成,也可以使用发文机关全称或者规范化简称。联合行文时,发文机关标志可以并用联合发文机关名称,也可以单独用主办机关名称。

发文机关标志居中排布,上边缘至版心上边缘为35mm,推荐使用小标宋体字,颜色为红色,以醒目、美观、庄重为原则。

联合行文时,如需同时标注联署发文机关名称,一般应当将主办机关名称排列在前;如有"文件"二字,应当置于发文机关名称右侧,以联署发文机关名称为准上下居中排布。

（5）发文字号

发文字号是党政机关制发公文的编号。发文字号由发文机关代字、年份、发文顺序号组成。联合行文时,使用主办机关的发文字号。公文标注发文字号,便于公文的管理和统计,并可有效地利用发文字号进行查询检索,同时方便公文引用。

发文字号编排在发文机关标志下空二行位置,居中排布。年份、发文顺序号用阿拉伯数字标注；年份应标全称，用六角括号"〔〕"括入；发文顺序号不加"第"字，不编虚位（即 1 不编为 01），在阿拉伯数字后加"号"字。如：中办发〔2012〕14 号。

上行文的发文字号居左空一字编排，与最后一个签发人姓名处在同一行。

（6）签发人

上行文应当标注签发人姓名。

签发人由"签发人"三字加全角冒号和签发人姓名组成，居右空一字，编排在发文机关标志下空二行位置。"签发人"三字用 3 号仿宋体字，签发人姓名用 3 号楷体字。

如有多个签发人，签发人姓名按照发文机关的排列顺序从左到右、自上而下依次均匀编排，一般每行排两个姓名，回行时与上一行第一个签发人姓名对齐。

（7）版头中的分隔线

发文字号之下 4 mm 处居中印一条与版心等宽的红色分隔线。

3. 主体

主体包括标题、主送机关、正文、附件说明、发文机关署名、成文日期、印章、附注、附件等要素。

（1）标题

标题由发文机关名称、事由和文种组成。如"中共中央办公厅 国务院办公厅关于印发《党政机关公文处理工作条例》的通知"，发文机关是"中共中央办公厅、国务院办公厅"，事由是"印发《党政机关公文处理工作条例》"，文种是"通知"。在发文机关与事由之间要加介词"关于"，在事由与文种名称之间要加一个助词"的"。公文标题有助于人们对公文的制发机关、内容、性质的了解，便于公文的登记、办理、整理归档等处理工作。公文标题应当准确简要地概括公文的主要内容并标明公文种类，一般应当标明发文机关。公报、公告、通告等公布性公文有时候省略事由，如《国务院公告》。

标题一般用 2 号小标宋体字，编排于红色分隔线下空二行位置，分一行或多行居中排布；回行时，要做到词意完整、排列对称、长短适宜、间距恰当，标题排列应当使用梯形或菱形。

（2）主送机关

主送机关是公文的主要受理机关，应当使用机关全称、规范化简称或者同类型机关统称。

向上级机关行文，原则上主送一个上级机关；除上级机关负责人直接交办事项外，不得以本机关名义向上级机关负责人报送公文；公告、通告等周知性公文可以不写主送机关。

联合行文时，主送机关名称按党、政、军、群的性质顺序排列；同类机关、单位之间用顿号，不同类别机关、单位之间用逗号，最后一个主送机关名称后标全角冒号。如："各省、自治区、直辖市党委和人民政府，中央和国家机关各部委，解放军各总部、各大单位，各人民团体""各省、自治区、直辖市人民政府，国务院各部委、各直属机构"。

主送机关编排于标题下空一行位置，居左顶格，回行时仍顶格，最后一个机关名称后标全角冒号。

如主送机关名称过多导致公文首页不能显示正文时，应当将主送机关名称移至版记。

（3）正文

正文是公文的主体和核心，用来表述公文的内容。

公文首页必须显示正文。

正文一般用 3 号仿宋体字,编排于主送机关名称下一行,每个自然段左空两字,回行顶格。

文中结构层次序数依次可以用"一、"、"(一)"、"1."、"(1)"标注;一般第一层用黑体字、第二层用楷体字、第三层和第四层用仿宋体字标注。

(4)附件说明

附件说明是公文附件的顺序号和名称。

公文如有附件,在正文下空一行左空两字编排"附件"二字,后标全角冒号和附件名称。

公文如有多个附件,使用阿拉伯数字标注附件顺序号(如"附件:1.××××××");附件名称后不加标点符号。

附件名称较长需回行时,应当与上一行附件名称的首字对齐。

(5)发文机关署名、成文日期和印章

发文机关署名:署发文机关全称或者规范化简称。要注意发文机关署名应与标题中的发文机关名称相一致。

成文日期:成文日期是公文的生效时间,署会议通过或者发文机关负责人签发的日期。联合行文时,署最后签发机关负责人签发的日期。成文日期用阿拉伯数字将年、月、日标全,年份应标全称,月、日不编虚位(即 1 不编为 01)。如:"2014 年 5 月 18 日"。

印章:印章是体现公文效力的表现形式,是公文生效的重要标志。公文中有发文机关署名的,应当加盖发文机关印章,并与署名机关相符。有特定发文机关标志的普发性公文和电报可以不加盖印章。

①加盖印章的公文(如图 1-2 所示)

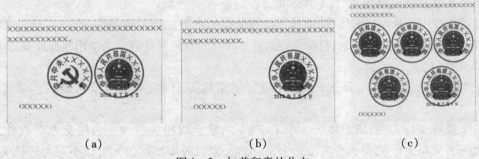

| (a) | (b) | (c) |

图 1-2 加盖印章的公文

成文日期一般右空四字编排,印章用红色,不得出现空白印章。

单一机关行文时,一般在成文日期之上、以成文日期为准居中编排发文机关署名,印章端正、居中下压发文机关署名和成文日期,使发文机关署名和成文日期居印章中心偏下位置,印章顶端应当上距正文(或附件说明)一行之内。

联合行文时,一般将各发文机关署名按照发文机关顺序整齐排列在相应位置,并将印章一一对应、端正、居中下压发文机关署名,最后一个印章端正、居中下压发文机关署名和成文日期,印章之间排列整齐、互不相交或相切,每排印章两端不得超出版心,首排印章顶端应当上距正文(或附件说明)一行之内。

②不加盖印章的公文(如图1-3所示)

(a)　　　　　　　　　　　　　　　(b)

图1-3　不加盖印章的公文

单一机关行文时,在正文(或附件说明)下空一行右空两字编排发文机关署名,在发文机关署名下一行编排成文日期,首字比发文机关署名首字右移两字,如成文日期长于发文机关署名,应当使成文日期右空两字编排,并相应增加发文机关署名右空字数。

联合行文时,应当先编排主办机关署名,其余发文机关署名依次向下编排。

③加盖签发人签名章的公文

单一机关制发的公文加盖签发人签名章时,在正文(或附件说明)下空二行右空四字加盖签发人签名章,签名章左空两字标注签发人职务,以签名章为准上下居中排布。在签发人签名章下空一行右空四字编排成文日期。

联合行文时,应当先编排主办机关签发人职务、签名章,其余机关签发人职务、签名章依次向下编排,与主办机关签发人职务、签名章上下对齐;每行只编排一个机关的签发人职务、签名章;签发人职务应当标注全称。

签名章一般用红色。

④特殊情况处理

当公文排版后所剩空白处不能容下印章或签发人签名章、成文日期时,可以采取调整行距、字距的措施解决。

(6)附注

附注是公文印发传达范围等需要说明的事项。如:"(此件发至县团级)"、"(此件公开发布)"等。

公文如有附注,居左空两字加圆括号编排在成文日期下一行。

(7)附件

附件是公文正文的说明、补充或者参考资料。公文的附件是公文的重要组成部分,与正文一样具有同等效力。

附件应当另面编排,并在版记之前,与公文正文一起装订。

"附件"二字及附件顺序号用3号黑体字顶格编排在版心左上角第一行。附件标题居中编排在版心第三行。附件顺序号和附件标题应当与附件说明的表述一致。

附件格式要求同正文。

如附件与正文不能一起装订,应当在附件左上角第一行顶格编排公文的发文字号并在其后标注"附件"二字及附件顺序号(如:"吉政发〔2013〕×号附件1")。

4.版记

版记由抄送机关、印发机关和印发时间等要素组成(如图1-4所示)。

(1)版记中的分隔线

版记中的分隔线与版心等宽,首条分隔线和末条分隔线用粗线(推荐高度为0.35 mm),中间的分隔线用细线(推荐高度为0.25 mm)。首条分隔线位于版记中第一个要素之上,末条分隔线与公文最后一面的版心下边缘重合。

(2)抄送机关

抄送机关是除主送机关外需要执行或者知晓公文内容的其他机关,应当使用机关全称、规范化简称或者同类型机关统称。抄送机关可以是上级、平级、下级及不相隶属机关。公文的抄送范围应当严格按照工作需要和保密要求确定,不能滥抄,也不能错抄或漏抄。

公文行文规则规定:一般不得越级行文,特殊情况需要越级行文的,应当同时抄送被越过的机关;向上级机关行文,原则上主送一个上级机关,根据需要同时抄送相关上级机关和同级机关,不抄送下级机关;受双重领导的机关向一个上级机关行文,必要时抄送另一个上级机关;向下级机关行文,主送受理机关,根据需要抄送相关机关;向下级机关的重要行文应当同时抄送发文机关的直接上级机关;上级机关向受双重领导的下级机关行文,必要时抄送该下级机关的另一个上级机关。

抄送机关的排列顺序一般按机关性质和隶属关系确定。在具体排列上,对于不同级别的机关,应依先上级机关、再平级机关、后下级机关的次序;同级不同类的机关,要按党、政、军、群的顺序排列;人大、政协、法院、检察院应另起一行排列;如文件需抄送各民主党派、工商联的,则应另起一行编排。

公文如有抄送机关,一般用4号仿宋体字,在印发机关和印发日期之上一行、左右各空一字编排。"抄送"二字后加全角冒号和抄送机关名称,回行时与冒号后的首字对齐,最后一个抄送机关名称后标句号。

如需把主送机关移至版记,除将"抄送"二字改为"主送"外,编排方法同抄送机关。既有主送机关又有抄送机关时,应当将主送机关置于抄送机关之上一行,之间不加分隔线。

(3)印发机关和印发日期

印发机关和印发日期是公文的送印机关和送印日期。印发机关是指公文的印制主管部门,一般是各党政机关办公厅(室)或文秘部门。

印发机关和印发日期一般用4号仿宋体字,编排在末条分隔线之上,印发机关左空一字,印发日期右空一字,用阿拉伯数字将年、月、日标全,年份应标全称,月、日不编虚位(即1不编为01),后加"印发"二字。

版记中如有其他要素,应当将其与印发机关和印发日期用一条细分隔线隔开。

5.页码(如图1-4所示)

页码是公文页数顺序号。

页码一般用4号半角宋体阿拉伯数字,编排在公文版心下边缘之下,数字左右各放一条一字线;一字线上距版心下边缘7 mm。单页码居右空一字,双页码居左空一字。

公文的版记页前有空白页的,空白页和版记页均不编排页码。

公文的附件与正文一起装订时,页码应当连续编排。

抄送：××××××××，××××××，×××××，×××××，×××××。	
××××××××××	2012年7月1日印发

— 2 —

图1-4　版记与页码

（五）公文中的横排表格

A4纸型的表格横排时，页码位置与公文其他页码保持一致，单页码表头在订口一边，双页码表头在切口一边。

（六）公文中计量单位、标点符号和数字的用法

公文中计量单位的用法应当符合《GB 3100国际单位制及其应用》、《GB 3101有关量、单位和符号的一般原则》和《GB 3102（所有部分）量和单位》。

标点符号的用法应当符合《GB/T 15834标点符号用法》。

数字用法应当符合《GB/T 15835出版物上数字用法》。

三、党政机关公文的特定格式

（一）信函格式（如图1-5所示）

中华人民共和国×××××部

000001　　　　　　　　　　×××〔2012〕10号

机　密

特　急

×××××关于××××××××的通知

图1-5　信函格式

发文机关标志使用发文机关全称或者规范化简称，居中排布，上边缘至上页边为30mm，推荐使用红色小标宋体字。联合行文时，使用主办机关标志。

发文机关标志下4 mm处印一条红色双线（上粗下细），距下页边20 mm处印一条红色双线（上细下粗），线长均为170 mm，居中排布。

如需标注份号、密级和保密期限、紧急程度，应当顶格居版心左边缘编排在第一条红色

双线下,按照份号、密级和保密期限、紧急程度的顺序自上而下分行排列,第一个要素与该线的距离为 3 号汉字高度的 7/8。

发文字号顶格居版心右边缘编排在第一条红色双线下,与该线的距离为 3 号汉字高度的 7/8。

标题居中编排,与其上最后一个要素相距二行。

第二条红色双线上一行如有文字,与该线的距离为 3 号汉字高度的 7/8。

首页不显示页码。

版记不加印发机关和印发日期、分隔线,位于公文最后一面版心内最下方。

（二）命令（令）格式

发文机关标志由发文机关全称加"命令"或"令"字组成,居中排布,上边缘至版心上边缘为 20 mm,推荐使用红色小标宋体字。

发文机关标志下空二行居中编排令号,令号下空二行编排正文。

签发人职务、签名章和成文日期的编排见"加盖签发人签名章的公文"。

（三）纪要格式（如图 1-6 所示）

纪要标志由"×××××纪要"组成,居中排布,上边缘至版心上边缘为 35 mm,推荐使用红色小标宋体字。

标注出席人员名单,一般用 3 号黑体字,在正文或附件说明下空一行左空两字编排"出席"二字,后标全角冒号,冒号后用 3 号仿宋体字标注出席人单位、姓名,回行时与冒号后的首字对齐。

标注请假和列席人员名单,除依次另起一行并将"出席"二字改为"请假"或"列席"外,编排方法同出席人员名单。

纪要格式可以根据实际制定。

<table>
<tr><td>

××市人民政府

专题会议纪要

〔2012〕161 号

——————————————

关于研究我市参加第十届"6·18"各项筹备工作、市清理整顿各类交易场所工作方案、市保安公司承接方案有关问题的会议纪要

5月26日,市委常委、常务副市长陈大强主持召开会议,专题研究我市参加第十届"6·18"各项筹备工作、福州市清理整顿各类交易场所工作方案、市保安公司承接方案有关问题。现将会议纪要如下:

(a)

</td><td>

××大学会议纪要

第 24 号

校长办公室   2012 年 5 月 13 日

——————————————

附属医院网络建设工作会议纪要

2012年5月3日上午,宋晓平副校长在主楼十六楼第六会议室主持召开了附属医院网络建设工作会议,学校网络中心、人力资源部、图书馆负责人和第一附属医院、第二附属医院、口腔医院、医学中心相关负责人参加了会议。会上,

(b)

</td></tr>
</table>

图 1-6 纪要格式

【技能训练】

一、请按照公文格式要求画出公文格式示意图,注明公文各要素名称及其编排规则。

二、根据以下材料按照《公文格式》要求用 Word 或 WPS 文档制作一份规范的公文,包括版头和版记。

2013 年 8 月 1 日国务院给各省、自治区、直辖市人民政府,国务院各部委、各直属机构下发通知《国务院关于印发'宽带中国'战略及实施方案的通知》(国发〔2013〕31 号),正文是"现将《'宽带中国'战略及实施方案》印发给你们,请认真贯彻执行。"此件公开发布。

单元二　党政机关公文写作

项目5　通　　知

【走进课堂】

肖芳是鸿途秘书股份有限公司办公室秘书,2014年3月10日这天一上班她就接到了办公室王主任布置的任务:公司拟于3月28日上午8:30~11:30在公司第二会议室召开月度工作总结会,要求各部门负责人参加,并在会上作5~8分钟的工作汇报。王主任让肖芳拟写一份会议通知,并尽快下发各部门。

思考:1.肖芳该如何正确地撰拟这份通知并及时下发到各有关单位? 2.在工作中需要撰拟会议通知时,有哪几个要素是必不可少的? 3.通知具体有哪些用途?

【知识导航】

一、通知的用途

通知适用于发布、传达要求下级机关执行和有关单位周知或者执行的事项,转批、转发公文。

二、通知的特点

（一）应用的广泛性

在发文机关方面,上至最高的行政机关,下至基层单位,都可以用通知行文;在内容方面,大到全国性的重大事项、行政法规,小到单位内部告知一般事项,都可用通知行文。

（二）明确的指导性

通知在发布规章、布置工作、转发文件时,都明确阐述处理问题的原则和具体措施、方法,明确做什么事、怎么做、达到什么要求等。

（三）很强的时间性

在所有公文中,通知的时间性最强。对通知事项或要求办理的事情,往往都有很强的时间要求,即使是规定性通知,也不像其他规范性文件那样具有较长期的时效。

三、通知的种类

（一）转发性通知

用于转发上级机关、平级机关和不相隶属机关的通知。例如:《国务院办公厅转发国务院体改办等部门关于城镇医药卫生体制改革指导意见的通知》、《××省人民政府转发国务院关于加强出入境中介活动管理的通知》、《××省人民政府办公厅转发省政协办公厅关于贯彻省有关发展个体私营经济的〈决定〉、〈条例〉情况的调查和建议的通知》。

(二)批转性通知

用于批转下级机关用请示形式要求转发的带有政策性、指挥性和一定普遍性的文件。例如:《××市人民政府批转市公安局关于实施广州市道路交通管理综合整治工作方案请示的通知》。

(三)指示性通知

用于上级机关对下级机关布置任务、指示和安排工作。如:《国务院关于加强出入境中介活动管理的通知》、《××市人民政府关于实行住房货币分配有关问题的通知》、《××市人民政府办公厅关于开展全市安全生产大检查的通知》。

(四)发布性通知

用于发布本机关制定的有关文件的通知。发布比较重要的行政法规和规章,用语一般为"颁发"或"发布";发布一般的规章制度或其他文件,用语一般为"印发"。例如:《国家旅游局关于发布实施〈旅游发展规划管理暂行办法〉的通知》、《教育部关于印发〈新时期加强高等学校教师队伍的意见〉的通知》。

(五)任免通知

按人员管理权限,由上级机关决定任免人员,再把任免决定用通知行文,向指定范围公布。如《××市人民政府关于任免×××等同志职务的通知》。

(六)知照性通知

用于向有关单位或群众告知事项,传达信息。如《国务院办公厅关于国庆节放假的通知》。

四、通知的结构和写法

通知一般由标题、主送机关、正文、落款和成文日期组成。

(一)标题

通知的标题一般由发文机关、事由和文种组成。如果标题字数过多,可省略发文机关名称,使标题获得语言简练、主题突出的效果。事由是对公文主题的揭示,应当力求准确、简明、概括。如果通知的事项十分紧急,可在文种前加"紧急"二字,如《关于加强灾后防疫工作的紧急通知》;由多个机关单位联合发出,可在文种加"联合"二字,如《××市税务局等部门关于开展税收财务物价检查工作的联合通知》;继前一段公文发出后因故须再发一个补充通知时,通常将"补充"二字写在文种名称前,如《2006 年重点工作安排的补充通知》。

【知识卡片】

转发、转批性通知标题的简化

一是酌情省略被转发、批转公文的制发机关的名称。例如国务院批转《国家新闻出版总署 国家人事部关于编辑干部业务职称暂行规定》时,简洁地写成《国务院关于转批〈编辑干部业务职称暂行规定〉的通知》。

二是所转发、转批的文件如果是多层转发而来,应省去中间转发的各层环节,以直转原文件的形式拟制简明标题。如某县人事局的一个多层转发通知,其标题如实写就会繁琐缠夹、语意难明:《关于转发市人事局关于转发省人事局关于转发国家人事部〈关于××××工作的若干规定〉的通知的通知的通知》。可拟写成《××县人事局转发国家人事部〈关于×××工作的若干规定〉的通知》,其实际转发层次的情况可在通知正文中加以说明。

三是转发、转批若干机关的联合发文,不宜将其标题中的若干发文机关全部照写,可只标明其中的主要机关,其他机关用"等机关"表示。如某市人民政府批转该市教育局、财政局、国土局、规划局、建委联合行文的《关于解决农民工子弟学校用地及建设问题的意见》时,其标题拟制为《某市人民政府转批市教育局等部门关于解决农民公子弟学校用地及建设问题的意见的通知》。

四是当所批转转发的公文的标题过长,或同时批转转发两份以上公文时,采用"自拟摘要"法——在不损其原意的前提下对被批转转发公文的标题作概括、缩略。比如,转发《全国地方对外宣传和对台宣传工作会议纪要》和《×××同志在全国地方对外宣传和对台宣传工作会议上的讲话》两个文件,将通知的标题拟写为《关于转发全国地方对外宣传和对台宣传工作会议纪要和重要讲话的通知》或《关于转发全国地方对外宣传和对台宣传工作会议两个文件的通知》。

（二）主送机关

主送机关的名称一般用全称,也可用规范的简称。如主送机关为多个同类型机关,则用其统称。如市级机关向下一级多个同类型机关发文,其主送机关就写成"各区、县人民政府,市级各部、委、局,各直属机构"。不可用笼统不明的泛称,如"各有关单位"。

（三）正文

各类通知的正文有不同的写法,我们分别阐述如下。

1. 指示性通知正文的写法

此类通知用于对某一工作或事项提出具体要求或作出具体规定,其正文通常由三个层次组成:通知缘由、通知事项及结束语。

第一层次:通知缘由。这是正文的开头部分。这一层通常以一个自然段完成:或简述形势、背景、基本情况;或直接点明通知的根据、原因及目的;或对通知主要内容作"导语"式的概述。段末往往采用"现将有关事项通知如下"、"现作如下通知"、"特通知如下"之类的语句作为段落过渡语承上启下。

第二层次:通知事项。这是正文的主体部分。这一层次对通知内容进行具体阐述,写作时必须要求明确,交代具体。其基本构成是:布置任务,阐明工作原则,拟订方法措施,交代注意事项。写法上通常采用条列式,分条列项具体地提要求、谈措施。

第三层次:结束语。这是正文的结尾部分。结束语通常提出执行要求。或分条列项地提出具体的办理要求,或宏观地提出原则性的要求,或简要地表明执行要求。简明性要求,如:"以上各点,望遵照（参照）执行"、"请认真贯彻落实"等。宏观性要求,如"各地要立即行动起来,采取有效措施,切实把小学生的过重负担减下来。同时,要遵照本《通知》精神,做好减轻中学生过重负担问题"。

指示性通知如果在主体部分已融汇、渗透了执行要求的内容,则可意尽言止,不必专门写结束语。

2. 颁转性通知正文的写法

颁转性通知,即发布性通知、转发性通知、批转性通知,这类通知的正文比较简短,通常包括两层:一是写明颁转内容(即被颁转的文件的名称、来源),二是写明颁转意见或要求。内容简单地用一个自然段。内容稍复杂者采用两个以上自然段,第一自然段可写明转发内容和执行要求,然后另辟段落阐明所转文件的意义、该项工作的重要性,有的还要联系实际对如何执行文件作具体指示或对该文件不够完善的地方作补充。

需要予以强调的是,颁转性通知所颁布、印发、批转、转发的文件、材料虽不能成为通知的正文,但也属于本通知公文整体的有机组成部分,不能当成附件置于通知之外,而应将其置于通知的成文日期后,"版记"之前。

3. 会议通知正文的写法

会议通知的正文大都由三部分组成。

开头部分,交代开会的缘由、依据和会议名称,然后以"现将有关事项通知如下"之类的语句引出下文。

主体部分,大致由"会议六要素"构成:开会时间与期限,会议地点,与会者及其条件,会议内容或主要议题,参会需作的有关准备,会议其他事项(如经费、食宿、交通安排)。宜采用分条列项式逐一陈说。

结尾部分,通常是提出具体的受文要求,如要求寄回回执或电话回复是否参会,还可注明联系人、联系地址及电话等。

会议通知的写法比较简单、灵活,但一定要把有关事项交代得明确、具体,比如会议的时间和地点,一般情况下,必须确切到具体的"时刻"和"场所",不能笼统、宽泛。

4. 任免通知正文的写法

此类通知写作应篇幅短小,用语简要,它的正文也可分为三部分。

第一部分:写任免的根据。常用"经×××研究决定……"这种简明句式表述,而不必言明深层原因或具体细节。

第二部分:写出任免对象及任免职务。如涉及多人任免,应一人占一行,按职级高低为序分行写出。如是同一人即有任又有免,先写任后写免。有的还要写明被任命、聘任者的任期,以及"待遇"即级别,如"×××同志任宣传部部长(正局级)"。

第三部分:结语。可用"特此通知"作结。

五、通知写作的注意事项

(一)下发切忌随意

由于发布通知是要求所属单位贯彻执行或者周知的,它的目的在于指导和推动工作得以深入开展,因此,要注意发布的必要性,讲求实效,严禁随意滥发。

(二)内容明确具体

各种通知的通知事项和执行要求都必须写得明确具体,以利于受文者的理解和执行。这一要求也体现在标题的拟写上,作为法定公文的通知的标题不宜省略"事由"部分,以使读者一目了然。

（三）力求简明有序

通知不宜长篇大论，应力求精简。内容稍复杂的通知宜采用分条列项式结构，以求层次的条理化；简短的通知虽可不用条列式写法，也必须层次井然，眉清目楚。

【例文评析】

国务院关于开展第三次全国经济普查的通知

国发〔2012〕60 号

各省、自治区、直辖市人民政府，国务院各部委、各直属机构：

根据《全国经济普查条例》的规定，国务院决定于 2013 年开展第三次全国经济普查。现将有关事项通知如下：

一、普查的主要目的

全面调查了解我国第二产业和第三产业的发展规模及布局，了解我国产业组织、产业结构、产业技术的现状以及各生产要素的构成，进一步查实服务业、战略性新兴产业和小微企业的发展状况，摸清我国各类单位的基本情况，全面更新覆盖国民经济各行业的基本单位名录库、基础信息数据库和统计电子地理信息系统。通过普查，进一步夯实统计基础，健全统计工作的部门协调机制和信息共享机制，为加强和改善宏观调控，加快经济结构战略性调整，科学制订中长期发展规划，提供科学准确的统计信息支持。

二、普查的对象和范围（略）

三、普查的内容和时间

普查的主要内容包括单位基本属性、从业人员、财务状况、生产经营情况、生产能力、原材料和能源及主要资源消耗、科技活动情况等。

普查标准时点为 2013 年 12 月 31 日，普查时期资料为 2013 年年度资料。

四、普查的组织和实施

第三次全国经济普查是一项重大的国情国力调查，各地区、各部门要按照"全国统一领导、部门分工协作、地方分级负责、各方共同参与"的原则，突出重点，优化方式，统一组织，创新手段，认真做好普查的宣传动员和组织实施工作。

…………

五、普查的经费保障

第三次全国经济普查所需经费，由中央和地方各级人民政府共同负担，并列入相应年度的财政预算，按时拨付、确保到位。

六、普查的工作要求

坚持依法普查。所有普查对象必须严格按照《中华人民共和国统计法》和《全国经济普查条例》的规定，按时、如实地填报普查表。任何单位和个人不得虚报、瞒报、拒报、迟报，不得伪造、篡改普查数据。地方各级人民政府统计机构和监察机关要加大对普查工作中违法违纪行为的查处力度，坚决杜绝人为干扰普查工作的现象，确保普查工作顺利进行和普查数据质量。普查取得的单位和个人资料，严格限定用于普查目的，不作为任何单位对普查对象实施处罚的依据。各级普查机构及其工作人员,对在普查中所知悉的国家秘密和普查对象的商业秘密,必须履行保密义务。

充分运用现代信息技术。利用统计电子地理信息系统,全面建立普查区电子地图;巩固和拓展统计联网直报系统成果;积极推广使用手持电子数据采集设备,努力提高普查工作的信息化水平和效率,减轻基层普查人员的工作负担。

加强宣传工作。各级普查机构应会同宣传部门认真做好普查宣传的策划和组织工作,主动向新闻单位提供情况。报刊、广播、电视和互联网等媒体要广泛深入宣传经济普查的重要意义和要求,宣传普查工作中涌现出的典型事迹,报道违法违纪案件查处情况,引导广大普查对象依法配合普查,教育广大普查人员依法开展普查,为普查工作顺利实施创造良好的舆论环境。

> 国务院
>
> 2012 年 11 月 9 日
>
> (来源:中国政府网)

评析:这是一份指示性通知,是国务院为布置第三次全国经济普查工作而下发的。标题是齐全式标题,由发文机关、事由和文种构成。正文一开始便写明了开展此项工作的依据,紧接着用"现将有关事项通知如下"的惯用句式过渡到下文。正文主体部分从经济普查的主要目的、对象和范围、内容和时间、组织和实施、经费保障、工作要求等六个方面作出了说明与布置,既有宏观的指导,又有具体的说明,内容翔实,条例清晰,层次分明,便于下级机关遵照执行。

 例文二

××××学院关于印发《××××学院差旅费管理办法》的通知

校内各单位:

经学校研究同意,现将《××××学院差旅费管理办法》印发给你们,请遵照执行。

特此通知。

> ××××学院
>
> 2014 年 9 月 25 日

评析:这是一篇印发通知,用来发布本机关制定的文件。由于发布的是一份法规规章类文件,所以在标题中用了书名号。正文部分由发布依据、发布语和执行要求构成,简短明确。

 例文三

××省人民政府办公厅转发国务院办公厅
关于对贯彻落实"约法三章"进一步加强督促检查意见的通知

×府办〔2013〕193 号

各市、县、自治县人民政府,省政府直属各单位:

经省政府同意,现将《国务院办公厅关于对贯彻落实"约法三章"进一步加强督促检查的意见》(国办发〔2013〕105号)转发给你们,并就有关事项通知如下,请一并贯彻落实。

一、由省政府办公厅牵头,省发展改革委、省编办、省财政厅等部门具体负责,抓好我省贯彻落实"约法三章"的督促检查工作。省发展改革委、省编办、省财政厅根据本通知精神,制定具体的实施方案,指导、督促各市县、各部门认真贯彻落实"约法三章"。各市县、各部门于每年年底前,将本年度严格控制新建政府性楼堂所的贯彻落实情况报送省发展改革委,将严格控制财政供养人员的贯彻落实情况报送省编办,将严格控制"三公"经费的贯彻落实情况报送省财政厅;省发展改革委、省编办、省财政厅分别将情况汇总后,于次年1月10日前报省政府。

二、认真贯彻落实《中共××省委办公厅、××省人民政府办公厅关于全省党政机关停止新建楼堂馆所和清理办公用房的通知》(×办发〔2013〕36号)精神,全面停止新建党政机关楼堂馆所,严格控制办公用房维修改造项目,全面清理党政机关和领导干部办公用房,严格规范党政机关办公用房管理。省发展改革委、省财政厅、省监察厅、省国土环境资源厅、省住房城乡建设厅、省审计厅、省机关事务管理局等有关部门要各司其职,加强审核把关,强化监督检查。

三、加强机构编制管理,严格控制人员编制,确保财政供养人员只减不增。要加强统筹协调,加大调整编制的力度,充分挖掘内部潜力,控制增量,盘活存量,保障事关全局工作和重大民生保障方面的编制需求。要加大机构和职责整合力度,提升服务能力,精简机构编制。

四、加强预算编制管理,从源头上控制经费开支。要建立健全公务车辆定编管理、定点维护和因公出国(境)经费联动审批等制度,完善"三公"经费支出送审备案及预决算公开制度,以制度约束经费支出。要加强财务管理,明确"三公"经费各项目列支范围,加强单位报销审核力度,准确统计经费开支。

××省人民政府办公厅

2013年12月23日

(来源:××省人民政府网)

评析:这是一篇转发通知,用来转发上级机关公文。被转发的文件是一份"意见",不属于法规规章类文件,所以在标题中没用书名号。正文部分说明转发依据、转发文件名称,并结合实际提出贯彻落实要求。

 例文四

国务院批转发展改革委等部门关于深化收入分配制度改革若干意见的通知

国发〔2013〕6号

各省、自治区、直辖市人民政府,国务院各部委、各直属机构:

国务院同意发展改革委、财政部、人力资源社会保障部《关于深化收入分配制度改革的若干意见》,现转发给你们,请认真贯彻执行。

收入分配制度是经济社会发展中一项带有根本性、基础性的制度安排,是社会主义市场经济体制的重要基石。改革开放以来,我国收入分配制度改革不断推进,与基本国情、发展阶段相适应的收入分配制度基本建立。同时,收入分配领域仍存在一些亟待解决的突出问题,城乡区域发展差距和居民收入分配差距依然较大,收入分配秩序不规范,隐性收入、非法收入问题比较突出,部分群众生活比较困难。当前,我国已经进入全面建成小康社会的决定性阶段,按照党的十八大提出的千方百计增加居民收入的战略部署,要继续深化收入分配制度改革,优化收入分配结构,调动各方面积极性,促进经济发展方式转变,维护社会公平正义与和谐稳定,实现发展成果由人民共享,为全面建成小康社会奠定扎实基础。

…………

各地区、各部门要深入学习和全面贯彻落实党的十八大精神,充分认识深化收入分配制度改革的重大意义,将其列入重要议事日程,建立统筹协调机制,把落实收入分配政策、增加城乡居民收入、缩小收入分配差距、规范收入分配秩序作为重要任务。各有关部门要围绕重点任务,明确工作责任,抓紧研究出台配套方案和实施细则,及时跟踪评估政策实施效果。各地区要结合本地实际,制定具体措施,确保改革各项任务落到实处。要坚持正确的舆论导向,引导社会预期,回应群众关切,凝聚各方共识,形成改革合力,为深化收入分配制度改革营造良好的社会环境。

国务院

2013 年 2 月 3 日

(此件公开发布)

(来源:中国政府网)

评析:这是一篇典型的批转通知。国务院是发展改革委、财政部、人力资源社会保障部的上级单位,所以转发文件的性质是批转。正文部分说明转发文件名称,表明态度,提出执行的具体要求。学习这篇例文应重点体会标题和正文中的转发用语以及标题的简化方法。

例文五

××市××区人民政府办公室
关于召开全区人民调解业务工作培训会议的通知

各镇人民政府、街道办事处:

为进一步加强我区人民调解工作规范化建设,努力提高人民调解员的政治、业务素质,切实增强人民调解组织化解社会矛盾纠纷的能力,经区人民政府研究,决定召开全区人民调解工作培训会议,现将有关事宜通知如下:

一、会议时间

2013 年 3 月 15 日下午 14:00,会期半天。

二、会议地点

××区行政办公中心 2 号会议室。

三、参会人员

(一)各镇人民政府(街道办事处)综治办负责人、司法所所长;各村(社区)人民调解委员会业务骨干一名。以上参会人员由各镇(街)负责通知。

(二)各人民法庭庭长(请区人民法院办公室负责通知)。

四、会议议程

(一)区委政法委副书记、区综治办主任×××作动员讲话。

（二）区人民法院民一庭庭长××讲解《人民调解法》基本内容。

（三）人民调解骨干交流发言:1.×××街道办事处×××社区人民调解委员会×××作交流发言;2.××区司法局××司法所所长×××作交流发言。

（四）区司法局党组成员×××讲解人民调解工作实务。

五、会议要求

（一）请参会人员提前15分钟进入会场。

（二）会议严禁迟到、早退和无故缺席。确因特殊情况不能到会的,须向区司法局基层科书面请假(电话:8669148),并指派其他人参会。

（三）请参会人员严格遵守会场纪律。

××市××区人民政府办公室 2013 年 3 月 12 日

评析:这是一篇会议通知。正文开头交代会议的目的和会议名称,主体部分分条列项地写明会议时间、地点、参会人员、会议议程和会议要求。全文内容完整、交代清楚、结构简明,是一篇规范的会议通知。

××市人民政府关于施××等同志职务任免的通知

各市(县、区)人民政府,市直属各单位:

经 200×年×月××日市人民政府第 36 次常务会议决定:

任命施××为××市人民政府副秘书长,免去其××市科技局局长职务;

任命徐××为××市财政局局长,免去其××市审计局局长职务。

××市人民政府
××××年×月××日

评析:这是一篇任免通知,标题由发文机关、事由和文种构成。正文开头简洁明了地说明了任免职务的依据,接下来对任免对象任何职务、免何职务都写得很详细。

【技能训练】

一、请指出下面公文中的错误并加以修改。

省人民政府转发省教育厅教育事业发展"十二五"规划

省政府各直属单位:

现将《省教育事业发展"十二五"规划》,现转发给你们。

××省人民政府
2011 年 3 月 19 日

二、请根据以下材料写一份会议通知。

根据上级关于食品加工行业的卫生状况进行一次全面大检查的通知精神,××县卫生局决定召开食品加工卫生工作会议,部署卫生检查工作,于 2014 年 6 月 1 日发出会议通知。

通知会议时间为6月5~6日两天,报到时间为6月4日下午3~5点,报到地点在县第一招待所。要求参加人员范围:全县各类食品加工单位各到一名负责人,各乡、镇及县工商联派一名代表列席会议。另说明住宿费用可回单位报销,伙食费个人自理,按有关财政规定给予补助。

项目6 通 报

【走进课堂】

2010年11月21日,工信部表示已就360与腾讯之争给予2家公司通报批评,并要求双方5日内向社会公开道歉,妥善做好用户善后处理事宜。工信部同时发文称,下一步将会同有关部门对两公司涉嫌违反相关法律规定的行为进行调查处理。

思考:1.为什么工信部要选择通报这一文种对360与腾讯之争作出处理? 2.写作通报要注意哪些事项?

【知识导航】

一、通报的用途

通报适用于表彰先进,批评错误,传达重要精神和告知重要情况。

二、通报的特点

(一)典型性

予以通报的人、事或信息,都必须具备典型性,即代表性、倾向性、重要性,非一般性的事迹或错误。只有通报典型的人物、事件、信息,才富于经验(或教训)价值,才能发挥教育、启示、引导作用。

(二)教育性

表彰通报是通过表彰先进典型,让先进思想发扬光大,鼓舞人们学先进、找差距;批评通报则是一方面让当事人认识错误、改正错误,另一方面是让人们吸取教训、引以为戒;情况通报通过传达交流重要精神或情况引起人们的注意。三者的目的都是为了让人们从中受到教育。

(三)政策性

制发表彰性、批评性通报,必须符合党和政府现行的有关政策,对具体人物和事件的评价、定性及处理,要准确把握尺度,表彰不可拔高,批评不能苛酷。

三、通报的种类

根据通报的适用范围,我们可将通报分为三类。

(一)表彰性通报

用于在一定范围内表彰先进人物、先进集体及其先进事迹,以此激励、调动积极性和推广先进经验。

（二）批评性通报

这类通报还可细分为批评错误通报和处理事故通报。前者用于在一定范围内批评、惩处犯错误的人、单位或批评不良倾向，后者用于处理重大事故。如《中国人民银行关于10家金融机构违反"约法三章"处理情况的通报》所批评处理的就是具有典型性的严重违纪单位。《关于我省一些地方和部门滥行着装问题的通报》则是批评不良倾向的通报。发批评通报，不宜针对小错误、小事故，而须针对后果严重的错误和事故。

（三）情况通报

这类通报用途是传达重要精神或者重要情况。可细分为两种：侧重传达精神的指导性情况通报，侧重知照情况的介绍性情况通报。指导性情况通报要针对所通报的情况进行分析并提出意见和要求，如《国务院关于克服官僚主义进一步转变工作作风提高办事效率有关问题的通报》，在对国务院某些部门存在的突出问题作了陈述和分析之后，提出了解决问题的若干"精神"（即方针性、指导性要求）。介绍性情况通报重在向下级介绍某些重要信息、情况，不作详尽分析，也不提出具体要求。

四、通报的结构和写法

通报的基本组成部分是标题、主送机关、正文。

（一）标题

1. 完整式

"发文机关＋事由＋文种"，如《国务院关于表彰国家科委等单位长年深入基层开展扶贫工作的通报》。

2. 省略式

"事由＋文种"，如《关于2000年上半年公文处理情况的通报》、《违纪购房情况通报》。

处理事故的批评性通报的标题，可在文种名称前加"处理"二字，如《关于化学系实验室漏水事故的处理通报》；情况通报的标题可在文种名称前缀以"情况"一词，如《关于近期纪检工作的情况通报》。

（二）主送机关

通报一般应标明主送机关；普发性通报和组织内部知照的通报可以不表明主送机关，而在正文或印发范围内加以说明。

（三）正文

1. 表彰性通报和批评性通报的正文

这两种通报的正文的结构和写法基本相同，一般分为四个层次。

第一层次：通报缘由，陈述通报对象的基本情况和基本事实。应写清楚事实的六要素（时间、地点、人物、事件、原因、结果），使读者知悉该情况、事实。

内容复杂的通报可以将这一层次细分为两个部分：首先专辟一段"导语"，扼要地简括总体事实并作出简评，接着用"现将有关情况通报如下"等语导入第二部分；第二部分再比较具体地陈述基本事实和情况。

第二层次：分析评价，对通报对象进行评价、定性。对先进事实的意义、表率作用进行分析评价，或对错误、事故的性质、原因、危害、不良影响及教训予以分析、总结和定性。如果通报对象是众多个人或单位,正文中只作统称、综述,而不宜一一点名,应另以附件形式列出其名单。

第三层次:决定事项,写明表彰或奖励决定,处理或处分决定。表彰通报往往只需极为简洁地一语点明,如《国务院办公厅关于表彰奖励中国女子足球队的通报》只用了一句话:"为此,国务院决定对中国女子足球队给予表彰并予奖励。"批评错误倾向和处理事故的批评通报却需要在此层次大做文章,可分条列项地表述作出的决定和处理意见。

第四层次:希望要求,提出希望与要求。表彰通报通常在此对表彰对象作出勉励、表明期望,更对有关方面和群众提出希望和号召。批评通报则对批评对象提出改正错误的具体要求,并要求有关方面和群众引以为戒。

2.情况通报的正文

情况通报的正文可分为两个层次写作。

第一层次:陈述情况或传达精神。这是情况通报的主要内容和用途,与上述两种通报的情况陈述部分相比,其具体详明的程度要高得多。写作时,可夹叙夹议,在陈述过程中对情况或精神作分析评价,道明其性质及意义。

第二层次:提出意见和要求。表明意见和态度,指出努力方向或改进的措施。意见和要求必须从情况分析中归纳出来,这样才有足够的说服力和切实的可行性。

五、通报写作的注意事项

(一)事实准确、完整

有关事实的六要素、有关事件的全过程、有关单位和人物的基本情况,都要写得准确、完整。应平实地概述,不宜详述或描写,更不能夸张、渲染。

(二)议论精当、简明

表彰、批评性通报要对通报对象作评价、定性,情况通报要对通报的情况作估计、判断,因而必须运用议论方法进行分析、归纳。但是不宜像议论文那样写出严谨完整的推论过程,可省去细致的论证,由确凿的论据(有关事实或情况)直达合理论点(定性结论和执行要求)。

(三)措施恰当、具体

对表彰、批评对象作出的决定、处理要具体,对有关精神和情况提出的看法和要求,要恰切适当。

六、文种辨析:通知与通报的区别

通报和通知都有告知性特点,但适用范围、目的要求、表达方式都有所不同。

(一)适用范围不同

通知用于批转和转发文件,任免和聘用干部,告知需办理和周知的事项等一般工作;通报则仅仅用于表彰先进、批评错误、传达交流重要情况这3项重点工作。

(二)目的要求不同

通知的目的是告知事项、布置工作、部署行动,有严格的约束力,要求受文机关遵照执行;通报的目的不在贯彻执行,而是通过正反两方面的典型教育人们,或通过传达重要精神和情况引起人们的注意,而没有具体执行的事项。

（三）表达方式不同

通知的写作主要采用说明,告知人们做什么、怎样做;通报则兼用叙述、议论和说明等表达方式。在叙述先进事迹或者错误事实、陈述情况时用叙述;在对事实进行分析评述或提出希望、号召时用议论,在公布表彰或奖惩决定、意见时用说明。

【例文评析】

××县人民政府关于表彰教育系统先进个人的通报

各乡镇人民政府,县政府各部门:

近几年来,全县广大教育工作者在县委、县政府的正确领导下,爱岗敬业、为人师表、勤奋工作、潜心育人,涌现出了一大批师德优秀、积极进取、乐于奉献的先进典型。为了总结成绩,表彰先进,县人民政府决定,授予×××等3名同志"优秀校长"、××等5名同志"优秀管理工作者"、×××等10名同志"优秀班主任"、×××等10名同志"优秀教师"、×××等10名同志"师德标兵"荣誉称号(名单附后)。

希望受表彰的同志发扬成绩,再接再厉,再创佳绩。全县教育系统广大干部职工要积极向先进学习,立足岗位,务本求实,扎实做好各项工作,为推进我县教育事业持续健康发展做出新的更大贡献。

××县人民政府

2013年9月6日

评析:这是一份表彰性通报,标题由发文机关、事由、文种三个要素组成。正文第一段概括性地介绍了背景,说明表彰的目的,宣布表彰决定;第二段对受表彰者提出希望,进而提出号召。这份通报层次清晰、言简意赅,通过树立先进典型起到激励和教育的作用。

关于违纪购房情况通报

各区房改办,市直各单位房改办,驻×各单位房改办:

去年年底,我办在房改售房审核过程中发现个别职工弄虚作假二次购房等情况,给予了通报批评。然而,近日我办再次发现个别单位和职工弄虚作假骗购住房,有的为多购住房伪造公章,有的为多得工龄折扣搞假配偶,有的为达到换购目的搞假职务,还有的单位把关不严,导致职工出现违纪购房等情况。现将14宗违纪购房情况通报如下:

1.×××房地产开发有限公司退休职工×××(处级待遇),×××年×月以本人名义在配偶单位×××购买了房改房92.29平方米,已达本人职务住房面积标准。×××年×月,×××原工作单位××房地产开发公司开始房改售房,×××使用假公章,冒充配偶单位在购房申请书上加具审核意见,另购住房90.15平方米,违反规定购买两套房改房。

…………

上述单位和职工在已购房改房情况下,由于单位把关不严,有些单位甚至出具假证明,造成职工隐瞒事实,虚报资料,弄虚作假骗购公有住房,此类严重违反房改政策的行为,必须按有关规定严肃处理。对××公司、×××等单位给予通报批评。对×××等14名职工的违纪购房问题,现提出处理意见如下:

1.责成上述违纪购房职工对其违纪行为作出书面检讨,由其工作单位的纪检部门提出处理意见,并抄送上级纪委和我办备案。

2.……

住房制度改革政策性很强,关系到广大职工的切身利益,各级领导应加强对这项工作的指导和管理,严格执行房改政策。各单位在办理房改过程中应依法办事,如实申报,从这些违纪购房事件中吸取教训,引以为戒,杜绝类似行为的再次发生。我办在理顺去年房改售房遗留问题时将严格审核,发现问题一律严肃查处。希望各单位高度重视,从严把好初审关。

特此通报。

××××

××××年×月×日

评析:这篇通报对×市违反规定购房的单位和职工进行通报批评,是一篇较规范的批评通报。第一部分写了通报的缘由,简要概述了违纪购房的几种现象。通报了14宗违纪购房的情况,具体陈述了违纪单位名称、个人姓名及错误事实。第二部分(上述单位和职工……)是对通报事项进行分析评述,分析了造成错误的原因是由于某些单位把关不严,导致职工隐瞒事实、虚报资料、弄虚作假骗购公有住房,并宣布给予有关单位和个人通报批评的决定,提出了具体处理意见。最后一部分提请有关部门从违纪购房事件中吸取教训,引以为戒,杜绝类似行为的再次发生,并希望各单位高度重视,从严把好初审关。

【技能训练】

一、指出下面公文的错误并修改。

××市人民政府办公室通报

全体市民:

根据反映得知,近日来本市部分地区有一种令人人心惶惶的传说,称原流行于某国的恶性传染病登革热已传入本市,并已造成30人死亡。经本市防疫部门证实,这是完全没有任何事实根据,本市至今未发生过一起登革热的病例。经核查现已查明,这一消息源于本市《晨报》一二年4月1日的一则"愚人节特别报道"。《晨报》这种不顾国情照搬西方文化极不严肃的做法是非常错误的,已经给全市人民的稳定生活带来了极其恶劣的影响。目前有关部门已对本报作出停刊整顿并责令其负责人深刻检查等待纪律处分的处理。有关单位应吸取这一教训,采取措施以予杜绝。

××市人民政府启

2012年4月

二、根据下面的材料拟写一份通报。

中国人民银行××分行发出一份关于元旦期间银行系统安全保卫工作情况的通报。收文对象是中国人民银行各县、市支行。通报内容根据抽查部分县市支行汇报和三级分行的全区库款、机关院内、职工人身三安全的情况,首先做有关情况通报,包括:①党组织重视。

②健全各项规章制度,并检查、督促、落实。③进一步重申了枪支弹药专人保管、专人放置。④元旦前对大部分县行做了节前安排,节日期间检查、节日后有书面汇报、表扬做得好的县市。

项目7 决 定

【走进课堂】

国务院2013年5月15日下发《关于取消和下放一批行政审批项目等事项的决定》,决定指出,经研究论证,国务院决定,取消和下放一批行政审批项目等事项,共计117项。其中,取消行政审批项目71项,下放管理层级行政审批项目20项,取消评比达标表彰项目10项,取消行政事业性收费项目3项;取消或下放管理层级的机关内部事项和涉密事项13项。

思考:1.同为下行文,国务院为什么不选用"通知"来处理"取消和下放一批行政审批项目等事项"这一工作? 2."决定"缘由和事项写作有哪些详略方法?

【知识导航】

一、决定的用途

决定适用于对重要事项作出决策与部署、奖惩有关单位和人员、变更或撤销下级机关不适当的决定事项。

决定是典型的下行文。一般来讲,只有事关全局、政策性强、内容相对重要的事项和工作才使用"决定"行文。

二、决定的特点

(一)权威性

决定是领导机关实施领导的重要方式,政策性强,对重要事项作出的决策与部署,受文单位必须遵照执行,具有很强的行政约束力。

(二)稳定性

决定是对法律法规的重要补充,决定一经作出,要求在相当时期内贯彻执行,具有较强的稳定性。

三、决定的种类

(一)决策性决定

又称法规性决定,对某一领域或某一方面的工作作出政策性或规范性要求。这类决定带有纲领性、法规性、指挥性,一般篇幅较长,说理透彻,能充分体现领导机关的决策意图。如《中共中央关于构建社会主义和谐社会若干重大问题的决定》、《国务院关于加强地质工作的决定》、《中共广东省委、广东省人民政府关于加快建设文化大省的决定》。

(二)部署性决定

部署性决定又称事项性决定。对某一重要工作作出部署或对某项重大活动作出安排,要求下级机关认真遵照执行,如《中国人民政治协商会议第十届全国委员会常务委员会第十二次会议关于举办纪念孙中山先生诞辰140周年活动的决定》。

(三)知照性决定

用来公布决定事项,没有遵守规定和要求。重要机构设置决定和人事任免决定,都属于知照性决定。如《中共中央关于接收宋庆龄同志为中国共产党正式党员的决定》、《××市交通局关于×××、××同志职务任免的决定》。

(四)奖惩性决定

对有突出贡献的先进集体、个人进行表彰奖励,或对重大事故及其他违纪行为者作出惩处。如《中共中央 国务院 中央军委关于授予费俊龙、聂海胜同志"英雄航天员"荣誉称号并颁发"航天功勋奖章"的决定》、《××市人民政府关于给予×××同志撤职处分的决定》。

(五)变更、撤销性决定

变更或者撤销下级机关不适当的决定事项或对有关事项作出变更或撤销处理,如《国务院关于修改和废止部分行政法规的决定》、《××省人民政府关于取消一批收费项目的决定》、《××市人民政府关于撤销××县人民政府任命××同志为××镇镇长的决定》。

四、决定的结构和写法

(一)标题

决定的标题由"发文机关＋事由＋文种"三部分构成,不可缺少其中任何一部分。如:《中共中央关于经济体制改革的决定》。如果是正式会议讨论的决定,在标题的下面要有"题注",写明在什么会议上通过或批准,并用圆括号括起来。文末不再标注成文日期。

(二)主送机关

决定通常应写明主送机关,但普发性决定无主送机关,如《中共中央 国务院关于加强技术创新发展高科技实现产业化的决定》。

(三)正文

决定的正文主要包括三方面内容:一是决定缘由,二是决定事项,三是结语。

1. 决定的缘由

主要说明为什么要作出这个决定,即作出决定的目的、意义、原因和根据。在内容上,一般包括理论依据和事实依据两部分。它既可以是有关的政策、法规,又可以是来自实际工作方面的情况。这一部分要求文字精当,开门见山,语言概括。内容较少、涉及大家比较熟悉的工作的决定,这部分可略写。此项写完后,一般以"特作如下决定"、"现决定如下"等用语过渡到事项部分。

2. 决定的事项

要根据具体内容并结合实际撰写清楚。如对某项工作确定的原则、提出的要求、作出的规定、提出的措施办法;或者对某事某人表明态度、作出安排和处置;或者对某一文件表示批准意见等。这一部分根据不同情况,可多可少,或长或短,可以采用一段到底、分条列项、小标题等表述方式。

3. 决定的结语

可以写明落实决定的具体要求和措施,也可提出希望和号召。这部分视情况而定,可以单独成段,也可以不写。

决定的篇幅随内容而定。知照性决定应写得短小单一,简明扼要。即使是指挥性决定也应写得简明确切,不宜长篇大论。语言表达上,决定的语言应坚决、准确、贴切,绝不能模棱两可,含糊不清。

五、文种辨析

(一)奖惩性决定与表扬批评性通报的区别

1. 行文目的与文种功能不同

奖惩性决定重在处置,奖功罚过,使决定事项合法有效;表扬批评性通报重在宣传教育,或先进示范,或以儆效尤。

2. 内容性质不同

"通报"的对象必须是具有典型性的人或事;而决定,特别是"处分决定"则是针对所有需给予处分的人及事。

3. 具体写法不同

表彰通报与表彰决定基本相同,先概述事迹,接着分析评价,再写决定事项,结尾发出号召、提出希望;处分决定与批评通报略有区别,处分决定必须有明确的纪律处分意见,一般不写希望要求部分。

4. 发送范围不同

"通报"发送范围广泛;"处分决定"则一般只与当事人及有关方面见面,很少普发。

(二)通知与决定的区别

指示性通知、事项性通知与指挥性决定、知照性决定的区别有以下几点。

1. 事项的重要程度不同

通知与决定都可以部署工作,告知事项。二者的根本区别是事项的重要程度不一样。简单地说,一般事项用通知,重要决策用决定。具体说来,一般工作安排用通知,重大工作部署用决定;一般机构设置、人事安排事项用通知,重大机构设置和人事安排用决定。

2. 运用情况不同

一般企事业单位布置工作、告知事项使用通知来行文。高级党政机关则根据事项的重要程度选择通知或决定来行文。

(三)决定与决议的区别

1. 制发主体不同

决定与决议同属于对重大问题作出决策时使用的公文文种。所不同的是决定的制发主体一般是机关,也可以是会议;决议的制发主体只能是一定组织的会议。

2. 内容不同

决定事项一般涉及某一方面的问题,内容比较单一,决定内容也比较具体,有较强的针对性和指令性;决议则内容广泛,有的与决定一致,有的则只作认定性、认可性的结论。在用语上决议多用概括性、结论性的语言,而决定则多使用陈述性、批示性用语。

3. 格式不同

决定单独行文时格式上与其他通用公文一样,有编号,有发送单位;决议除见报、张贴外,单独行文,无编号,无发送单位,不用印。

（四）决定与命令（令）的区别

从决定的特点来看,决定和命令同样具有强制性、指挥性,但二者也有不同点。

1. 性质不同

命令把指示性和规定性结合起来,是党和国家的领导机关及领导人对下级机关或者社会人员发布的一种指令性档;而决定则是把指导性和决定性结合起来,是党政机关、社会团体、企事业单位对某些问题或者重大行动作出安排,并需要下级单位和成员贯彻执行的具有法规性的档。

2. 使用者不同

命令（令）的使用者有明确的限定,根据《中华人民共和国宪法》和《地方各级人民代表大会组织法》的规定:只有中华人民共和国国家主席、全国人民代表大会常务委员会委员长、国务院总理、国务院、国务院各部委以及县级以上各级人民代表大会、人民政府,可以依照法律规定权限发布命令（令）。而决定无此限制,各机关、团体、企事业单位都可以使用。

3. 语气不同

命令的权威性和指示性,要求下级机关必须坚决照办,不容违背。而决定的指导性,虽然也要求执行公文的内容,但是可以允许下级机关在执行具体内容时,结合自己的特点进行。决定的语气要比命令缓和一些。

4. 执行要求不同

命令要求执行起来坚决迅速,而且是无条件的。而决定虽然也必须执行,但其安排往往有一定的灵活性和变通余地,有一个理解执行的过程。

5. 内容繁简不同

命令（令）主要是发出必须做什么和不准做什么的指令,不做或很少做阐述和说明,因此篇幅都比较简短。而决定,除简单的事项性决定外,则不仅提出做什么的要求,而且还阐述指导思想和方针、政策,提出措施和方法,因此篇幅较长,几千字的决定颇为常见,这是命令（令）不能出现的。

【例文评析】

例文一

中共中央关于接收宋庆龄同志为中国共产党正式党员的决定

宋庆龄同志年轻时追随伟大的革命先行者孙中山先生,致力于中国革命事业,从一九二三年第一次国共两党合作以来,忠贞不渝地坚持孙中山生革命的新三民主义,在中国长期革命的艰难困苦的斗争中,坚定地和中国共产党站在一起;她一贯是共产党的最亲密战友,是中国各族人民包括台湾同胞和海外侨胞衷心敬爱的领袖之一,是爱国主义、民主主义、国际主义和共产主义的伟大战士,是保卫世界和平事业的久经考验的前驱;是全体中国少年儿童慈爱的祖母。她过去多次要求加入中国共产党,最近病重时又一次提出这个请求。中央政治局一致决定,接收宋庆龄同志为中国共产党正式党员。

（来源:《中华人民共和国国务院公报》1981 年第 11 期）

评析:这是一份知照性决定。决定内容比较单纯,采用篇段合一的形式,简短而精练,用语准确而鲜明。

例文二

国务院关于表彰全国"两基"工作先进单位和先进个人的决定

国发〔2012〕46 号

各省、自治区、直辖市人民政府,国务院各部委、各直属机构:

1986 年义务教育法和 1988 年《扫除文盲工作条例》施行以来,在党中央、国务院正确领导下,各地区、各部门高度重视、真抓实干,社会各界积极参与、齐心协力,我国"两基"(基本普及九年义务教育、基本扫除青壮年文盲)工作取得重大成就,2011 年全面实现九年义务教育,青壮年文盲率下降到 1.08%,改变了中国教育的基本面貌,实现了教育发展的历史性跨越。在实施"两基"巩固提高和"两基"攻坚过程中,涌现出一大批先进单位和个人。为表彰先进,激励和动员全社会进一步重视、关心、支持教育事业,推动教育改革发展,国务院决定,授予北京市朝阳区教育委员会等 300 个单位"全国'两基'工作先进单位"称号,授予徐万厚等 500 人"全国'两基'工作先进个人"称号。

希望受到表彰的先进单位和先进个人珍惜荣誉,再接再厉,为义务教育工作再上新台阶作出新的更大贡献。各地区、各部门以及关心支持教育事业的社会各界要向受到表彰的先进单位和先进个人学习,深入贯彻落实《国家中长期教育改革和发展规划纲要(2010—2020年)》,坚持把教育摆在优先发展位置,巩固义务教育普及成果,促进义务教育均衡发展,推动教育事业在新的历史起点上科学发展,为建设教育强国和人力资源强国、实现中华民族伟大复兴而努力奋斗。

附件:1. 全国"两基"工作先进单位名单(略)
     2. 全国"两基"工作先进个人名单(略)

国务院
2012 年 9 月 5 日
(来源:中国政府网)

评析:这是一份国务院表彰全国"两基"工作先进单位和先进个人的决定。标题由发文机关、事由、文种"三要素"构成。正文首先简明扼要地叙述了发文的背景、表彰的目的,并宣布表彰的决定,接着对受表彰的对象提出希望,并提出向受表彰单位学习的号召。正文后是附件说明,另页编排的附件是正文内容的补充,也是正文的重要组成部分,限于篇幅,这里就省略了。落款由发文机关署名、成文日期和印章组成。全文结构完整,逻辑性强,是一份值得借鉴、学习的典型范文。

例文三

关于追授王伟同志"中国青年五四奖章"的决定

(2001 年 4 月 18 日)

中国人民解放军海军航空兵某团飞行二大队中队长王伟,浙江省湖州市人,1968 年 4 月出生,1986 年 6 月入伍,1988 年 4 月加入中国共产党,大学文化程度,海军少校军衔。今年 4 月 1 日上午,一架美国 EP-3 军用电子侦察机抵近我国海南岛东南海域上空进行侦察活动,担负战备值班任务的王伟奉命驾机升空实施跟踪监视。美机违反飞行规则,将王伟驾驶的飞机撞毁。王伟按照长机的命令跳伞,经军地全力搜救未果,已壮烈牺牲。

王伟同志短暂的一生,是胸怀远大理想、矢志报效祖国的一生。他从小立志报国,高中毕业后自愿应召入伍,在部队他勤勉敬业,意志坚定,全身心投身到飞行事业中。他努力学习高科技知识,刻苦钻研飞行技术,无论驾驶哪种战机,他都能做到地面苦练,空中精飞,成为四种气象飞行员,每次飞行考核都是优秀。他积极进取,在军校学习时,第一个当班长、区队长,第一批入党,在部队改装歼七飞机时,他第一个放单飞,始终保持昂扬的精神状态。他经常担负重大飞行任务,多次立功受奖。这次在执行对美军电子侦察机跟踪监视飞行任务时,他坚毅果敢,沉着冷静,英勇顽强,用生命谱写了一曲爱国主义和革命英雄主义的壮丽凯歌。王伟同志是新一代革命军人的杰出代表,是英勇的"海空卫士"。王伟同志的身上集中体现了青年一代理想远大、勤于学习、勇于实践、胸怀祖国、服务人民的时代风貌,他是新时期全国各族青年学习的榜样。

为表彰王伟同志的英雄事迹,引导和激励广大团员青年向王伟同志学习,共青团中央、全国青联决定追授王伟同志"中国青年五四奖章"。

共青团中央、全国青联号召全国各族青年向王伟同志学习,学习他热爱党、热爱祖国、热爱人民、热爱军队,坚持国家和民族利益高于一切的远大理想;学习他献身国防事业,甘于奉献,从不计较个人得失的高尚情操和优秀品质;学习他立足岗位苦练本领,刻苦学习高科技知识,发愤进取、勇争第一的敬业拼搏精神;学习他牢记党和人民赋予的神圣使命,勇敢坚定,勇往直前,誓死捍卫国家主权和民族尊严的高度政治觉悟和大无畏的英雄气概。各级共青团、青联组织要广泛开展向王伟同志学习的活动,大力弘扬爱国主义和革命英雄主义精神,引导广大青年把强烈的爱国主义精神转化为勤奋学习、努力工作、建功成才、强我中华的实际行动,更加紧密地团结在以江泽民同志为核心的党中央周围,高举邓小平理论伟大旗帜,按照江泽民同志"三个代表"的要求,为实现新世纪中华民族的伟大复兴而努力奋斗!

共青团中央

全国青联

(来源:中国共青团网站)

评析:这是一份表彰先进个人的决定。正文分四个部分。第一部分写被表彰人员的身份、事迹。第二部分为评价,揭示了人物的典型意义。第三部分写表彰决定。首先写目的,然后写奖励内容。第四部分发出号召。这份决定英雄模范事迹丰满、具体,分析评价中肯准确,发出的号召与时代要求相结合。

××公司关于给予李×××同志行政警告处分的决定

李×××,男,××××年×月出生,××市人,高中文化程度,19××年×月参加工作,现任公司食堂炊事员。

20××年×月×日早上,李××与同事杨××发生争吵,出手打伤杨××头部。李××的行为,严重违反了公司的管理制度,侵犯了他人的人身权利,在员工中造成了较坏的影响。经教育帮助,认错态度较好。为了严肃纪律,教育本人,根据《××公司员工守则》第×条规定,决定给予李××同志行政警告处分,并负责杨××伤后的医药费,同时扣发当月的全部奖金。

希望公司全体职工能引以为戒,杜绝此类事件的再次发生。

评析:这是一份人员违纪处理决定。开头写明当事人情况、错误事实,然后指出问题的性质,分析原因,最后写明处理意见并提出希望。

【技能训练】

一、指出下面公文的错误并加以修改。

关于给予×××以取消学籍处分的决定

×××同学是电子工程系2012级学生,于2013年9月27日在校图书馆偷窃《护花铃》等4册书时,被工作人员当场抓住,责现成他留下姓名、专业和班级的字条后回去写检讨书。按要求×××于当天下午到图书馆应交检讨书并接受处理。然而他并没有这样做,反而到图书馆后再次偷走上午所偷的图书,并撕去上午留下的字条。图书馆人员经过充分的查证,掌握了×××再次偷书的确凿证据。可是当图书馆人员找到他时,他反而说图书管理人员诬陷他,态度十分横蛮。在确凿的证据面前,在有关人员的耐心疏导下,他最后承认了事实,并交出了所偷图书。根据他的错误性质、根据《×××××条例》,学校给他以留校察看一年的行政处分。

可是,×××同学没有吸取教训,在处分期间,于2013～2014学年度第一学期末的《××××》考试中,夹带作弊,监考劝止他时,他不仅不认错,反而辱骂教师。他的行为再次严重违反了学校纪律,根据《×××××条例》第×××条规定,学校决定给予×××以取消学籍的处分。

××大学

2014年×月×日

二、根据下面先进事迹材料,写一份决定。

2012年8月2日上午10时许,××省××市×乳业冷库突然发生火灾,驻该市消防支队武警战士管××奉命参加现场扑救。他在成功救出数人、再次冲入火海救援时,不幸壮烈牺牲。为弘扬他的英勇事迹和大无畏精神,共青团××省委决定追授他为××省优秀共青团员。

管××,男,汉族,1982年3月出生,××省××市人,入伍前系××市××学院大一学生。2010年12月入伍,系××省××市消防支队一中队三班战士,武警上等兵警衔。入伍以来,作风优良,业务技术过硬,共参加大小灭火战斗700多起,先后荣立个人三等功一次,多次被评为优秀士兵、优秀共青团员。

项目8　意　　见

【走进课堂】

2012年3月7日,国家开发银行下发《国家开发银行出台进一步支持贵州经济发展的意见》,《意见》围绕国发2号文件对贵州发展的战略定位和目标,特别是结合贵州扶贫攻坚的总体工作目标,明确开发银行将把贵州交通、水利等重大基础设施建设,特色优势产业发展,城乡基础设施和新农村建设扶贫攻坚,民生领域发展以及投融资体制机制建设作为支持的重点领域。

《意见》还明确提出"十二五"期间向贵州提供融资总量不低于2000亿元,国家开发银行在贵州贷款增速高于全国和西部省区平均水平,并承诺在项目资本金、贷款期限、贷款利率、授信标准和贷款审批等方面提供优惠政策。

思考:1.意见有什么用途? 2.意见在行文方向上有什么特点?

【知识导航】

一、意见的用途

意见适用于对重要问题提出见解和处理办法。

意见是党政机关或个人对某项事业或工作提出改进措施和建设性意见而使用的一种公文。作为一种公文文体的意见,与一般会议上或公开场合个人发表的口头言辞不是一回事,它的思考对象属于现实工作中重大的和急需解决的问题。

二、意见的特点

1. 针对性。意见总是根据现实的需要针对某一重要的问题提出见解和处理办法。
2. 原则性。意见通常不是具体的工作安排,总是从宏观上提出见解和处理办法。
3. 灵活性。意见在行文方向上表现出多向性,既可以上行,也可以下行和平行。

三、意见的种类

意见根据行文方向的不同,可以分为以下三类。

1. 下行意见

下行意见是上级机关从全局出发对重要问题提出见解和处理办法,供下级机关更好理解落实,采取得力措施去贯彻执行的行文。具体可以分为三种。

(1)规划性意见:规划性意见是对某一时期的某一方面的工作提出的大体构想。如《民营科技园区发展意见》、《茶产业发展意见》。

(2)实施意见:实施意见一般是为贯彻落实某一重要决定或中心工作提出具体措施。如《促进节约集约用地实施意见》、《城区拆违工作实施意见》。

(3)具体工作意见:对如何做好某项工作提出意见,所涉及的内容比较具体,有时还会有一些可操作性的办法、措施等。例如《关于继续做好公路养路费等交通规费征收工作的意见》、《对副科级干部的考察意见》。

2. 上行意见

上行意见是下级机关向上级机关就某重要问题发表自己的见解或提出处理问题的办法,以供上级机关决策参考。例如《关于节约使用办公用品爱护办公用具的意见》《关于××省国家公务员医疗补助的实施意见》。

3. 平行意见

平行意见是就不相隶属机关某重要问题提出建设性意见和可行性处理办法的行文,仅供对方参考。例如《××省人民政府办公厅关于加强嫩江松花江近期防洪建设若干意见修改的意见》。

四、意见的结构和写法

(一)标题

意见的标题一般由发文机关名称、事由和文种三要素构成,如《中共中央关于进一步繁荣文艺的若干意见》。也可以简略为事由和文种类别两部分,如《关于××省国家公务员医疗补助的实施意见》。

(二)正文

开头部分用简明扼要的文字,说明行文的目的、背景、依据或缘由,以利受文者理解和贯彻执行。

主体部分明确详尽地写出意见的具体内容,如阐明工作的基本见解、原则性要求,政策性措施及注意事项等。主体部分一般采用分条列项的结构安排。撰写时要注意到三点:一是全面系统。二是准确具体。三是层次分明。在意见行文中,一般既有工作的基本原则,又有具体的政策措施,撰写时应当分层叙述,不宜交织进行,以清眉目。

结尾部分一般用一个结尾段落来进一步强调工作或提出希望和要求。

【例文评析】

国务院关于进一步加大财政教育投入的意见

国发〔2011〕22 号

各省、自治区、直辖市人民政府,国务院各部委、各直属机构:

《国家中长期教育改革和发展规划纲要(2010—2020 年)》(以下简称《教育规划纲要》)明确提出,到 2012 年实现国家财政性教育经费支出占国内生产总值比例达到 4% 的目标(以下简称 4% 目标)。为确保按期实现这一目标,促进教育优先发展,现提出如下意见:

一、充分认识加大财政教育投入的重要性和紧迫性

教育投入是支撑国家长远发展的基础性、战略性投资,是发展教育事业的重要物质基础,是公共财政保障的重点。党中央、国务院始终坚持优先发展教育,高度重视增加财政教育投入,先后出台了一系列加大财政教育投入的政策措施。在各地区、各有关部门的共同努力下,我国财政教育投入持续大幅增长。2001—2010 年,公共财政教育投入从约2700 亿元增加到约 14200 亿元,年均增长 20.2% ,高于同期财政收入年均增长幅度;教育

支出占财政支出的比重从 14.3% 提高到 15.8%，已成为公共财政的第一大支出。财政教育投入的大幅增加，为教育改革发展提供了有力支持。当前，我国城乡免费义务教育全面实现，职业教育快速发展，高等教育进入大众化阶段，办学条件显著改善，教育公平迈出重大步伐。（略）

二、落实法定增长要求，切实提高财政教育支出占公共财政支出比重

（一）严格落实教育经费法定增长要求。各级人民政府要严格按照《中华人民共和国教育法》等法律法规的规定，在年初安排公共财政支出预算时，积极采取措施，调整支出结构，努力增加教育经费预算，保证财政教育支出增长幅度明显高于财政经常性收入增长幅度。对预算执行中超收部分，也要按照上述原则优先安排教育拨款，确保全年预算执行结果达到法定增长的要求。

（二）提高财政教育支出占公共财政支出的比重。（略）

（三）提高预算内基建投资用于教育的比重。（略）

三、拓宽经费来源渠道，多方筹集财政性教育经费

（一）统一内外资企业和个人教育费附加制度。（略）

（二）全面开征地方教育附加。（略）

（三）从土地出让收益中按比例计提教育资金。（略）

各地区要加强收入征管，依法足额征收，不得随意减免。落实上述政策增加的收入，要按规定全部用于支持地方教育事业发展，同时，不得因此而减少其他应由公共财政预算安排的教育经费。

四、合理安排使用财政教育经费，切实提高资金使用效益

在加大财政教育投入的同时，各地区、各有关部门要按照《教育规划纲要》的要求，进一步突出重点、优化结构、加强管理，推动教育改革创新，促进教育公平，全面提高教育质量。

（一）合理安排使用财政教育经费。（略）

（二）全面推进教育经费的科学化精细化管理。（略）

五、加强组织领导，确保落实到位

（一）加强组织领导。各省（区、市）人民政府负责统筹落实本地区加大财政教育投入的相关工作。要健全工作机制，明确目标任务，做好动员部署，落实各级责任，加强监督检查。国务院各有关部门要按照职责分工，加强协调配合，共同抓好贯彻落实工作。

（二）加大各省（区、市）对下转移支付力度。（略）

（三）加强监测分析。各地区要加强对落实教育投入法定增长、提高财政教育支出比重、拓宽财政性教育经费来源渠道各项政策的监测分析和监督检查，及时发现和解决政策执行中的相关问题。财政部要会同有关部门制定科学合理的分析评价指标，对各省（区、市）财政教育投入状况作出评价分析，适时将分析结果报告国务院，并作为中央财政安排转移支付的重要依据。

国务院

2011 年 6 月 29 日

（来源：中国政府网）

评析: 这是一份国务院加大财政教育投入的指导性意见。标题是由发文机关、事由和文种三个要素组成。正文开头简明扼要地写明意见的背景、根据、目的,以"现提出如下意见"过渡下文;主体部分从五个方面提出了执行要求,内容具体,条理清晰,便于下级机关遵照执行。

例文二

××××职业学院贯彻落实中央"八项规定"的实施意见

根据中共中央关于改进工作作风、密切联系群众等八项规定,按照市委教育工委、市教委有关要求,结合学校实际,特制订以下实施意见。

一、加强调查研究

校领导要经常深入基层、深入群众,结合分工和分管联系工作,加强调查研究,解决实际问题。坚持校领导接待日制度,定期安排校领导接待师生来访。建立健全校领导信访接待预约制度。继续做好书记信箱、校长信箱处理回复工作。校领导和中层干部要经常走访师生员工,要走进课堂、走进实训室、走进宿舍,听真话,察实情,及时发现问题、协调解决问题。每学期调查研究校领导不少于2次,中层干部不少于4次。

二、精简会议活动

严格控制会议的规格、规模和数量,切实减少各类会议活动,能不开的坚决不开,能开小会的不开大会,可以合并的坚决合并。坚持开短会、讲短话,力戒空话、套话。限定会议时间,除按规定程序召开的重要会议,其他会议一般不超过1天,一般性工作会议不超过1个半小时;领导讲话原则上不超过30分钟,个人发言不超过8分钟。原则上不安排学校领导出席各类应酬性活动。

三、改进文风文稿

推行"短实新"文风,力戒空话、套话、虚话。文稿要观点鲜明、条理清晰、言之有物,突出针对性和可操作性,减少重要性、必要性等论述。精简各类文件,没有实质内容的文件、已有相关规定且仍可适用的文件、可发可不发的文件一律不发,学校、各职能部门每年下发文件数不得增长,力争逐年下降。强调务实工作,减少计划总结、经验交流、心得体会等文字材料。改进宣传工作,新闻报道要贴近师生,多宣传学校改革发展成果,多宣传基层单位好的经验做法。

四、规范公务接待

坚持简朴、简约原则,校内各单位严格控制接待费用,从今年开始力争实现招待费用零增长。实行对口、对等接待制度,一般性公务接待,只安排1位校领导出席。公务接待要按标准用餐、住宿,不用高档菜肴、酒水,房间内不摆放水果或花篮,不赠送礼品,不组织到名胜古迹、风景区参观。迎接各种检查、评估、验收时,不张贴悬挂大型欢迎标语,不安排师生迎送。校内各单位之间不得相互宴请、赠送礼品。

五、严格出访管理

外事活动严格按照有关规定执行。严禁组织或参加无实质性内容的出国(境)考察,杜绝公款出国(境)旅游。严格执行出访计划审批制度,控制出访团组天数和规模,食宿和交通不超规格和标准。学校党委书记、院长不能同期出访。学校各级领导干部以学者身份出国(境)进行个人学术交流活动,应尽量安排在假期进行,不得使用学校行政事业经费。

六、厉行勤俭节约

严格执行预算管理,未经批准不得超支。加强公车管理,按上级有关规定完善管理使用办法。从严安排出差,严格执行经上一级领导批准的程序。实行固定资产最低使用年限制度,严禁计划外或超标配置办公设备和家具。严格会议管理,降低会议成本,一般不得到校外召开会议,会议不安排茶歇、不发放纪念品、不摆放花草、不制作背景板。不到高档宾馆用餐,不租用宾馆起草文件或办公,不组织高消费娱乐活动。加强办公经费管理,节水、节电、节约使用办公用品。

七、加强监督检查

各级领导干部要以身作则,把改进工作作风、密切联系群众作为一项经常性工作来抓,自觉接受师生员工的监督。学校党政办公室要加强部门间工作的综合协调。组织部要把执行情况纳入干部管理考核。财务处要加强对"三公经费"等使用的审核。资产与实训室管理部门要加强对设备购置的审核。纪委办公室、监察审计处要加强日常监督,定期检查各单位落实情况,加强对"三公经费"等使用情况的审计,有关情况要向党委会、院长办公会汇报,并在一定范围内通报。纪委对违反规定的单位和个人要追究责任,严肃处理。

评析:这是一份实施意见。开头说明制订实施意见的根据,表明发文缘由,主体部分结合单位实际从七个方面提出具体的执行要求。该实施意见类似于工作方案,以"通知"形式印发。值得注意的是,既然意见是正式公文文种,应作为正式公文行文,不宜以印发通知的形式行文。

【技能训练】

一、指出下面公文的错误并加以修改。

××××分行关于对基层营业机构进行调整的意见

×××××:

针对全省基层营业机构的经营状况,为适应商业银行经营管理的要求,优化资源配置,提高经营效益,根据总行确定的办行经营思想、市场定位及创新组织体制的要求,现提出如下实施意见调整优化基层营业机构的工作:

一、指导思想和原则。(略)

二、调整范围和形式。(略)

三、方法步骤。(略)

四、有关要求。(略)

二〇一二年三月十五日

二、根据下面的材料拟写一份意见。

××师范学院给下属各系(部)、机关各处(室)提出关于加强重点学科建设的意见。加强重点学科建设是今年的龙头工程。因为2006年是该校争取增加硕士学位授权点的一年,它对于申报新的硕士点,实现"质量建校,科研兴校,人才强校"的发展战略具有特别重要的意义。提出的意见有:

一、凝练学科方向,确定好重点学科建设的目标与任务。(略)

二、汇集学科队伍,为重点学科建设提供人才支持。(略)

三、提升学科水平,为重点学科建设提供成果保障。(略)

四、构筑学科基地,为重点学科建设提供资金保障。(略)

五、做好现有硕士点的教学工作,为新的重点学科建设提供经验借鉴。(略)

项目9 公 告

【走进课堂】

国务院公告

为表达全国各族人民对四川汶川大地震遇难同胞的深切哀悼,国务院决定,2008 年 5 月 19 日至 21 日为全国哀悼日。在此期间,全国和各驻外机构下半旗志哀,停止公共娱乐活动,外交部和我国驻外使领馆设立吊唁簿。5 月 19 日 14 时 28 分起,全国人民默哀 3 分钟,届时汽车、火车、舰船鸣笛,防空警报鸣响。(来源:中国政府网)

思考:1.除国务院外,还有哪些机关可以使用"公告"这一文种? 2.公告有哪些特点?

【知识导航】

一、公告的用途

公告适用于向国内外宣布重要事项或者法定事项。

公告是国家权力机关和行政机关共同使用的一个公文文种。在权力机关方面,公告适用于发布法律、地方性法规及其他重要事项。在国家行政机关方面,公告是向国内外宣布重要事项或者法定事项使用的一种公文。

二、公告的特点

1. 公告发文范围广泛

公告是公布性公文,借助报刊、广播、电视、网络等大众媒体向国内外广为宣传发布,发布范围非常广泛。

2. 公告内容是宣布重要事项或法定事项

发布公告,在内容的选择上必须注意符合两个方面:一是重要事项,二是法定事项。所谓"重要事项",就是国内外关注的、有关国家的政治、经济、文化、军事、科技、人事、外交方面的大事。所谓"法定事项",既包括由国家立法、司法等机关依法决定的事项,也包括依照我国有关法律的规定,应该使用"公告"这一文种予以公布的事项。

3. 公告发文机关级别高

公告一般由级别较高的国家行政机关或者权力机关及其常设机构制发,例如全国人民代表大会、全国人民代表大会常务委员会、国务院、各省、市人民政府、各省、市人大及人大常委会或授权新华社制发,或者由税务局、海关、人民银行、检察院、法院等某些法定机关制发。一般企事业单位、社会团体不能使用公告发布事项。

三、公告的种类

从公告的事项和作用来分,公告主要有发布性公告、知照性公告、事项性公告三种。

1.发布性公告

发布性公告主要用于发布法律、法令、法规和其他司法文件。这类公告在发布时通常把其所发布的法律文件一并公之于众。

2.知照性公告

知照性公告主要用于公布重大事项和法定事项,主要起到知照作用,没有什么需要遵守的规定和要求,篇幅不长,正文也比较简单。

3.事项性公告

事项性公告主要用于公布需要社会和群众周知并遵照执行的事项,通常篇幅较长,正文的写作也要求明确而具体。

四、公告的结构和写法

公告一般由标题、文号、正文、落款和成文日期构成。

（一）标题

公告的标题可以有四种写法:一是"发文机关 + 事由 + 文种",如:《最高人民法院 最高人民检察院关于不再追诉去台人员在中华人民共和国成立前的犯罪行为的公告》;二是"发文机关 + 文种",是最常用的标题形式,如《国务院公告》;三是"事由 + 文种",如《关于试鸣防空警报的公告》;四是只写文种,一般用于日常在公共场合张贴的公告。

（二）文号

如果是连续发布的公告,要在标题下注明文号。连续发布的公告文号有两种标法。一种是直接标明"第×号";另一种是年号加公告序号的形式,比如标成〔2002〕第 6 号。

（三）正文

公告正文一般由公告缘由、公告事项、结语组成。

1.公告缘由。陈述发布公告的根据、原因、目的,一般写得简明扼要。知照性公告省略缘由,一开头就交代事项。

（1）为纪念《中华人民共和国人民防空法》颁发 4 周年,检验我市防空警报设施性能,定于 2000 年 10 月 29 日 11 时 0 分至 11 时 15 分,在本市越秀、东山、荔湾、海珠、天河、黄埔、芳村、白云、番禺、花都区内进行防空警报试鸣。(《关于试鸣防空警报的公告》)

（2）鉴于邓小平同志在党和国家历史发展中的特殊功绩,以及全党全军全国各族人民的共同愿望,现决定:……(《邓小平同志治丧委员会公告》)

2.公告事项。要求直陈其事,交代清楚重大事项或法定事项的具体内容。公告事项根据内容的多寡确定表现形式。内容多的,要分列条款;内容少的,则无须分条列项。

3.结语。通常用"现予公告"或者"特此公告"等惯用语作为结束语。有时也可省略。

（四）落款与成文日期

落款写明公告单位。公告的成文日期一般标注在正文的右下方,然后加盖公章。有时成文日期也可标在有发文机关的标题的正下方。重要的公告还标明发布地点。

五、写作公告应注意的问题

1.公告的内容表述应简明扼要,直陈其事,就实避虚,一事一告。

2. 公告的语言要庄重严肃,朴实无华,不发表议论,也不加说明和解释,更不能使用渲染性的语言或形容词进行带有感情色彩的夸张描述。

3. 由于公告具有新闻性的特点,故应及时、迅速地将所发生的重大事项向社会公布,以发挥其应有的作用。

4. 严肃对待,不可滥用。公告的内容是"重要事项"或者"法定事项",一般基层机关、企事业单位切不可随心所欲地滥用"公告",不得拿"公告"当广告或启事使用,公民个人更无权使用"公告"。地方各级行政主管部门根据职权发布周知事项,应用"通告"。

【例文评析】

中华人民共和国全国人民代表大会公告(第二号)

第十二届全国人民代表大会第一次会议于 2013 年 3 月 14 日选举:

习近平为中华人民共和国主席;

李源潮为中华人民共和国副主席。

现予公告。

中华人民共和国第十二届全国人民代表大会

第一次会议主席团

2013 年 3 月 14 日于北京

(来源:新华网)

评析:这是一则知照性公告。标题由"发文机关 + 文种"组成,正文直陈事项,结尾以惯用语"现予公告"结尾。

关于中国船舶在亚丁湾和索马里海域申请护航有关事项的公告

今年以来,亚丁湾和索马里海域海盗活动猖獗,严重影响船舶在该海域的航行安全和船员的生命安全。中央决定派海军舰船为我国过往船舶护航。为保障航行于亚丁湾和索马里海域船舶的航行安全,更好地接受海军军舰提供的保护,防范可能发生的海盗袭击,现就我国船舶进出亚丁湾和索马里海域申请护航及航行安全事宜公告如下:

一、自 2009 年 1 月 6 日起,凡西行通过东经 057 度线、南行出红海通过北纬 15 度线进入亚丁湾和索马里海域的我国船舶,可向中国船东协会提出申请护航,并由中国船东协会向交通运输部提出护航请求。

二、进入亚丁湾和索马里海域的我国船舶应确保船舶通信设备处于正常适用状态,随时接收航行安全信息。在进入和离开该区域时与北京海事卫星地面站各进行一次通信联络,表明已进入或离开该区域。

三、再次重申船舶航行该海域期间应按照国际海事组织有关打击海盗决议和保安规则及我部相关要求,采取严格的警戒和保安措施。

特此公告。

中华人民共和国海事局

2008 年 12 月 24 日

（来源：中华人民共和国交通运输部网站）

评析：这是一则事项性公告，全文态度明确，重点突出，层次清晰，用语简明。标题采用两项式，事由和文种两要素齐全。正文开头部分简明地指出发布公告的背景和缘由，并用"现就……公告如下"的惯用句过渡，引起下文。主体部分分条列项，具体明确地写明了公告的事项。从时间、区域到注意事项和要求，表述准确、庄重而严谨。结尾部分用惯用语"特此公告"作结，收束全文，有始有终。

 例文三

中国人民银行公告

〔××××〕第 6 号

截至××××年×月×日，××××信用卡有限公司北京代表处驻华期限已届满，但未向我行提出展期申请。根据《外国金融机构驻华代表机构管理办法》第十六条、二十五条规定，现公告如下：

撤销×××信用卡有限公司北京代表处。

中国人民银行

××××年×月×日

评析：这是一则法定事项公告。该公告首先说明了有关情况，随后指出宣布公告的依据，最后明确指出该公告的内容，并独立成行，显得非常郑重和醒目。

【技能训练】

一、指出下面公文的错误并加以修改。

××市人民代表大会公告

2000 年 10 月 9 日，××市第×届人民代表大会第×次会议选出：

××市人民政府市长陈××。

现予以公告。

××市第×届人民代表大会第×次会议主席团

2000 年 11 月 1 日

二、根据以下材料拟写公告。

为进一步完善和规范进口网络游戏的报审工作，基于《国务院对确需保留的行政审批项目设定行政许可的决定》（国务院第 412 号令）、《国务院办公厅关于印发文化部主要职责内设机构和人员编制规定的通知》（国办发〔2008〕79 号）和《互联网文化管理暂行规定》（文化部令第 27 号发布，第 32 号修订）等相关文件，2009 年 4 月 29 日文化部负责对进口网络游戏产品进行前置审查。拟公告的事项有：

一、从事进口网络游戏产品运营的企业应严格按照《文化部关于加强网络游戏产品内容审查工作的通知》(文市发〔2004〕14号)的有关规定进行报审。报审的进口网络游戏产品,须为开发完全、与正式运营(或公测)版本一致的产品。

二、进口网络游戏产品在未获得文化部进口网络游戏产品批准文件时,必须符合以下要求:不得开放用户注册或通过客户端软件直接注册登录服务器;如需进行游戏技术测试,须采取限额发放激活码的方式,且活跃用户数不得超过2万;不得以向用户收费或通过商业合作、广告等方式开展经营。如有违反,文化部将不予受理该款进口网络游戏的申报,并按相关规定处理。

三、企业决定终止进口网络游戏产品经营的,文化部撤销其进口批准文号;变更运营企业的,原进口批准文号自动撤销,由新的运营企业重新向文化部报审。

四、已通过文化部内容审查的进口网络游戏产品,在运营中有实质内容变动的改版或版本升级的,应将新版本报文化部进行内容审查。

五、为方便网络游戏企业报审工作,提高审查效率,"文化部网络游戏内容审查网上申报及进度查询系统"在中国文化市场网(网址:http://www.ccm.gov.cn)已正式启用。

项目 10 通 告

【走进课堂】

2014年5月23日,×××自治区公安厅发布了关于依法严厉打击危害公共安全和妨害社会管理违法犯罪活动的通告,旨在有效防范极端暴力、恐怖案事件的发生。据介绍,凡在通告发布之日起至6月30日前向公安机关投案自首的违法犯罪人员,可以依法从轻、减轻或者免除处罚。违法犯罪人员有检举、揭发或积极协助公安机关等获重大立功表现的,可以依法从轻、减轻或者免除处罚。同时,鼓励广大人民群众积极举报并给予奖励。举报重要犯罪线索的,公安机关给予重奖。

思考:1. 为什么×××自治区公安厅不用公告行文? 2. 通告与公告有何区别?

【知识导航】

一、通告的用途
通告适用于在一定范围内公布应当遵守或者周知的事项。

二、通告的特点

1. 法规性

通告常用来颁布地方性的法规,这些法规一经颁布,特定范围内的部门、单位和民众都必须遵守、执行。例如,《××省无线电管理委员会办公室关于清理整顿无线电通信秩序的通告》,对有关事宜作了八条规定;《××市人民政府关于坚决清理非法占道经营的通告》,为改善交通秩序和市容环境,作了五条规定。

2. 周知性

通告的内容,要求在一定范围内的人们或特定的人群普遍知晓,以使他们了解有关政策法令,遵守某些规定事项,共同维护社会公务管理秩序。

3. 行业性

不少通告都具有鲜明的行业性特点,如税务局关于征税的通告,机动车管理部门关于机动车辆年度检验的通告,银行关于发行新版人民币的通告,房产管理局关于对商品房销售面积进行检查的通告等,都是针对其所负责的那一部分的业务或技术事务发出的通告。因此,通告行文中要时常引用本行业的法规、规章,也免不了使用本行业的术语、行话。

三、通告的分类

通告有法规性通告和知照性通告两大类型。

这两种通告是以法规性的强弱不同为标准来区分的,二者之间没有绝对的界限。法规性的通告不可能没有知照性,知照性的通告完全没有法规内容的也不多见。但二者在性质上毕竟有所区分,如《关于坚决清理非法占道经营的通告》,强制性措施较多,属于法规性通告;关于因施工停水、停电的通告,主要起通知事项的作用,没有强制性措施,属于知照性通告。

四、通告的结构和写法

(一)通告的标题和发文字号

1. 通告的标题

通告的标题,主要有两种写法。

一是齐全式写法,也就是公文标题的常规写法,由发文机关、事由、文种三者共同构成。如《河南省地方税务局关于认真落实〈事业单位、社会团体、民办非企业单位企业所得税征收管理办法〉的通告》、《广西工商行政管理局广西国有资产管理局关于办理19××年度企业法人年检及国有资产产权登记的通告》等。

二是省略事由的写法,由发文机关、文种组成。如《中华人民共和国公安部通告》、《××市房地产管理局通告》等。

通告也可以由事由和文种构成标题,还有的通告标题只有文种"通告"两字。

2. 通告的发文字号

通告的发文字号不像一般公文那样只用常规方式,在实践中有多种情况并存。

如果是政府发布通告,要有正规的发文字号,如《××市人民政府关于坚决清理非法占道经营的通告》,发文字号就是"市政告字〔1997〕6号"。

如果是某一行业管理部门发布通告,则可采用"第×号"的方式,标示位置在标题之下正中。

一些基层企事业单位发布的通告,也可以没有字号。

(二)通告的正文

正文采用公文通用结构模式撰写,共分三大部分。

1. 通告缘由

作为开头部分,通告缘由主要用来表达发布通告的背景、根据、目的、意义。如:

近期以来,我市清理非法占道经营,经过几次集中整治,取得了一定效果,但在一些主干道上仍有反复,禁而不止,影响交通和市容环境,群众反映强烈。为推进"讲文明、树新风"活动和精神文明建设八大工程的深入开展,市政府决定,集中一段时间,加大工作力度,实行综合整治,坚决彻底清理非法占道经营,让路于车,还道于民,改善交通秩序和市容环境。现通告如下……

2.通告事项

这是主体部分,文字最多,内容最复杂。较多采用分条列项的写法,以做到条理分明,层次清晰。如果内容比较单一,也可采用贯通式写法。

3.通告结语

这是结尾部分,写法比较简单,多采用"本通告自发布之日起实施"或"特此通告"的模式化结语。

五、文种辨析:通告与公告的区别

通告与公告都同属于周知性公文,都具有晓谕性和公布性,内容都是知照性的,发布范围都是面向全社会。二者的区别可大致概括为以下四个方面。

1.内容的重要程度不同。公告是用来发布重要事项和法定事项的,涉及内容多是国家大事或省市级的行政大事,或者履行法律规定必须遵循的程序。小的局部性事项和非法定的事项,不能采用公告的形式公布。通告是用来发布在一定范围内需要遵守或周知的事项的,它所涉及的事项一般没有公告那么重大。

2.对发文机关的限制性有较大不同。公告是一种高级别的文体,只有涉及全局性的重大事项或法定事项时,才能由高级别的行政部门发布,这一点前面介绍公告的特点时已有阐述。而通告是一种高级机关和基层单位都可使用的文体,不仅行政机关可以制发,社会团体、企事业单位在自己的职权范围之内,也可以制发。

3.发布范围有所不同。公告是向国内外发布重要事项和法定事项采用的文种,它的发布范围比较大,面向全国,有时面向全世界,遍示天下,一体周知,接受的人越多越好。通告虽然也是面向社会发布的,但多是限定在一个特定社区范围内,而且内容也多是指向一个特定的人群,要求这一社区的某一类特定人群遵守或周知。所以通告的定义中特意强调了"在一定范围内公布"。

4.发布的方式不同。公告多数是在新闻媒体上刊播,或者公开张贴,一般不用红头文件的方式即内部行文方式下发。而通告可以在新闻媒体上刊播,或者公开张贴也可以用红头文件的形式下发。

【例文评析】

××公司 ××××有限责任公司
关于兼并经营的联合通告

为了促进经营的合理化,经双方认真论证和商定,并报请有关主管部门批准,双方同意兼并,并以××公司为存续公司、××××有限责任公司为解散公司。现将有关事项通告如下:

兹定于××××年××月××日为兼并日。

自兼并之日起,××××有限责任公司的一切权利、义务和债务,悉由××公司(存续公司)承担。

依公司法规定,凡××××有限责任公司的债权债务人,如有异议,请在本通告之日起三个月内提出,逾期提出视为无效异议。

特此通告。

××公司

××××有限责任公司

××××年×月×日

评析: 这是一篇企业告晓性通告。文章以主旨句直陈行文目的,并对有关行文背景作了交代,然后,以文种承启语导出三项通告事项。文章以通告惯用语"特此通告"作结。全文文字精简,庄重明白,事项排列合乎逻辑。是短小精悍的优秀通告。

<h2 style="text-align:center">北京市人民政府关于发布
《2008年北京奥运会残奥会期间本市空气质量保障措施》的通告</h2>

为切实履行申办奥运会时的环保承诺,进一步改善空气质量,成功举办一届有特色、高水平的奥运会,针对本市目前空气质量存在的主要问题,根据《北京市实施〈中华人民共和国大气污染防治法〉办法》和《北京市人民代表大会常务委员会关于为顺利筹备和成功举办奥运会进一步加强法治环境建设的决议》,市政府决定,在实施第十四阶段控制大气污染措施的基础上,借鉴奥运会举办城市在奥运会期间保障空气质量的做法,在2008年北京奥运会、残奥会期间(7月20日至9月20日)实施加强机动车管理、严格控制施工重点工序、重点污染企业减排等措施,确保空气质量良好。现将具体措施通告如下:

一、加强机动车管理,倡导"绿色出行"

具体方案和执行时间另行发布。

二、停止施工工地部分作业和强化道路清扫保洁

各施工单位要停止在施工地的土石方工程、混凝土浇筑等作业,做好工地绿化、覆盖等工作。为保证施工安全,凡在2008年7月20日前不能完成土石方工程、基坑安全防护和防汛准备的项目,建设行政主管部门不予批准开工建设。市建委和各区县政府要组织督促各施工单位切实落实各项措施。

环卫作业单位每天要对城市主干道、次干道、重要支路和其他为奥运会提供服务保障的道路进行吸扫和冲刷作业,市市政管委和各区县政府要组织进行监督检查。

三、重点污染企业停产和限产

全市工业企业要采取有效措施,实现污染物稳定达标排放;不能稳定达标排放的,原则上停产治理。

…………

· 71 ·

四、燃煤设施污染减排

北京京能热电公司、大唐北京高井热电厂、华能北京热电公司、国华北京热电分公司采取燃用低硫优质煤及加强污染治理设施运行管理等措施,在确保达标排放的基础上减少污染物排放30%。所有夏季运行的燃煤锅炉,其使用单位要采取有效措施,确保污染物排放稳定达到《锅炉大气污染物排放标准》(DB11/139—2007)第二时段排放限值;不能稳定达标排放的,原则上暂停运行。

五、减少有机废气排放

本市行政区域内的加油站、油罐车和储油库,未完成油气回收治理改造或改造后仍不能达标排放的,停止使用。全市禁止露天喷漆,暂停含有挥发性有机溶剂的建筑喷涂和粉刷作业;印刷、家具生产、汽车修理等排放挥发性有机物的工序,未达到本市排放标准的停产治理。

六、实施极端不利气象条件下的污染控制应急措施

如遇到极端不利气象条件,影响空气质量达标时,在采取上述措施的基础上,将进一步采取应急措施控制污染。

各区县政府和市有关部门要落实属地管理和部门监管责任,加强督促检查,确保各项措施顺利实施。各企业要自觉履行减排责任,切实完成减排任务。对2008年北京奥运会、残奥会期间实施停产、限产等临时减排措施的企业将减免征收排污费。倡导广大市民选择绿色生活方式,主动参与减排行动,为保障2008年北京奥运会、残奥会期间空气质量良好作出贡献。

特此通告。

北京市人民政府
2008年4月4日
(来源:《北京市人民政府公报》2008年09期)

评析:这是一份由北京市人民政府下发的通告,全文主旨明确,重点突出,结构严谨,用语准确、简洁,是一篇典型的范文。标题采用的是发文机关、事由、文种齐备的"齐全式"。正文部分开头简明地写出发布通告的缘由和依据,然后用"现将……通告如下"的惯用句式过渡,转入主体部分。主体部分从六个方面阐明了通告的事项,内容具体明确。最后用惯用句"特此通告"收束全篇。

【技能训练】

一、指出下面公文的错误并加以修改。

××县航运管理所航行通告

各航运有船单位:

(一)施工日期:自×××年一月二十五日至三月三十一日止,时间六时至十九时。

(二)施工地点:××市建工局××处江湾供应站××路堆栈码头。

(三)锚泊位置:挖泥船艏、艉锚抛向上、下游各一百米,八字开锚抛向对岸六十米,开锚设有红、白浮标。

(四)注意事项:1.挖泥船按规定显示信号,加强值班瞭望,随时采取安全措施,锚泊区域

内禁止其他船舶停靠;2.航经挖泥地段的船舶应离挖泥船三百米处鸣笛一长声以便挖泥船松缆让航,然后慢速通过,在挖泥区域内严禁追越,以策安全。3.如因气候影响则顺延,工程结束后不再另行通告。

×××年一月二十一日

二、根据下面的材料拟写一则通告。

××供电局 2012 年 4 月 16 日发布一项通告。这份通告针对××市连续发生冒充供电局工作人员拆剪线路、拆卸用户电表以及对用户随意停电、断电和进行敲诈勒索等行为,致使电表被盗、电线被剪切以及私接乱拉现象严重,情节十分恶劣的这一事件而定。这次事件,给用户造成了经济损失,生活上带来不便,破坏了××供电局的声誉和供用电双方的关系。所以,××供电局特拟作如下通告:关于供电局工作人员上门对用户进行拆装电表、剪接电线、抄表收费、监督用电、修理电器等业务服务时的着装有统一要求:一律为蟹青色军干装电业标志服,佩带闪电帽徽,并随身携带工作证。希望各机关、团体和居民用户要提高警惕,并协助××供电局做好供电工作,严防不法分子扰乱、破坏。对揭发或抓获冒充××供电局的群众表示感谢,并给予一定的物质奖励。

项目 11　报　　告

【走进课堂】

在 2010 年两会上,有政协委员指出,就业协议书或劳动合同完全可以在不用就业报到证的情况下,作为接收毕业生、转接人事档案、迁移户口的依据;毕业生毕业证也完全能证明毕业生身份。国家人力资源和社会保障部就业促进司副巡视员尹建堃,在第十七届全国副省级城市毕业生就业工作联席会议上说,人力资源和社会保障部已与相关部门协调,并向国务院提交报告,建议取消毕业生派遣、报到证等。

思考:1.人力资源和社会保障部建议取消毕业生派遣、报到证,真的该用报告行文吗? 2.如果用报告行文,在撰拟时应重点叙述什么,是否可以顺便写进需要请示的事项?

【知识导航】

一、报告的用途

报告适用于向上级机关汇报工作,反映情况,答复上级机关的询问。

二、报告的性质和特点

(一)报告是上行的公文

与前面我们介绍的通知、通报等不同,报告是上行文,是下级机关向上级机关的行文。上行文与下行文不仅是行文方向的不同,在行文的态度与行文风格、语言表达上都不相同。下级机关向上级机关行文,要注意自己的行政身份,要讲究对上级机关应该采取的谦恭而谨慎的态度。

(二)报告是陈述性公文

报告这种公文的语言表达方式主要是陈述。就是说,报告主要使用陈述的语言向上级汇报工作、反映情况或答复上级的询问。

三、报告的种类

从报告的内容与作用的角度划分,报告主要包括四大类,即工作报告、情况报告、回复报告、报送报告。

(一)工作报告

用于下级机关向上级机关汇报某一阶段的正常工作。工作报告包括综合报告、专题报告和例行报告三种。

1. 综合报告。综合报告反映的是工作的全面情况。这种报告的写法通常是上一个阶段工作情况的全面汇报与下一个阶段的工作计划相结合,是工作汇报与工作计划的结合体。这样,上级领导不但可以了解已经完成的工作的情况,还可以了解新的工作的打算和安排。有的综合性工作报告也可以只汇报工作情况。

2. 专题报告。专题报告是就某一专项工作向上级机关进行汇报。一事一报,篇幅不长。

3. 例行报告。例行报告是指根据情况需要,定期向上级机关汇报工作的报告。

(二)情况报告

情况报告是对工作中出现的突发情况向上级进行汇报。这种报告的最主要的职能在于,便于上级机关及时了解事态的性质、原因、动态、发展,便于上级机关及时采取措施,使不利情况及时得到控制,并向好的方面发展。

(三)回复报告

回复上级机关询问事项或汇报所交办事情办理结果的报告。

(四)报送报告

指向上级机关报送材料或物件时,附以的对材料或物件的介绍说明的报告。

四、报告的结构和写法

报告一般包括标题、主送机关、正文、落款和发文日期五个部分。

(一)标题

报告的标题写作无特殊性,按公文标题的一般要求制作即可。报告的标题可以省略发文机关,但是事由是不能省略的。此外,事由部分要简练、准确。如《××中学关于男1舍发生火灾事故情况的报告》《关于2005年环保工作的报告》。

(二)主送机关

报告的主送机关一般是发文机关的直属上级机关,因而通常用习惯性简称,如"省委"、"校党委"、"集团公司"等。受双重领导的机关向上级机关呈送报告,一般应根据报告内容的针对性,确定某一上级为主送机关,另一上级为抄送机关;在某些特殊情况下,才能以并列为主送机关。

(三)正文

1. 报告正文的一般写法

报告的正文一般由报告缘由、报告事项和结束语三部分组成。

(1)报告缘由:以概括性语言简要说明报告的背景、主要内容和结论等。段末常用"现将有关情况报告如下"等过渡语引出报告事项。

（2）报告事项：此部分是报告的实体内容。其基本构成大致为：工作（情况）陈述及分析、经验或教训总结、处理措施或今后的计划。一般宜采用分列式结构，分条列项安排内容，务求层次井然、条理清楚。

（3）报告结语：通常以"特此报告"，"特此报告，请审阅"，"以上报告，请审查"或"以上报告如有不妥，请指正"等惯用尾语作结。

2. 工作报告正文的写法

工作报告往往带有工作总结的性质，重在汇报已做了哪些工作，是怎么做的，取得了哪些成绩，尚存在什么问题，今后的打算。此类报告内容丰富，篇幅较长，尤其应该强调"言之有序"地安排结构。工作报告正文的主要内容包括以下几个方面。

（1）基本情况：简要陈述工作概况和基本做法。

（2）成绩和经验：具体陈述工作的开展情况，工作中的认识、采取的措施、取得的成绩，并进而从工作实践中升华出理性的认识，总结出工作经验，以指导今后的工作。

（3）问题和教训：陈述工作中存在的问题、缺点，进而分析原因并总结教训。

（4）对策、措施和今后打算：针对所述情况及经验教训，提出改进工作的措施或今后工作的打算。

不同目的的工作报告，对上述各项内容有不同的侧重点。重在总结经验、教训的工作报告，应当注重工作情况的分析，对经验和教训详作归纳；重在汇报工作情况的工作报告，则应详述工作情况、过程、做法，略写经验、教训。

3. 情况报告正文的写法

情况报告是向上级反映情况的报告。所谓"情况"，主要是指事件、现象和问题。具体说来，情况指的是以下两种。其一、"负面"情况：事故、灾情、案情、敌情；工作中发生的严重问题或重大失误；突发事件。其二、重要情况：重要的社情、民情、组织及其成员的情况，如社会生活中的新动态、有关政策规定出台后群众的反映等；举办重大活动、召开重要会议的基本情况；贯彻执行上级重要指示、精神的情况，督促办理或检查某项重要工作的情况如财务、税收、物价、质量、安全、卫生等项工作的检查结果。

情况报告正文部分写作内容一般包括：陈述情况或问题，进行原因分析，提出基本看法，有时可提出处理意见或建议。

反映事故、灾情的情况报告，参照国务院颁发的《特别重大事故调查程序暂行规定》进行规范化写作，其具体内容、结构为：简要叙述事故发生的时间、地点、单位，事故的简要经过、伤亡人数、直接经济损失的初步估计，采取的措施及事故控制情况，事故发生原因的初步判断，对事故的看法和态度。

情况报告的写作还应注意以下三点。

第一，应"一事一报"。情况报告一般都是专题报告，内容集中、单一。

第二，应及时报送。情况报告时效性极强，以使上级尽快了解下情，作出决策。对于特大事故，国务院明确要求事故发生单位必须在特大事故发生 24 小时内写出情况报告送有关上级组织，以利于有效制止事态的发展和减少损失。

第三，应建议具体。若提出处理意见或建议，必须写得具体、明确而简要。

五、报告写作的注意事项

(一)如实反映

下情上报必须真实确凿,报告不实将导致上级决策失误,影响大局。汇报成绩时不能虚报夸大,反映问题时不能文过饰非,应以具体情况和确切数据为主要内容,如实直陈。

(二)重点突出

在结构上要注意内在的一个要求,详略结合,重点突出。重要的层义,一定要突出出来,放在前面讲,认真论述。重点材料,也要放在前面叙述,还要详细地写。作为报告,往往所写的事情本身是典型的。这一事例中的材料,要将其中能说明问题和主旨的重点,详细地展开来。这样,就能达到点面结合的要求。

(三)精当分析

对情况、事实的分析、判断必须采取"去粗取精、去伪存真、由此及彼、由表及里"的态度和方法,力求抓住本质;在提出解决办法和意见时,要有的放矢、切实可行,力避泛泛空谈。同时切记简明扼要,不可将公文写成议论文。这一要求与如实反映要求是相互依存的关系,必须将两者结合起来,不能只讲道理而不写具体事例,那将使报告内容空泛;也不能满足于罗列事实,堆砌材料而不总结升华,那样的报告十分肤浅。

(四)点面结合

"点"是重点和典型的具体事例,"面"是宏观情况或工作全局。在报告的写作中,不能繁琐罗列具体事例,也不只作全面情况的概述,而应根据发文主旨以典型事例凸显重点,以概况略述展示全局,详略得当地安排材料,使报告既有深度又有广度。

【例文评析】

××市人民政府关于落实省第××次常务会议精神有关情况的报告

省政府:

按照省政府第××次常委会议精神,我市就原省××农业高新技术园区与农业高新区进行资源整合工作进行了认真研究,召开了专题会议。我市认为,把高新区和省园区进行资源整合,将省园区并入高新区,并将新园区升格为省级开发区,实行属地化管理,对有效发挥省园区内科技优势,加速科技成果转化进程,提高全省农业和农产品的科技含量,加速培育区域经济增长点等方面具有重要意义,是加快高新区实现可持续健康、快速发展的重大战略举措。现将有关情况通知如下:

一、下一步工作措施

(一)建立工作机构,加强组织领导。(略)

(二)搞好前期调查。(略)

(三)重新调整行政区划。(略)

二、几点建议(略)

特此报告。

××市人民政府

××××年×月×日

评析:这是一篇专题工作报告,报告的内容是向上级汇报某一方面工作的具体情况。标题用的是完全式标题。该报告的正文开门见山,一开头便用一句话表明本工作报告的发文目的,随后从三个大的方面进行工作汇报,一是如何落实会议精神的,一是下一个阶段工作的具体措施,一是对今后工作的几点建议。限于篇幅和教学的需要,这里没有全文收录该报告内容,但是从收录的部分已经可以看出,该报告较好体现了专题性工作报告的写法,较好地达到了行文目的。

 例文二

<h2 align="center">关于军校大学生演讲比赛
××协作区复赛结果有关情况的报告</h2>

总参军训和兵种部院校教学局:

×月×日电函悉。现就我协作区军校大学生演讲比赛复赛结果的有关情况报告如下:

一、关于复赛活动的组织情况。此次复赛,我协作区按照本区的院校情况,结合总参核定给我区的决赛指标,给各参赛院校明确了复赛名额:各院校均派4名选手参加复赛。在要求各院校严密组织预赛的基础上,为保证复赛的公平公正,我中心在组织复赛时特别外聘了三所军地院校的七名资深教授担任评委,并在比赛时由各院校派出人员担任统分员。因此,复赛的前期准备是充分的,现场的组织程序是合乎要求而且是正规严密的。

二、关于对比赛名次的确认考虑。由于我协作区的参赛院校相对较少,在赛前组织评委召开预备会时,有部分评委提议:鉴于××大学的生源入学质量明显要高出其余院校许多,因此比赛结果有可能出现一边倒集中于该大学的现象。从有利于鼓励各院校积极参加类似活动以促进学科建设和教学水平提高的角度出发,是否可以适当照顾办学起点和生源质量较低的院校,使其亦能有选手进入决赛。对此提议,我中心在请示主管领导后,原则上同意在公开比赛的基础上,如出现优胜者过分集中于某院校,而其余院校未有选手胜出时给予适当调整照顾,但被照顾者将在胜出选手中×后排名。因此,我中心之所以采纳评委建议,完全是从有利于各兵种院校的长期协作、从顾全大局的角度出发给予考虑的。

三、关于对复赛结果的确定情况。从现场比赛的得分情况看,结果与评委们的赛前所料大致相同:在5名胜出者中,前面4名均为××大学的选手。对此,我中心组织评委们进行了讨论。会上,评委们意见一致,认为选手的得分并未当场公布,从比赛的整体情况看,有必要将此结果进行一点小调整,即把××大学的第4名调整到第6名,原第5名调整为第4名,原第6名为第5名。故最终公布的结果为:在取得决赛资格的5名选手中,前3名为××大学选手,其余2名分别为××学院和××学院的选手。因此,我协作中心上报教学局的复赛结果,其中固然有从大局出发适当照顾××学院的因素,但同时也是充分尊重评委意见

·77·

秘书写作实务

的结果，此外并无他因。

专此报告。

××协作中心办公室
×××年×月×日

评析：这是一篇回复上级询问事项的报告。报告对演讲比赛复赛的组织情况、赛前组委会对比赛名次的确认考虑以及对复赛结果的确定情况作了详细汇报，以澄清事实，消除上级机关疑问。报告层次清晰，汇报具体。

【技能训练】

一、指出下面公文的错误并加以修改。

关于××高速公路塌方事故的报告

××市建设委员会：

××××年×月×日，××高速公路××路段发生塌方事故，造成一定的伤亡后果。事故发生前，桥面上发散有二三十名工人，已浇铸了近200立方的混凝土，而且违章施工，按照施工程序应分两次浇筑的混凝土却一次浇筑，估计事故原因是桥面负荷过重。事故发生后，近200名消防员、工地工人、公安干警到现场紧张抢救，抢救时间持续近28小时。据查，该工程承建商是××市市政总公司第一分公司。

特此报告。

××市政工程总公司
×××年×月×日

二、根据下面的材料拟写公文。

2013年12月20日凌晨2时40分，××市晨光区百货大楼发生火灾。经过两个多小时的扑救，于5时明火全部扑灭。该大楼二层经营的商品以及柜台、货架、门窗等全部烧毁，直接经济损失达50万元。造成此次重大火灾的直接原因，是二楼的一个个体裁剪户经二楼经理同意，从总闸自接线路，夜间没断电导致电线起火。追究这次火灾发生的原因，为该大楼领导对安全管理工作极不重视，内部管理混乱，安全制度不健全，违章作业严重等问题，因而造成了惨重的经济损失，教训十分深刻。对此次火灾的处理如下：火灾发生后，市政府、市贸易局十分重视，三次派人员到事故现场调查，并对事故进行认真处理，责令该百货大楼二楼经理刘××停职检查，个体裁户李××罚款5000元，并听候进一步处理。今后要吸取的教训是切实加强对安全工作的领导，尤其加强对零售企业的安全管理，及时消除各种不安全的因素和隐患，为企业创造良好的经营环境。

请根据上述材料，以××市贸易局的名义给省贸易厅拟写一份报告。要求正文第1段简要地介绍火灾情况、损失和发生火灾的直接原因。第2段写火灾事故的深层原因、教训。第3、4段写对火灾的处理情况和结果。

· 78 ·

项目 12　请　　示

【走进课堂】

肖芳是鸿途秘书股份有限公司人力资源部经理,这天,她收到了翰林人才市场举办招聘会的邀请函,她认为这是一次很好的招贤纳士的机会,打算带自己的下属参加这次人才招聘会。于是她便起草了一份《关于参加翰林人才市场大型招聘会的请示》,上报公司领导审批。

思考:1.为什么肖芳作为人力资源部经理参加人才招聘会,要用请示上报领导审批? 2.肖芳撰拟这份请示时,需要如何把缘由讲清楚,才能获得领导的审批?

【知识导航】

一、请示的用途

请示适用于向上级机关请求指示、批准。

凡是本机关无权自行处理和无力解决的事项,都应行文请示上级机关,求得批准、指示或解决。诸如下列情况,均应向上级报送请示。

1.对上级有关方针、政策、指示或法规、规章不够明确或有不同理解,需要上级机关作出明确解释和答复的;

2.从本地区本单位的实际情况出发,需要对上级的某项政策、规定做出变通处理,有待上级重新审定,明确作答的;

3.出现新情况、新问题需要处理而无例可循、无章可依,需要上级机关作出明确指示的;

4.无权自行处理解决的事务(如增设机构、增加编制、增添设备、增拨经费、增列计划、增多项目等),需要上级批准或协助解决的;

5.本机关无法独立解决的涉及面广的事务,需要上级机关予以协调和帮助的。

二、请示的特点

1.陈请性。请示是向上级机关请求指示和批准的公文,行文内容具有请求性。

2.求复性。请示的行文目的是请求上级批准,解决某个具体问题,要求作出明确答复。

3.超前性。请示行文时机具有超前性,必须在事前行文,等上级机关作出答复之后才能付诸实施。

4.拟议性。请示绝非单纯提问的公文,不能只是向上级征询某事项应该"怎么办",而须就某事项提出具体可行的拟议(建议、要求、方案等),请求上级予以定夺。

5.单一性。请示事项具有单一性,要求一文一事。

三、请示的种类

按照请示的内容与行文目的分类,请示主要分为三种,即请求指示性请示、请求批准性请示和请求批转性请示。

(一)请求指示性请示

请求指示性请示主要包括两种情况。

第一,对于上级机关文件中规定的某些政策界限把握不准,而本机关又无权解释或不能擅自决定,因此,请求上级机关给予指示。

第二,在实际工作中,遇到本机关在职责权限内过去没有遇到过的新情况、新问题,需要上级机关进行指示。

(二)请求批准性请示

请求批准性请示多用于增设机构、增加编制,上项目、列计划、要资金、购置设备等内容。这类请示的内容已经基本成形,所需要的是得到上级机关的认可与批准。

(三)请求批转性请示

请求批转性请示,其内容主要是提出对有关工作的意见和建议,请求批转各有关部门执行。有关部门主要是请示机关的同级机关或不相隶属机关,提出请示的机关没有权力要求这些机关执行该请示的事项,故请求上级机关批转。

四、请示的结构和写法

请示的基本组成是标题、主送机关、正文、落款、附注。

(一)标题

请示的标题通常用完全式标题,由"发文机关 + 事由 + 文种"构成,如《南方文理学院关于增拨教育经费的请示》。发文机关有时可以省略,如《关于丹霞山风景名胜区列为国家重点风景名胜区的请示》。

在拟制标题时注意:一是请示事由部分不能出现祈请类的词语,因为文种名称"请示"即"请求指示"之意。如《三河乡人民政府关于请求增拨谢家湾水库除险加固工程经费的请示》这一标题就欠妥,应删去"请求"一词。二是文种名称不可写成"请示报告",因请示和报告的适用范围各异,各为独立文种,不能合并使用。

(二)正文

请示的正文都要包括请示缘由、请示事项和结语三部分。

1. 请示缘由

在请示的开头对请求的根据、原因、目的、背景等予以说明。要做到实事求是,情况清楚,依据有力,说理充分,语气恳切得体。上级据此才能了解实情,下级也才能得到预期的批复。常见的开头方式有以下几个。

(1)原因目的根据式:"由于(鉴于)……为了……根据……";

(2)原因目的式:"由于……为了……";

(3)目的根据式:"为了……根据……"。

请示理由之后一般用"为此,现就××问题请示如下"或"特作如下请示"或"为此,特请求……"或"特恳请……语句"过渡,引出请示事项。

2. 请示事项

请示事项是针对具体事务、问题提出的处置"拟议",包括办法、措施、主张、看法等。请示事项是上级机关指示或批准的具体内容,要符合法规,符合实际,写得具体、明白,具有可行性和可操作性。如果请示的事项内容比较复杂,要分清主次,一条一条地写出来,条理要清楚,重点要突出。

3. 结语

请示结尾一般以期请性惯用语作结。常用的结束语有以下几组。

"以上请示,当否,请批示";

"以上请示,妥否,请批复";

"以上请示,请予批准";

"以上请示,请予审批"。

如果是请求批转性请示,结束语的写法是:"以上请示,如无不妥,请转批各地、各部门执行。"

(三)附注

在成文日期的下一行,用括号注明联系人的姓名和电话,以便上级机关及时联系。

五、请示的写作要求

1. 一文一事。一份请示只能写一件事,做到主题突出,内容单一。这既是《条例》所规定的,也是实际工作的需要。

2. 单头请示。请示只能主送一个上级领导机关或者主管部门。如果需要,可以抄送有关机关。这就可以避免出现推诿、扯皮的现象。

3. 不越级请示。遵循逐级行文规则,向直接上级机关请示。如果因特殊情况或紧急事项必须越级请示时,要同时抄送越过的直接上级机关。此外,除个别领导直接交办的事项外,请示一般不直接送领导个人 。

4. 不抄送下级。请示是上行公文,行文时不得同时抄送下级以免造成工作混乱,更不能要求下级机关执行上级机关未批准和批复的事项。

5. 不要事事请示。凡属本机关、本组织职权范围内的事项,不必向上级请示;凡经过努力能处理和解决的问题、困难,都应极力自行解决,不得动辄请示,上交矛盾。

六、文种辨析:请示与报告的区别

请示和报告都是在实际工作中应用广泛的文种,它们既有相同之处,又有区别。相同之处是两个都是写给上级的上行文,公文里都有陈述意见,反映情况的内容。区别有以下几点。

1. 行文目的不同。请示是为解决具体问题,请示上级指示或审核批准的,必须批复、回答;报告多为上级了解和掌握情况,沟通上下级联系,着重于汇报工作,多数不需要回复。

2. 行文时限不同。请示跟报告相比,时间要求更紧迫。请示必须事前行文,未得到回复,不能行事。绝不能先斩后奏,无组织无纪律。报告既可以事前行文,也可以在事后或事情进行中行文。

3. 内容要求不同。请示不仅要向上级陈述理由,写清楚自己提出的具体要求,明确请求上级机关的指示和回复,还必须一文一事,不能就同一件事向两个或更多的上级机关请示。报告只把需要汇报的事情写清楚即可,文中一事、数事都可以。

【例文评析】

××省财政厅关于企业库存涤棉布调整价格差额
大于国家流动资金部分能否增拨的请示

财政部：

你部〔2006〕财企字第129号文《关于企业库存涤棉布调整价格差额的财务处理问题的意见》，我厅业已转发。据××、××等十多个地市反映，有些企业国家资金很少，库存涤棉布调整价格差额大于国家流动资金。超出国家流动资金的部分如何处理，能否增拨流动资金？请核示。

××省财政厅
2006年×月×日

评析：这是一篇比较典型的请求指示性请示。请求的事项很明确，即"能否增拨流动资金"。标题用的是完全式标题的形式。正文先说明请示的缘由，写得清楚而具体，随后是请示的事项，最后明确提出请求。这样不但使上级了解了情况，也为上级进行有针对性的答复提供了条件。

××市人民政府关于对××河大堤局部段进行拆改建设的请示

省人民政府：

为了更好地解决××河城市段与××大街、××街两河口防汛问题，根据《关于修建××大街××街洞口防洪应急度汛工程的复函》精神，我市按照300年一遇防洪标准，在两河口份上、下游建设永久性防洪应急度汛工。目前，该工程已经开工建设，预计×月中旬完工。今后××河城市段北堤局部段的防洪任务将由该工程承担，取代××路桩号×××至×××段××河大堤原有的防洪作用。我市拟结合××大街改造工程，将此段××河大堤拆改，同时将××大街由原来的下穿××路改为上跨××路。这样，既可以满足防洪度汛的需要，又可缓解我市交通紧张状况，更好地体现大城市的雄伟气势，提升城市形象。

妥否，请批复。

××市人民政府
××××年×月×日

评析：这是一篇比较典型的请求批准性请示。开头写明请示缘由，接着写明请示事项为"将此段××河大堤拆改，同时将××大街由原来的下穿××路改为上跨××路"。最后以惯用语表达请求。

例文三

关于要求批转健康××"十二五"规划的请示

××区人民政府：

　　为进一步深入开展"健康××"行动,区卫生局牵头拟订了健康××"十二五"规划,经征求相关部门和专家的意见后修改完善,现上报审核,如无不妥,请予批转实施。

　　特此请示。

　　附件：健康××"十二五"规划

××区卫生局

2011年12月19日

（来源：余杭卫生网）

　　评析：这是一篇请求批转性请示。××区卫生局作为××区人民政府的职能部门,拟定涉及整个××的健康工作的规划,这就需要它的上级××区人民政府批准实施。文章的标题采用的是事由和文种的省略式标题,显得简洁明了。正文叙述清晰,用语规范,态度诚恳,符合上行文的行文要求。

【技能训练】

一、指出下面请示的错误并修改。

关于要求解决学生宿舍拥挤等问题的请示

市人民政府、市教育局：

　　我校今年由于住宿生急剧增加,已有的学生已无法容纳,现在住宿生基本上是一个床位两个人睡,严重影响学生的身心健康。为解决这一困难,我校决定再建一栋学生宿舍楼。另外,我校图书馆也尚未达到省"两基"标准,望上级部门给予适当支持。

　　特此请示,请回复。

××市二职

××××年×月×日

二、请根据以下材料,以××省经济管理干部学院和××省乡镇企业局的名义给××省教育厅写一份请示。

　　××省乡镇企业管理人员的文化、业务素质低,具有本科以上学历的管理人才尤为紧缺。据统计,真正是管理专业毕业的本科生平均每个企业尚不足××人。从局部形势发展看这种情况适应不了"加快发展第三产业"和"加快发展乡镇企业"的要求;从国家形势发展看,更不适应社会主义市场经济的需要。××省经济管理干部学院、××省乡镇企业局根据有关调查得知,在全身乡镇企业中,有××人为曾参加过全国普通高校统一考试、各科总成绩达××分的高中毕业生。××省经济管理干部学院、××省乡镇企业局拟把这些人中其他方面条件较好者直接招为"乡镇企业管理"本科生,系统学习后充实到乡镇企业中。为此,×

××省乡镇企业局同××省经济管理干部学院商定,拟从××××年×月起开办"乡镇企业管理本科班"。欲向××省教育厅写一份请示,其中包括:

一、招收专业

1.经济贸易(含外贸)专业,××人,学制×年。

2.乡镇企业管理专业,××人,学制×年。

3.财务与会计专业,××人,学制×年。

二、招收对象

三个专业的招收对象均为××年(含××年)以来参加过全国普通高校统一考试,总成绩达××分以上,并在乡镇企业工作满一年以上的任员。

三、毕业待遇

学生学习期满,成绩合格,由××省经济管理干部学院发给经省教育厅验印的本科学历证书;省乡镇企业局拨给转干指标并负责分配工作。

项目 13　批　　复

【走进课堂】

据××特区报2014年6月5日报道,在昨日召开的××市政府常务会议上,××市长××宣布,××建设国家自主创新示范区已经获得国务院批复。据了解,这是党的十八大后国务院批准建设的首个国家自主创新示范区,也是我国首个以城市为基本单元的国家自主创新示范区。这也是我国的第四个自主创新示范区。与北京中关村、武汉东湖高新区和上海张江这三个示范区不同,××国家自主创新示范区总面积397平方公里,涵盖了我市10个行政区和新区的产业用地,相当于近35个××高新区,超过了原××经济特区面积,可以说是再造了一个"科技特区"。批复明确了××国家自主创新示范区的定位——充分发挥创新资源集聚和体制机制灵活的优势,积极开展激励创新政策先行先试,努力建设成为创新驱动发展示范区、科技体制改革先行区、战略性新兴产业聚集区、开放创新引领区和创新创业生态区。

思考:1.什么是批复? 2.在撰写批复时上级的态度为什么一定要明确?

【知识导航】

一、批复的用途

批复适用于答复下级机关的请示事项。

上级机关对下级机关单位的请示,要作出明确具体的批示和答复。批复,首先是批,即批示,对下级机关的请示表示态度,或同意、赞成,或不同意、不批准,等等;然后是复,即答复、回复,是对下级机关请示事项的具体意见。

二、批复的特点

1.被动性。批复必须以请示为存在条件,先有请示后有批复。任何一份批复都是因为有请示才形成的,这一点和大多数主动行文的行政公文不同。

2.针对性。批复内容有很强的针对性,请示什么事项就批复什么事项,绝不能离开请示的内容来批复。因此,批复的内容是由请示的内容来决定的。批复的针对性还体现在批复的主送单位只能是请示单位,涉及的有关单位可以抄送。

3.权威性。批复是上级针对下级的请示所作的指示和表态,是上级对指挥权、领导权的行使,下级必须遵照执行。

4.单一性。批复针对请示而作,既然请示只能"一事一请",批复也只应"一请一复",不能在一份批复中同时批答多份请示,也不能在一份批复中对下级作其他事项的请示。

三、批复的种类

1.审批性批复

针对下级机关的请求批准性请示而进行的批复。针对下级机关关于机构设置、人事安排、项目设立、资金划拨等事项审批回复,包括同意性批复和否定性批复。如《国务院关于同意建立高校毕业生就业工作部际联席会议制度的批复》。

2.指示性批复

针对下级机关的请求指示性请示而进行的批复。就有关方针、政策性问题进行答复,实际上构成了下级机关处理有关问题的依据和凭证。如《中共××省委 ××省人民政府关于加强政策研究工作几个问题的批复》。

四、批复的结构和写法

(一)标题

批复的标题有如下两种写法。

(1)常规标题。即一般公文常用的标题,多为完全式标题,如《国务院关于珠海市城市总体规划的批复》《四川省达川地区行政公署关于同意设立四川通洲集团中心拍卖行的批复》。也可用简式标题,如《关于兴建县数砖瓦厂的批复》。如果批复是同意下级请示的内容,可在标题中明示"同意"。若是否定下级请示内容的,其标题不宜标示"不同意"之类的否定性文字。

(2)多成分复杂式标题。由发文机关、批复主题、受文机关、文种四项内容组成,旨在突出批复所针对的请示事项和单位。如《国务院关于将辽宁蛇岛、老铁山列为国家重点自然保护区给辽宁省人民政府的批复》。

批复标题中的"批复主题"应与下级机关请示标题中的"请示主题"一致。比如来文请示标题为《四川通洲集团公司关于成立四川通州集团中心拍卖行的请示》,批复的标题则为《四川省达川地区行政公署关于同意设立四川通洲集团中心拍卖行的批复》。

(二)主送机关

批复的主送机关只能是请示的发文机关。

(三)正文

批复的正文包括批复引据、批复意见、批复结语三部分组成。

(1)批复引据

开头对批复所针对的请示来文加以说明,用以交代批复的缘由。其模式为:请示的标题

及发文字号 + 收文语 + 过渡语。如《国务院关于同意建立不动产登记工作部际联席会议制度的批复》的开头:"你部《关于建立不动产登记工作部际联席会议制度有关问题的请示》(国土资发〔2014〕15 号)收悉。现批复如下……"

(2)批复意见

主要针对请示中提出的问题给予明确的答复或指示。批复意见的写作要坚持"两个依据,一个针对"的原则,即依据党和国家的方针、政策和有关规定批复,依据实事求是与时俱进的原则批复,针对请示事项批复。

同意性批复必须明确表明是否同意下级的请示,这体现为如下两种表态语的运用。

①完全同意请示事项的批复,用语为肯定性表态语,一般为"同意"一词。文中首先用"同意"表明批准的态度、肯定的答复,之后再逐一引述请示事项予以首肯。根据实情,还可作出相关指示,提出实施方法、注意事项或补充意见。

②基本同意请示事项的批复,用语为"原则同意"、"基本同意"之类的表态语,总体表明"原则同意"之后,须具体言明同意的事项,并作出处理该事项的指示。

否定性批复的用语为否定性表态语,一般为"不同意"一词。文中首先用"不同意"表明否定态度,然后说明具体理由,有理有据地纠正下级的不当拟议或偏差。

批复意见的写作,事繁者宜采用条列式结构,事简者可与批复引据合为一段。

(3)批复结语

单独成段。批复常用的结束语有以下几种:"此复"、"特此批复"、"专此批复"。

五、批复的写作要求

1. 有请必复,一请一复

收到下级的请示必须用批复作复,批复事项必须针对请示事项。批复是与请示相对应的公文。批复是直接上级用来答复下级请示的公文。请示和批复紧密结合,这在党政公文中是唯一的。可以说,有请示就必须有批复。

2. 鲜明表态,明确指示

批复中必须对来文请示事项明确表态,不能模棱两可,含糊其辞。批复中所作指示,可以是宏观的、原则性的,但仍须旨意明确,不能有歧义。

3. 及时批复,切忌拖延

批答下级机关的请示事项,是上级机关的职责所在,必须及时批复以免贻误工作。上海、重庆等市党委和政府规定:上级机关收到下级机关的请示后应在 15 天以内给予答复。

【例文评析】

国务院关于同意设立"全国交通安全日"的批复

公安部:

你部《关于将 12 月 2 日设立为"全国交通安全日"的请示》(公部请〔2012〕83 号)收悉。同意自 2012 年起,将每年 12 月 2 日设立为"全国交通安全日"。具体工作由你部商有关部门组织实施。

国务院

2012 年 11 月 18 日

（来源：中国政府网）

评析：这是一篇审批性批复。所同意的事项为收文单位"设立为'全国交通安全日'"的请示事项。这篇批复从两个方面表明了态度：首先，表明同意所请示的事项；其次提出组织实施的要求，明确而具体，简洁而有力。

 例文二

国家税务总局关于风景名胜区景点
经营收入征收营业税问题的批复

国税函〔2008〕54 号

湖南省地方税务局：

你局《关于张家界风景名胜区景点经营收入适用税目的请示》（湘地税发〔2007〕83 号）收悉。经研究，批复如下：

对单位和个人在旅游景区经营旅游游船、观光电梯、观光电车、景区环保客运车所取得的收入应按"服务业—旅游业"征收营业税。

单位和个人在旅游景区兼有不同税目应税行为并采取"一票制"收费方式的，应当分别核算不同税目的营业额；未分别核算或核算不清的，从高适用税率。

国家税务总局

2008 年 3 月 21 日

（来源：国家税务总局网站）

评析：这是一篇指示性批复。标题采用的是发文机关、事由和文种三要素齐全的标题。正文开头引语部分简明扼要地写出批复的缘由，而后用"经研究，批复如下"的惯用句式过渡。答复的事项有据有理，清楚明白，明确、具体地给出了批复意见。全文条理清晰，简洁流畅，是一篇典型的范文。

【技能训练】

一、指出下面公文的错误并改正。

关于举办第十六届亚运会图片展览的答复

××市文化馆

你们的报告收到了，对是否举办第十六届亚运会图片展览的问题，你们看着办。所需费用，从你馆业务经费中开支。

此外，关于元旦演出节目，请你们抓紧排练。

就此回复。

××市文化局

2009 年 12 月 3 日

二、请根据下面提供的材料，以财政部、国家税务总局的名义拟写一份批复。

财政部、国家税务总局收到浙江省财政厅2009年2月17日《关于耕地占用税征管问题的请示》(浙财农税字〔2008〕22号)后，经研究作出批复，发文字号为财税〔2009〕19号，批复的意见是免征或减征耕地占用税后，纳税人改变原占地用途，不再属于免税或减税情形的，应按办理减免税时依据的适用税额对享受减免税的纳税人补征耕地占用税；对于未经批准占用耕地但已经完纳耕地占用税税款的，在补办占地手续时，不再征收耕地占用税。

项目 14　函

【走进课堂】

鸿途秘书股份有限公司拟于2014年5月19日去西宾秘书培训学校参观，公司办公室主任把给西宾秘书培训学校撰拟一份函的任务交给了秘书肖芳。肖芳很快就起草好了这份函，并顺利地用传真将函发给了对方，并且还用电话联系了西宾秘书培训学校。

思考：1. 你认为肖芳在撰拟这份函的时候应当表现出什么样的语气和态度？2. 对方单位收到函后一定要复函吗？

【知识导航】

一、函的用途

函适用于不相隶属机关之间商洽工作、询问和答复问题，请求批准和答复审批事项。

"不相隶属机关"，其外延包括：同一组织系统内的平级机关或部门之间的关系，上级机关所属部门和下级机关之间的关系，不同组织系统的任何机关、部门、单位、团体之间的关系。例如：重庆市人民政府办公厅向国家教委办公厅致送请批函《关于重庆市教委行使高校毕业生省级调遣工作职能的函》，国家教委办公厅以《关于同意重庆市教委行使省级高校毕业生调配派遣工作职能的复函》予以批答。

"请求批准和答复审批事项"是指的用"函"向"有关职能部门"请求批准需要审批的事项，有关职能部门用"函"给予答复。职能部门，即某项工作、业务的专管部门。任何社会组织办理涉及某职能部门主管范围内的公务，均须征得该职能部门的同意或支持，即应行文向其请求批准。但由于双方"无隶属关系"，故只能用函而不能使用请示这种上行文。如市属企业向市税务部门请求减免税款，医院向其所在地供电部门要求增加用电量，各种单位向规划、国土、城建等部门报建工程，都应用"函"行文。相应的，职能部门也只能用批答函回复，不能用批复作答。

如果需要向上级询问有关问题，可以有两种行文形式：一种是以请示行文；另一种是向上级办公部门发函询问，因下级机关与上级办公部门无上下级的隶属关系，完全符合函在适用范围上的要求。同样，上级机关如需向下级询问、答复有关事宜，应由本级机关的办公部门向下级机关发函。

二、函的特点

1. 使用频率高。除有上下级隶属关系外的一切组织之间的公文往来，都用"函"行文。

2.适用范围广。函的功能齐全,既可以用于商洽工作、询问和答复问题,又可请求批准和答复审批事项。

3.灵活简便。一般来说,函都比较短小,内容单一,使用起来灵活方便。如果是便函,还可以采用单位便笺,不统一编号,甚至没有标题。

4.用语谦敬。作为平行文,函的用语注重显示对对方的礼貌、尊重,谦敬词语使用频繁。

三、函的种类

1.从发文的主动与被动情况,可以分为发函和复函两类。发函是主动发出的函件,复函是回复对方来函的函件。复函还可以细分为答复询问事项的函和答复审批事项的函两种。

2.从行文内容及用途角度,可将函分为如下4类。

(1)商洽函。用于非隶属关系的组织之间相互商洽,联系有关工作、事项的函。

(2)询答函。非隶属关系的组织之间询问有关事项的函和针对询问作答的函。

(3)请批函。请求批准非隶属关系的有关主管部门批准有关事项的函和有关主管部门针对请求作答的函。

(4)告知函。用于向非隶属关系的组织告知有关工作或活动情况。

四、函的结构和写法

函的基本结构与一般公文的结构相同。

(一)标题

1.发函的标题有两种形式:一种是完全式标题,如《国务院办公厅关于羊毛产销和质量问题的函》;另一种是省略式标题,省略发函机关名称,只写明事由和文种,如《关于××电厂建设问题的函》。

商洽函和请求批准的函,其标题中的"关于"之后,可酌用"商洽"、"商情"、"请求"之类的词语,以示礼仪并表明函的用途,如《关于商借多媒体教师的函》。

2.复函的标题的文种词"函"之前一定要写"复"字。复函标题除常规标题如《国务院办公厅关于四川大学和华西医科大学合并组建新的四川大学的复函》之外,还可在事由后写明来函机关的名称,如《××大学关于接受10名语文教师进修事宜给××中学的复函》。

(二)正文

函的正文一般由致函缘由、致函事项和结语三个部分组成。

(1)致函缘由

函的开头应开门见山,直接入题,不转弯抹角,不宜像私人信函那样写"您好"、"久未通信"等客套话。

发函,简要说明发函原因,或说明根据上级的有关部署、指示精神,或简要陈述本地区、本部门的实际困难和需要,或扼要说明事情的经过和基本情况。

复函,要写明复函引据,即引述对方来函的标题和发文字号。规范的写作模式是:"你×《关于×××的函》(××〔××××〕×号)收悉。经研究,函复如下……"

(2)致函事项

致函事项要直陈其事,事项较多的可采用条列式结构,事项单一则可独段完成。

发函应将商洽、询问、告知或者请求批准的事项予以具体、简洁的陈述,用语应庄重有礼而不恭维逢迎。

复函，须强调针对性。批答函类似批复的写法，批准对方请求的事项，要用"同意"、"原则同意"等词语明确答复；如果不同意或不完全同意对方请求的事项，应说明政策依据或其他具体理由，并应提出作何处理的建议。其他复函，要针对来函提出的问题、商洽的工作作出明确具体的答复，或表明态度申述理由，或说明有关问题等。复函用语要讲究礼貌，不宜使用指令性语言。

（3）结语

发函常用"专此函达，请予函复"、"特此函达，并希见复"、"特此函告，谨请函复"、"如无不妥请予批准"、"望早日函复"、"盼复"、"可否，请速函复"之类的期请语。一般不用"不胜感激"、"此致敬礼"、"谢谢合作"之类的谢词、敬语作结。

复函常用"专此函复"、"特此函复"、"专此函告"等作复语，注意避免下行文语气，如"此复"即上对下的口吻，不宜作为复函结语。

（三）附注

如果是请批函，在正文结束后，应该在成文日期之下作出"附注"，置圆括号标注联系人姓名和电话。

五、函写作的注意事项

1. 正确选用文种

函是平行文，不可用于上行或下行。下级组织向上级组织询问有关问题，可向上级组织的办公部门发函，上级组织向下级组织答复或提出询问，亦由办公部门向下级组织致函。尤其要注意的是：应当用请批函时不可错用为请示，应当用批答函不可错用为批复。如县教育局向县人民政府和地市教育局行文请求批准有关事项，应当用请示；向县城建部门报建设项目，则应当用请求批准的函。

2. 必须一函一事

函与请示、批复在行文事项上都具有单一性，不可一文数事。

3. 行文语气谦和

行文语气与行文方向相吻合，是公文用语的原则性要求。函是平行文，因而其用语应为平行语气，即以平等协商的口吻行文，文中应适当使用敬辞、谦辞。即使是批答有关请求的函，也应谦和得体，不能采用指令语气。

4. 事简可用便函

用于公务活动的函，有"公函"与"便函"之别。公函特指《条例》中规定的函，是正式公文，商洽、询问、答复的事项比较重要，要按法定公文格式和程序制发和处理；便函用于商洽一般性的事务，形式较简便灵活，可用机关单位的稿笺纸书写，或用 A4 纸打印，可不编文号，加盖办公部门的印章即可。

六、文种辨析

（一）函与一般书信的区别

从性质上来说，函是法定正式公文，一般书信是日常文书；从内容上说，函的内容是公务事务，普通信件的内容多是私人事务；从格式上说，函运用公文信函格式，要加盖公章，一般书信采用约定俗成的书信格式,签名即可。此外,在撰写复函时,也要注意它与批复的区别。

（二）函与通知、请示、批复的区别

函与通知、请示、批复的根本区别是发文机关和受文机关的行文关系不一样。函用于不相隶属机关,通知、请示、批复用于上下级机关。

【例文评析】

 例文一

中国科学院××研究所致××大学商洽建立全面协作关系的函

××大学：

近年来,我们研究所与贵校在一些科学研究项目上互相支持,取得了令人满意的成绩,建立了良好的协作基础。为了巩固已取得的成果,取得更大的成就,建议我们双方今后能进一步在学术思想、科学研究、人员培训、仪器设备等方面建立全面的交流协作关系,特提出如下意见：

一、定期就共同关心的学术问题举行所、校之间的学术讨论与学术交流；共同分析国内外同行的项目动态和发展趋势；互相参加对方组织的学术年会及专家讲学活动；互派专家参加对方的学术组织对科研发展方向、任务和学位、学术论文及重大科研成果的评审工作。

二、根据所、校各自的科研发展方向和特点,对双方共同感兴趣的课题进行协作。协作形式和办法视课题性质和双方条件,制定单项协议。

三、根据所、校各自人员配备情况,校方在可能条件下对所方研究生、科研人员的培训予以帮助,所方为学校学生、研究生的毕业论文提供指导。校、所双方教学科研人员对等地承担对方一定的教学科研工作,享受同原单位职称相应的待遇。

四、双方每年进行科研计划交流以便掌握方向,协调分工,避免重复。共商协作项目,使双方有所侧重与分工。

五、双方科研教学所需高、精、尖仪器设备,在可能情况下向对方提供利用,并协助做好测试工作。双方的附设工厂车间,相互给予科研和实验设备加工的方便。

六、加强图书资料和情报的交流。

以上各项,如蒙同意,建议互派科研主管人员就有关内容进一步磋商,达成协议,以利工作。

特此函达,务希研究函复。

中国科学院××研究所

××××年×月×日

评析：这是一篇商洽函。商洽的事项是"建立全面协作关系"。正文部分开头简要地交代了发函的缘由和目的,主体部分详细提出了两个单位在6个方面建立全面的协作关系的具体意见,结语礼貌委婉地表明了自己的愿望和要求,语言恳切有礼,是一篇很好的商洽函的写作范例。

例文二

××市人民政府关于申请建立××国家
汽车零部件出口基地的函

商务部:

我市作为国家重要的装配制造业基地,近年来,汽车及零部件工业得到了快速发展,对外经济技术合作不断扩大,形成了具有一定整车制造和零部件配套能力的汽车工业体系,汽车产业已经成为我市经济发展的第一支柱产业。

国家决定加快东北老工业基地调整改造和振兴步伐,为我市汽车工业发展带来了新的机遇。如能在我市建立国家汽车零部件工业进出口基地,将会充分发挥我市现有的制造业、区域中心城市以及汽车工业的基础优势,并加速我市汽车产业与国际汽车制造业的融合,促进我国汽车工业的发展。为此,特恳请贵部批准我市建立国家汽车零部件出口基地。

妥否,请函复。

××市人民政府

××××年×月×日

评析:这是一篇比较典型的请批函。发出该函的单位是××市人民政府,收文单位是商务部,请求批准的事项是在该市建立国家汽车零部件出口基地。

 例文三

××省科委关于询问贯彻全省科技工作会议情况的函

各县、市:

全省科技工作会议自今春召开以来,迄今已有半年。为了互通情况,使我省科技事业得到进一步发展,希针对下列所询问题,将你县、市有关情况于九月底前报我委办公室。

一、省科技工作会议后,采取了哪些贯彻措施。

二、在此半年中,有何科学发明和技术革新,效果如何。

三、在开展可学研究和科技交流方面曾遇到哪些问题,如何解决;现在还存在哪些问题,哪些问题需要我们帮助你解决。

××省科学技术委员会

××××年×月×日

评析:这是一篇询问函。所询问的事项包括三项,请收文单位收到该函后对于所询问的事项逐一进行答复。标题用"询问"一词首先明确标出是询问函;正文开头,在表明该文的发文目的以后随即提出问题,叙述简洁,表达清楚。

国务院办公厅关于××经济开发区升级为国家级经济技术开发区的复函

国办函〔2014〕24号

××省人民政府、商务部：

你们关于××经济开发区升级为国家级经济技术开发区的请示收悉。经国务院批准，现函复如下：

一、国务院同意××经济开发区升级为国家级经济技术开发区，定名为××经济技术开发区，实行现行国家级经济技术开发区的政策。

二、××经济技术开发区规划面积仍为6.333平方公里，区域范围为国务院有关部门公布的开发区审核公告确定的四至范围。

三、要深入贯彻落实科学发展观，加快转变经济发展方式，深化改革、扩大开放，按照先进制造业与现代服务业并重、利用外资与境内投资并重、经济发展与社会和谐并重的要求，致力于提高发展质量和水平，致力于增强体制机制活力，促进国家级经济技术开发区向以产业为主导的多功能综合性区域转变，充分发挥窗口、示范、辐射和带动作用。

四、必须严格实施土地利用总体规划和城市总体规划，按规定程序履行具体用地报批手续；必须依法供地，以产业用地为主，严禁房地产开发，合理、集约、高效利用土地资源。

五、商务部要会同有关部门加强指导和服务，促进望城经济技术开发区健康发展。

国务院办公厅

2014年2月18日

（来源：中国政府网）

评析： 这是一篇答复审批事项的函。该函与一般的主管部门答复审批事项的复函不同之处在于，它是湖南省人民政府、商务部向国务院请示批准事项，本应由国务院以批复行文，但国务院授权国务院办公厅行文，国务院办公厅和××省人民政府、商务部是不相隶属机关，所以行文文种是函而不是批复，而且在行文中表明是"经国务院批准"。

广西壮族自治区新闻出版局
关于广西师范大学出版社驻广州市发行站更名的函

广东省新闻出版局：

为便于图书发行工作的开展，拓宽市场，疏通发行渠道，我局决定将广西师范大学出版社驻广州市发行站更名为广西师范大学出版社驻广东省发行站。

特此函告。

广西壮族自治区新闻出版局

××××年×月×日

评析:这是一篇告知函。正文内容很简单,就是向有关机关告知本机关的一个新的情况,以便有关机关及时知晓。这篇范文言简意明,体现了告知函的写作特点。

【技能训练】

一、指出下面公文的错误并修改。

××大学关于解决进修教师住宿的函

××大学校长办公室:

首先,我们以校方的名义向贵校致以亲切的问候。在此,我们冒昧地请求贵校帮助解决我校面临的一个难题。

事情是这样的,最近,我校为了培养师资,选派了5名教师到××学院进修。但因该院基建工程尚未完工,学校住宿紧张,我校几位进修教师的住宿问题几经协商仍得不到解决。在进退维谷的情况下,我们情急生智,深晓贵校府高庭阔,物实人济,且有乐于助人之美德。因此,我们抱一线希望,冒昧地向贵校求援,请求贵校救人之危,伸出援助之手,为我校进修教师的住宿提供方便。为此,我们不胜感激!有关住宿费用等事宜,统按贵校的有关规定办理。

以上区区小事,不值得惊扰贵校,实为无奈,望能谅解。最后,再次恳请予以关照!

××学校

××××年×月×日

二、根据材料写作公文。

为提高青年教师的业务水平和科研能力,武陵大学拟派三位教师×××、×××、×××赴北京大学经济学院、法学院、中文系访学一年,费用由武陵大学财务处统一支付。请代学院拟写一份联系函,并代北京大学拟一份复函。

项目15 纪　　要

【走进课堂】

每周,国务院常务会议召开的消息通常都会在新闻媒体上出现。会议讨论了哪些重大事项、做出了什么重大决策,每一位普通百姓都能从会议的新闻稿——这一"写给老百姓看的会议纪要"中及时知晓。事实上,国务院的这些会议不但有会议记录,而且都有记载会议主要情况和议定事项的纪要。

思考:1.纪要与会议记录有什么不同? 2.纪要在语言上需要注意哪些方面?

【知识导航】

一、纪要的用途

纪要适用于记载会议主要情况和议定事项。

纪要是机关、团体、企事业单位用于记载传达会议情况和议定事项的公文。它是会议最后形成的文件,是在一定范围内指导工作、解决问题、检查贯彻执行情况的重要依据。如单位调资、评职称、进修、评先进工作者等行政事项,事先均须开会讨论,形成纪要,再按纪要中议妥的事项去执行,故该文种实用性和约束力很强。

二、纪要的特点

1. 纪实性

纪要必须是会议宗旨、基本精神和议定事项的概要纪实。对会议内容不能随意更改和增删,所记内容必须真实。如果材料失真,将会给贯彻执行会议精神造成困难,影响纪要的效力。

2. 提要性

提要性是纪要与会议记录的显著区别。纪要不是有闻必录地记实,纪要应以精练的文字高度概括会议的主要内容和精神。撰写者要善于概括提要,要剔除琐碎、枝节、游离的问题,围绕会议宗旨写重要情况和研究、决定的重大问题、决策意见。

3. 多向性

这是指纪要在行文上的特点。纪要可以多向行文,或作为汇报材料呈送上级组织,供上级掌握基层情况,为决策提供参考;或向非隶属的单位发送,用以通报会议情况,以便得到支持配合;或向下级组织发送,是下级开展有关工作的指导方针与执行依据。

三、纪要的种类

按照内容和性质,纪要大致可分为如下三类。

1. 办公会议纪要

办公会又称做例会,一般是指机关、单位的领导班子成员在固定的日期召开的会议,主要内容是研究工作安排、工作进度、确定方针、研究政策、部署工作等。记载这种会议情况和反映这种会议精神的公文即为办公会议纪要,有时又叫指挥性会议纪要、决策性会议纪要。办公会议纪要一般由会议秘书整理成文,经会议主持人签发后正式生效。办公会议纪要是反映机关、单位集体领导活动、主要决策和处理日常工作情况的一种内部文件,它可以直接发给或摘发给机关、单位的职能部门,使其遵照办理相关事务;也可以印发给隶属机关和单位,用以指导有关工作。如果研究决定的事项需要向上级汇报,也可以用《关于呈送××会议纪要的报告》的方式行文上报。

2. 工作会议纪要

工作会议在这里主要是指为解决或协调工作中的某些实际问题而召集和召开的专门性会议。由这种会议整理出的反映该会议内容和会议精神的文件为工作会议纪要。工作会议纪要需经会议领导小组或会议主办机关批准方能生效,它具有决议的性质,要求与会单位共同遵守和执行。

3. 讨论会议纪要

讨论会在这里是指各种学术研讨会、理论研讨会、座谈会、协商会、经验交流会等,凡是在这些会议之后所形成的纪要为讨论会纪要,有时又叫研讨性会议纪要、消息性会议纪要、座谈会议纪要等。讨论会议纪要是将会以概况、主要议题、讨论情况、会议成果等予以记载、传达,具有传递信息、交流经验的作用。讨论会议纪要对于与会单位和与会人员没有特别的行政约束力,只起交流情况、报道消息和供参考之用。

四、纪要的结构和写法

（一）标题

纪要的标题有 3 种形式。

（1）公文式标题。"机关名称＋事由＋文种"，如《国务院关于加强土地市场管理工作会议纪要》；"事由＋文种"，如《关于加强土地管理的会议纪要》。这一类标题的写法多为例行会议纪要常用的标题形式。

（2）会名式标题。"会议名称＋文种"，如《全国卫生工作会议纪要》、《全国城市教育综合改革会议纪要》。这类标题最常用。

（3）主副式标题。主标题提出问题或揭示会议主旨，副标题多为"会名式"。如《探讨新时期文学的发展——中国当代文学研究会第二次学术讨论会纪要》、《加强未成年人思想道德教育是家庭、学校和社会的共同责任——××市××区教育工作研讨会纪要》。这种标题常用于报刊发表的会议纪要。

（二）正文

纪要的正文，一般包括会议概况、会议事项两部分。

1. 会议概况

这是纪要的开头部分。概述会议的基本情况，包括会议名称、时间、地点、规模等形式要素；会议宗旨、意义、议题、议程、成果等内容要素；会议举办者、主持人、与会者等人员要素。以上要素应酌情择要交代，不必面面俱到。常见的写法有两种。

（1）分项式。将会议名称、时间、地点、主持人、参加人、议题等要素依次分行列出，使人一目了然。这种写法多用于办公会议纪要。

（2）概述式。简明扼要地陈述会议的基本要素以反映会议情况和基本精神。通常用一段文字作此概述。

2. 会议事项

这是纪要的主体部分。一般包括会议研究的问题、讨论的意见、做出的决定和提出的措施办法等。写作时常用"会议一致认为"、"会议指出"、"代表在发言中指出"、"会议强调"、"会议决定"、"会议要求"等惯用语引领段落。其主要有以下几种写法。

（1）综述式。对会议主要精神、领导讲话、研究讨论的重要问题、与会者所形成的共识、提出的任务要求等予以陈述，可采用总分式结构。较复杂的工作会议或经验交流会的纪要可采用这种写法。

（2）条列式。适用于部署工作的会议或办公会议，及研究具体事务事项较多的工作协调会等。写作时可按会议议题将会议事项分门别类、分条列项写出。逐条陈述其讨论的意见、形成的决议、提出的任务等。

（3）"三部曲"式。即将会议的主要内容分为提出问题、分析原因和解决措施三个方面来写。多用于专题性会议。

（4）发言摘录式。摘录重要发言的要点，按议程为序或按议题分类，予以层次井然的表述。这种写法相似于会议记录，但不是照搬会议记录的所有内容和流水账式的结构。此形式可以更具体地反映与会者的见解，常用于较重要的座谈会、学术讨论会或高层领导会议。

【知识卡片】

纪要的格式

一、纪要格式与文件式格式的区别

1.发文机关标识不同,纪要标志由"××××××纪要"组成。

2.发文字号处内容不同,纪要编号可以是发文字号"××纪〔××××〕×号"(机关代字后的"纪",表示是纪要,有的用"会"、"会纪"字样),也可以是编号,如"第×次"、"第×号"。

3.标题不同,纪要可以不写标题,也可以写标题。

4.主送机关不同,纪要一般不写主送机关,如有必要,纪要的收文机关在版记部分列出。

二、纪要格式的应用范围

纪要格式主要应用于办公会议。

非办公会议纪要,不使用纪要格式,可采用文件式格式或信函式格式形式。

三、纪要格式可以根据实际制定

在实际使用中,纪要除采用《党政机关公文格式》推荐的纪要格式外,有的采用类似简报的纪要格式等。

五、纪要写作的注意事项

1.纪"实"提"要",准确概括会议重要内容

要做到准确概括,把握要点,其基本条件就是了解会议的全过程。会前要了解会议召开的目的,会中要收齐会议材料和做好会议记录,会后要及时做好会议材料和会议记录的整理工作。在此基础上进行分析、归纳和概括,准确地把握会议精神和议定事项。为确保纪要的准确性和提要性,一般会议的纪要应由办会的部门负责人审定,重要会议的纪要则应由机关或单位主要负责人签发。一些内容重要、问题复杂的会议纪要,还可以先拟提纲请会议讨论确定,或请示领导指示,写出草稿再交会议讨论。

2.有"物"有"序",详明记载会议议定事项

有"物"指的是内容具体,有"序"指的是结构严谨。议定事项是会议对工作的具体部署,是贯彻执行的依据,有很强的操作性和政策性,因此表述要明确、具体。同时,要合理安排结构,对议定事项作合乎逻辑的概括、归类,层次分明地加以表述。言之有物、言之有序才能有利于议定事项的执行、检查和落实。

六、文种辨析

纪要与会议记录、会议决议、会议简报等同属会议文书这一大类。因为它们都是形成于会议并表述会议有关内容的会议文书,因而在内容、形式诸多方面颇有相近、相同之处。但在具体的性质、功能、产生程序等方面,它们又大有不同,须严加区别,不可混同。

要准确把握会议记录、会议简报、会议决议的特质:

(1)会议记录是会议发言和过程的翔实记录,是资料性的会议文书,一般不公布、发送,不具备法定公文的效力。

(2)会议简报是报道体文书,形式、内容均较灵活,侧重叙事性地反映会议情况和进程,可在会议各阶段制作,只能作为反映会议情况、信息的参考性资料。

（3）会议决议主要是记载经会议讨论通过的决策事项,主要用于党的会议和人大会议,须与会者按法定程序表决才能通过。

【例文评析】

×××××大学校长办公会纪要

×大纪〔2014〕7号

2014年6月24日,校长×××同志主持召开了年度第7次校长办公会,学校校领导班子成员、纪委书记参加会议。有关单位人员列席会议。会议讨论了规范学校公务接待等问题。现将有关事项纪要如下:

一、关于规范学校公务接待的问题

会议决定:根据上级有关规定及学校实际,从2014年9月起原则上校内公务接待安排在学校食堂,由党政办公室、纪委办公室牵头制定相关管理办法。

二、关于加强学校文化用品管理的问题

会议决定:为进一步推进校园文化建设,加强日常办公用品管理,由后勤处集中设计、定制和采购日常办公用品。

会议还通报了其他工作事项。

参加人员:××× ××× ××× ××× ×××

公　　差:×××××

列席人员:××

记录整理人员:×××

×××××大学

2014年6月24日

评析:这是一篇比较典型的办公例会的纪要。标题由"会议名称+文种"组成。开头采用概述式说明会议概况,主体部分分条列项地记载会议议定事项,尾部写明参会人员、记录整理人员。全文体现了纪要的纪实性和提要性特点。

【技能训练】

一、指出下面公文的错误并改正。

脱贫致富座谈会议纪要

××月××日,县委、县政府召开脱贫致富座谈会,参加会议的有××个乡的乡长和××个收入较低村的党支部书记,以及有关的局、公司、厂的负责同志。

县委书记××同志做了题为《振奋精神,发挥优势,努力工作,尽快脱贫致富》的报告。××、××、××、××、××五个村介绍了脱贫致富的经验,与会者参观了××、××两个村,观看了反映我县乡镇企业发展的录像,进行了热烈的讨论和大会发言。会上,帮助乡村致富的有关单位负责同志都同挂钩大队的党支部书记见了面,进行了初步研究。县长××同志做了会议总结,县委副书记××同志讲了话。

这次会议目的,是为了更好地落实中央一号文件精神,交流经验,分析、制定措施、克服困难,充分发挥内部潜力,利用本地资源优势,艰苦奋斗,发展生产,千方百计搞活经济,同时动员各方力量给以必要的扶持,达到尽快脱贫致富的目的。

会议指出,××××年××月××日,我县召开治穷致富会以来,通过广大干部和群众的积极努力,我县经济有了较大发展。××××集体部分人均收入不足××元的基本核算单位有××个,××户,××口人。现在集体部分人均收入不足××百元的有××个村,稍超过×××元的有×个村,共××个村,××户,×××口人。同××××年比较,贫困的基本核算单位减少了××%,户数减少了××%,人口减少了××%。但是,就全市、全县比较,这些村的人均收入水平仍然是偏低的,需要继续努力。

与会同志一致认为,为了尽快地实现脱贫致富,首先要树立脱贫志气……

其次要落实具体措施:

1.深入开展致富大讨论,把群众的思想集中到勤劳致富上来……

2.继续完善农业生产责任制,努力提高粮食产量……

3.发挥山多优势,植树造林,以果致富……

4.积极发展"两户一体",先富带后富……

5.依靠本地资源,积极办好企业。要利用本地资源,搞一些力所能及的项目……

6.加强领导班子建设,带领群众致富……

第三,各部门要通力协作,共同扶贫致富。

…………

第四,××同志强调,每个村脱贫致富,主要靠自己努力,要争取支援帮助,但不能依赖支援帮助。

…………

二、根据下面的材料写作纪要。

××××年×月×日在××学会会议室召开了××学会会议。参加人员由常务会副会长×××,副会长×××、×××、×××,办公室主任×××,副主任×××,活动中心主任×××。会议内容包括:确定了学会的办公地点。确定了学会的出资要求。增补×××为学会副会长。研究了今年学术会议和常务理事会的安排。

单元三　工作事务文书写作

项目 16　会 议 记 录

【走进课堂】

小王是某公司的秘书,她说:"会议是各机关单位处理事项和发起决策的重要途径,会议记录是秘书会议工作的一个重要组成部分。做会议记录听起来没有什么技术含量,却并不是人人都会,要做好更不容易。以前我很怕开会,会上个个侃侃而谈,滔滔不绝,会议结束后大家一哄而散,而我在会中要做记录,会后要加班加点整理纪要,可把我害苦了。开始的时候做记录没经验,会上无论谁发言,我都匆匆忙忙埋头记录,不敢漏掉每一句话。尽管我调动了全身每个神经细胞,努力地捕捉每个与会者的宏谈高论,也仍然是"捡了芝麻丢了西瓜"。尤其是遇到方言浓重的发言,更是如入云里雾里,摸不着头脑。没有学过专业的速记,记录的难度可想而知。会议回来,一看笔记本上的字,就像癞子的脑壳,稀稀落落的,根本不成篇章,通常会后整理的时候连自己都无法辨认写的是什么。整理纪要时更不分轻重主次,突出不了重点。会开得多了,渐渐悟出了一些窍门,总结了一些经验,会议记录不再是苦差事,整理纪要也竟然成了一种创作和享受。"

思考:1.会议记录的方法有哪些? 2.规范的会议记录有什么要求? 3.会议记录与纪要有什么区别?

【知识导航】

一、会议记录的含义和作用

（一）会议记录的含义

会议记录是会议组织情况和会议内容的原始记录。会议记录是会议文书之一,一般用于比较重要和正式的会议。

（二）会议记录的作用

会议记录是撰写会议简报、纪要、决定、决议的原始素材;会议记录是传达汇报会议精神和检查督办会议决定事项执行情况的原始凭据;会议记录作为一种历史资料,是重要的文书档案材料,具有存查备考的作用。

二、会议记录的特点

1.同步性:由记录者随开会过程作同步记录,会后再进行整理。

2.实录性: 会议记录是会议情况的真实记载,客观地反映会议的内容和进程,记录者不能随意增删改动。

三、会议记录的格式和写法

会议记录的格式通常有两种,一种是表格式会议记录,一种是条文式会议记录。

(一)表格式会议记录

表格式会议记录就是在专用的会议记录表上填写记录。即在专门印制的会议记录簿上将会议名称、会议时间、会议地点、出席人、列席人、缺席人、主持人、记录人、会议议题、会议内容等制成表格,按栏目填写。表格式会议记录一般用于工作例会和专题会议。

表格式会议记录示例,如表3-1所示。

表3-1 表格式会议记录

会议名称		会议时间	年 月 日 午 时
会议地点		会议主持人	
出席人与列席人			
缺席			
记录人		审阅签字	
会议议题			
会议内容			

(二)条文式会议记录

条文式会议记录适用于各种会议。条文式会议记录一般包括标题、会议组织情况、会议内容、主持人记录人签名四个部分。有的会议记录还有讲话稿、签到表等附件材料。

1. 标题

标题用于标明会议的性质和类别,便于归档备案和日后查考。

标题一般由会议名称加文种名称组成。如:《××公司产品营销会议记录》、《××公司第八次股东大会记录》、《××大学第五次校长办公会议记录》。有的采用公文式标题,如《××县人民政府关于落实棉花种植面积办公会议记录》。

2. 会议组织情况

会议组织情况是会议记录的开头部分,也称会议记录头。应分项写明会议时间、会议地点、出席人、列席人、缺席人、主持人、记录人等各项内容。

(1)会议时间。要写明具体的年、月、日和开始时间,有的要写明会议的起止时间。

(2)会议地点。写明开会具体场所,如:"××会议室"、"××礼堂"、"××现场"等。

(3)出席人。出席人是出席会议的正式成员,按排列顺序列出。规模小、人数少的会,应将出席人的姓名全部列上;规模大、人数多的会,可只写出席人范围和人数,如"各院系党总支书记和直属党支部书记15人"、"各部门经理"、"全体与会代表"等;如果出席人身份复杂,既有上级领导,又有本单位各部门的主要领导,还有各种有关人员,应将主要人员的职务、姓名一一列出,其他有关人员则分类列出;记录人如是参加人,应在出席人里写,如不是则不能写;主持人不用写在出席人里。

（4）列席人。列席人是不属于本次会议的正式成员,但与会议有关而被邀请参加会议的人员。列席人一般不参与会议重要事项的议定。列席人写法可参照出席人的记录方法。

（5）缺席人。写明应参加而未参加会议人员的姓名并用括号注明缺席原因,如"×××（因公出差）"、"×××（因病住院请假）"。

（6）主持人。写明主持人或会议主席的姓名、职务。如:"校党委书记×××"、"公司总经理×××"。

（7）记录人。写明记录人的姓名、职务。记录人姓名一般写在会议组织情况的末尾一项。

以上七项内容应在会议开始之前写好,不可遗漏。

3. 会议内容

会议内容是会议记录的主体部分。这个部分应按会议议程和发言的先后次序记录会议议题、会议发言、会议表决情况、会议作出的决定和决议以及会议动态等内容。会议结束,一般另起一行,空两格写上"散会"两字作为结束语。也可以将散会一项略去不记。

会议议题是会议讨论研究的事项。如有多个议题,应按顺序准确归纳记录。

会议发言包括主持人讲话、领导报告、领导讲话、与会人员的发言讨论情况。会议的讲话和发言应按顺序记录。发言人姓名写在段首,后面记录发言内容。当发言人在传达某个领导人的讲话精神时,应按发言人在会议上的发言格式记录,不能按这个领导人发言的格式来记录。

会议表决情况要写明表决的方式,如口头表决、鼓掌表决、无记名书面表决、电子计算机表决等,记明赞成、反对与弃权的票数。

会议作出的决定、决议是会议成果的综合反映,是与会者贯彻会议精神的根据,也是日后备查材料中最重要的材料,记录者必须准确无误地做好记录。必要时可以当场诵读一遍,如发现有不确切的地方,可以当即修正。

会议动态,如发言中的插话、笑声、掌声、临时中断以及其他会场重要情况也应视情况予以记录。

根据会议的性质和会议内容的重要程度,会议内容的记录方法有三种:一是详细记录,二是摘要记录,三是简易记录。

详细记录适用于重要会议。要求有言必录、详尽具体,尽可能记下每个人发言的原话及相关会议动态情况。特别是会议审议或讨论的重大的关键性问题,或者是对审议的问题有重大原则分歧时,一定要将其发言具体完整地记录下来。详细记录要求秘书掌握熟练的速记能力。有时可以由几个记录员同时记录,会后共同核对整理。或笔录的同时辅以录音记录,会后进行整理。

摘要记录适用于一般性的会议。只需记录会议的议题议程、发言人姓名和发言的要点以及会议作出的决定、决议,不必有闻必录。

简易记录仅限于事务性会议。只要求记录会议的议题议程和会议成果,不记录发言内容和经过。

4. 主持人记录人签名

重要的会议记录,会议主持人和记录人应在认真审阅记录全文后在会议记录正文的右下方分别签名,以示负责。会议记录一经签名,不能再改动。

四、会议记录的写作要求

会议记录的写作,主要应注意三点。

(一)规范

一是记录材料规范。为便于会议记录的立卷归档和长久保存,记录用纸应采用单位统一制发的专用会议记录本或记录纸并按会议性质分类记录,不可多个记录本交叉使用或随便找几页稿纸记录;记录用笔应符合归档要求,使用纯黑签字笔或灌注纯黑墨水的钢笔。

二是记录格式规范。做到格式统一,要素齐全,条理清楚。在记录中凡涉及人名的要写全姓名,不能只写姓不写名,也不能只写姓加职务或职称。

三是记录符号规范。使用通用速记符号记录的,应在会后及时整理成通用文字;使用录音记录发言的,需要在会后整理出书面文字材料;记录的字迹应清晰,不能过于潦草,不要使用自己创造的速记符号,以免其他人查考时无法辨认和阅读。

(二)快速

一是择要而记,抓住会议重点和发言要点记录,从根本上提高记录的效率和质量。

二是书写快速流畅。

三是运用电脑速录或手写速记符号和简化记录的技巧快速记录,会后及时整理。

(三)准确

一是记录时要认真倾听。边听边记边思,不能因注意力分散而漏记错记。会议的主要情况、发言的主要内容和意见,必须记录完整,不能有遗漏。

二是要忠于原话原意。语言应保持讲话人、发言人的风格;关键的地方应尽量一字不差地记录原话,不得断章取义,任意增删取舍。

三是要做好对原始记录的核对整理工作。在会议的后半段或者会议结束后及时整理,增补遗漏,纠正文字和语法上的错误,核实决议,合理划分段落;重要的发言记录要请发言者核对,以保证符合原意;对录音记录稿的整理,还特别要注意辨别讲话人的声音,不可张冠李戴。

五、文种辨析:会议记录与纪要的异同

相同点:会议记录与纪要都是会议文书,都具有很强的纪实性。

不同点则有以下几点。

1. 文种性质不同

会议记录是工作事务文书,纪要是法定党政公文。

2. 文种功能不同

会议记录是会议组织情况和会议内容的原始记录,主要具有原始凭据和资料作用。

纪要适用于记载会议主要情况和议定事项,具有记载、汇报、传达会议精神的作用,具有公文的法定效力。

3. 写作要求不同

会议记录要求详细记载会议的组织情况,忠实记录会议的进程和会议内容,反映会议全貌,重在纪实,要求按照会议进程无选择地进行记录。

纪要要求简要反映会议组织情况,重点记载会议的主要内容与精神,重在纪要,要求对会议进行概括、提炼、综合并按照一定的逻辑顺序表达。

4.处置方式不同

会议记录作为一种历史资料,只作为内部资料存档备查,一般不对外公布。

纪要作为一种正式公文,要求在一定范围内公布传达,贯彻执行。

【例文评析】

××区干部培训中心第×次办公会议记录

时间:2014 年 3 月 4 日 14:30~17:00

地点:培训大楼第×会议室

出席人:刘××(主任)、杨××(教务长)、张××(办公室主任)、吴××(办公室秘书)及各培训部主要负责人

缺席人:王××、张××(外出开会)

主持人:刘××(主任)

记录:吴××(办公室秘书)

一、报告

(一)杨××报告中心基本建设进展情况。(略)

(二)主持人传达区人民政府《关于压缩行政经费的通知》。(略)

二、讨论

我中心如何按照区人民政府《通知》的精神抓好行政经费的合理开支,切实做到既勤俭节约又不影响正常的培训教学、科研等活动的开展。

三、决议

(一)利用两个半天时间(具体时间由各培训部自己安排,但必须安排在本周内)组织有关人员集中传达学习《通知》精神,提高认识,统一思想。

(二)各培训部负责人在认真学习的基础上,利用下周政治学习时间向群众传达、宣讲。

(三)各培训部责成有关人员根据《通知》的压缩指标,重新审查和修改本年度行政经费开支预算,并于两周内报主任办公室。

(四)各培训部必须严格控制派出参加外地会议及外出学习人员的人数,财务科更要严格把关。

(五)利用学习和贯彻《通知》精神的机会,对全中心员工普遍开展一次勤俭节约、艰苦朴素的传统教育。

散会。

主持人(签名)

记录人(签名)

评析:这是一份格式规范的摘要式会议记录。正文分两部分,第一部分记述会议的组织情况,第二部分摘要记录了会议的过程情况和会议作出的决议。

【技能训练】

一、指出下面会议记录存在的问题。

施工安全生产大检查动员大会会议记录

一、召开地点:邯郸市阳光水岸项目部施工现场

二、召开时间:2013 年 6 月 22 日

三、参加人员:项目部全体员工

四、主持人:项目经理靳守理

五、根据邯一建筑工程有限公司下发的《施工安全生产大检查实施方案》的通知,结合我项目部的实际情况,我项目部特制定以下几个方面作为重点控制项目。

1. 安全检查领导小组主要成员:

组长:靳守理　副组长:宋彦强、罗文宝

组员:武红恩、侯刚杰、李伟、曹海军、路怀雷、宋颜飞、王洋、周玉胜、赵建壮等人员。

2. 企业规章制度、岗位责任制必须上墙,安全管理资料要齐全。

3. "三类人员"及特种作业人员未经培训考核或无证的不得上岗。

…………

19. 对重大危险源风险识别和监控措施情况要落实。

六、邯郸市阳光水岸项目部动员大会到此结束!

2013 年 6 月 22 日

二、请结合生活、学习、工作实际拟写一则会议记录,例如班会记录、团支部会议记录、学生座谈会议记录等。

项目 17　计　　划

【走进课堂】

被誉为"人类潜能的导师"的美国著名管理学大师史蒂芬·柯维(Stephen R. Covey)博士在他的畅销书《高效能人士的七个习惯》中告诉我们:我们经常在人生的道路上迷失方向,因徘徊和迷途消耗了生命。而高效能的人懂得设计自己的未来。他们认真地计划自己要成为什么人,想做些什么,要拥有什么,并且清晰明确地写出,以此作为决策指导。我们将这个书面计划称之为"使命宣言"。一个人如有使命宣言并以之指导决策,他就会与其自定的目标保持一致。高效能人士之所以能成功,归功于他们能以终为始,忠于自己的人生计划。

凡事预则立,不预则废。一个国家、一个单位同样需要"使命宣言",同样需要制订各种计划以指导行动。作为秘书,我们要制订单位和部门综合工作计划,还要制订各种专项工作计划和个人工作计划。

思考:1.计划类文书有哪些具体的名称? 2.一份计划应该包括哪些方面的内容? 3.如何让计划做到切实可行?

【知识导航】

一、计划的含义和作用

（一）计划的含义

计划是机关单位和个人对今后一定时期的工作和活动预先作出安排的一种事务性文书。

广义的计划是计划类文书的统称，包括"设想"、"打算"、"要点"、"计划"、"安排"、"方案"、"规划"、"纲要"等所有计划类文书。狭义的计划是计划文书的一种，特指内容比较具体、深入的一类计划。

（二）计划的作用

1. 明确奋斗的目标和方向，避免工作的盲目性。
2. 便于合理安排人力物力财力，高效率完成任务。
3. 预见可能的情况和问题，制定措施，掌握应变主动权。
4. 计划是检查评价行动执行情况和效果的依据。

二、计划的特点

1. 内容的预设性：对行动的目标、任务、步骤、措施预先作出科学安排。
2. 功用的指导性：指导行动，推进工作。一经制订，除非出现特殊情况，应严格按照计划执行。

三、计划的类型

根据不同的标准，计划可分为不同的类别。

1. 按内容分：有工作计划、生产计划、科研计划、学习计划、教学计划、文体活动计划、军事计划等。
2. 按性质分：有综合计划和专题计划；正式计划、非正式计划。
3. 按时间分：有长期计划（5 年以上）、中期计划（2~4 年）和短期计划（1 年以内）；日计划、周计划、月计划、季度计划、半年计划、年度计划、五年计划等。
4. 按执行要求分：有指令性计划、指导性计划、一般性计划。
5. 按适用范围分：有个人计划、班组计划、部门计划、单位计划、地区计划、国家计划等。
6. 按写作形式分：有条文式计划、表格式计划、文表结合式计划。

四、计划的结构和写法

计划的结构：标题 + 正文 + 署名 + 成文日期。

（一）标题

计划的标题一般包括单位名称、时限、内容、文种四个要素。如：《××镇 2012 年森林防火宣传教育工作方案》、《××公司 2013 年工作计划》。

具体写作时可以根据情况省略单位或时限。如：《××公司关于开展"阳光绿色网络工程"的设想》、《2014 年学生工作要点》、《图书馆工作人员业务培训计划》。

有的标题还有题注，在标题后或标题下用圆括号注明稿本（讨论稿、送审稿、草案、试行稿、征求意见稿等)和时限,如:《××市××××年再就业工程实施方案(讨论稿)》《重庆市中长期城乡教育改革和发展规划纲要(2010—2020 年)》。

（二）正文

1. 条文式计划

条文式计划是用文字分条列项地说明计划的内容。从结构上看,条文式计划的正文由前言、主体、结尾三部分构成。

（1）前言

前言部分主要回答"为何做"的问题。一般用一两个自然段简要说明制订计划的背景、目的、意义、根据,最后常以"特制订本计划(方案、规划)"、"特制订计划如下"、"现就××安排如下"之类过渡语引领下文。

教育是兴渝之基,强市之本。为深化教育改革,加快教育发展,提高教育质量,建设国家统筹城乡教育综合改革试验区,根据《国家中长期教育改革和发展规划纲要(2010—2020)》,制订本规划纲要。(《重庆市中长期城乡教育改革和发展规划纲要(2010—2020 年)》)

（2）主体

主体部分主要回答"做什么"、"如何做"等问题。这一部分重点应从目标、任务、要求、方法、措施、步骤等方面就计划事项作具体说明,由于内容繁多,通常需要分层、分条撰写。

（3）结尾

写明应注意的事项、需说明的问题,或提出希望、发出号召、展望前景、明确执行要求、表达信心决心。如无必要,也可不写结尾。

本规划纲要是重庆直辖后第一个以统筹城乡教育改革和发展为主题,旨在使教育惠及全民的规划纲要。贯彻实施规划纲要,是各级党委政府、社会各界的重要责任。全市上下要在市委、市政府的领导下,按照规划纲要的部署和要求,认真学习研究,精心组织实施,确保各项任务落到实处。市里建立规划纲要实施评估机制,分年度对规划纲要实施情况进行检查或抽查,并将其结果作为市委、市政府对区县(自治县)党委、政府及其部门考核的重要依据。(《重庆市中长期城乡教育改革和发展规划纲要(2010—2020)》)

2. 表格式计划

表格式计划将任务、指标、措施、进度等以表格的形式展现出来,清楚明了。生产计划、具体事务性工作安排等量化指标较多的计划多采用表格式计划。表格式计划在设计项目时,应注意全面、准确,便于填写、归类和检查,正确反映任务需求。

3. 条文表格结合式计划

以条文为主,表格为辅,两者结合使用,使计划条理清楚,简明直观。

（三）署名

在正文右下方写上单位名称或个人姓名。如果标题中有单位名称的也可以不署名。

（四）成文日期

如果有署名,应写在署名之下;如果没有署名,可直接写在正文右下方;也有的写在标题之下,正文之上。上报或下发的计划也可不写成文日期。上报或下发的计划应在署名和日期上加盖公章。

五、计划的写作要求

(一)正确选择计划文种名称,把握不同计划的基本写法

要根据计划事项的时间长短、范围大小、内容详略、成熟程度正确选择计划文种名称。

规划:规划是时间长远(通常在3年以上),内容宏大的一类计划,是就某地区或者某项全局性的、涉及面较广的重要工作所作的全面而长远的计划,如《××市城市建设总体规划》、《××省"十二五"期间经济发展规划》。规划是计划中最宏大的一种。如果计划事项内容宏大,时间较长,范围较广,就要用"规划",以起到明确方向,鼓舞人心,激发热情的作用。

纲要:纲要是内容宏大、时间长远、提纲性、要点式的一类计划,如《公民道德建设实施纲要》、《全民健身计划纲要》。纲要比规划更具原则性和概括性。

要点:要点是对一定时期内的全局工作或中心工作所作的简要安排,如《××学院2013年学生工作要点》。要点只要求列出工作主要目标任务,内容简明概括,是具有摘要性质的计划。若只想计划摘要加以公布,则可用"要点"来写。

方案:方案是对某项专项工作从目的、要求、方法到具体步骤作出全面具体部署的一类计划,如《××学院单独招生面试工作方案》、《××市普通高考方案》。

预案:预案是对预计可能发生的事件事故所做的计划性处置措施,如《××镇应对特大自然灾害紧急救助预案》、《××交通支队处置各类突发偶发事件应急工作预案》。

安排:安排是对短期内多项工作或某一专项事务性工作进行具体布置的一类计划,如《××车间第×周工作安排》、《2013年英语等级考试考务工作安排》。

设想:设想是初步的、富有创新性、供参考的粗线条的草案性的一类计划,如《××市拓展就业安置门路的设想》。设想是为计划作准备的,把大致的思路或想法写出来也就够了。

打算:打算是短期内的、初步的、不定型的、非正式的计划,内容上是粗线条的,时间上也有一定的弹性,如《××学校争创文明校园的打算》。

计划:狭义的计划是常规工作中应用最广泛的一类。计划的时间有长有短,内容可全面可单项;计划在内容和写法上比规划具体、深入,比设想正规、细致,比方案简明、集中,比安排扩展、概要。

(二)采用恰当的写作形式

涉及数据较多的工作多采用表格式计划,如车间生产计划、学校招生计划、新产品研发计划。

中短期计划多采用条文式计划或条文表格结合式计划。

长期计划宏观、概要,一般采用条文式计划。

(三)计划内容创新性和可行性相结合

(1)针对实际,切实可行

以党和国家的有关方针、政策、上级的指示精神为指导;服从长远的规划,处理好多种关系;认真分析本单位、本部门的具体情况,从实际出发,正确估计客观条件,充分考虑计划的可行性,并适当留有余地,既不要因循守旧,也不要盲目冒进。

（2）深入调查，集思广益

走群众路线，深入调查研究，广泛听取群众意见，保证计划的认同性和可行性。计划草案制订后，应交全体人员讨论。

（3）抓住关键，突出重点

分清轻重缓急，突出重点，以点带面，不能眉毛胡子一把抓。

（4）周密考虑，科学预见

预先想到实行中可能发生的偏差，可能出现的故障，有必要的防范措施或补救办法。

（5）适时检查，修订完善

适时检查计划执行情况。如情况发生了变化，适时修订完善。

【例文评析】

××镇深化正风肃纪专项行动实施方案

根据《中共奉节县委党的群众路线教育实践活动领导小组关于印发〈奉节县深化正风肃纪专项行动实施方案〉的通知》（奉群组发〔2014〕17号）文件要求和县纪委深化正风肃纪专项行动的部署，为扎实推进全镇正风肃纪专项行动，有效解决发生在老百姓身边的"四风"问题，促进党员干部队伍作风持续好转，结合我镇实际，特制订本方案。

一、指导思想

深化正风肃纪专项行动，要坚持以马克思列宁主义、毛泽东思想、邓小平理论、"三个代表"重要思想、科学发展观为指导，全面贯彻党的十八大、十八届三中全会和习近平总书记系列重要讲话精神，市委四届三次和四次全会、县委十三届三次和四次全会精神。要坚持党要管党、从严治党的方针，紧扣为民务实清廉的主题，按照"照镜子、正衣冠、洗洗澡、治治病"的总要求，严标准、严措施、严纪律，除歪风、治邪气，倡新风、树正气，密切党同人民群众的血肉联系。

二、目标任务

在前一阶段正风肃纪专项行动基础上，继续深化专项治理，把深入落实中央八项规定和《党政机关厉行节约反对浪费条例》、《重庆市党员干部政治纪律"八严禁"》、《重庆市党员干部生活作风"十二不准"》和县委"六项暂行规定"等作为切入点，切实解决"四风"突出问题，促使广大党员干部进一步改进作风，提升群众工作水平，使干部受教育、问题得解决、作风大改善、形象再提升，不断汇聚"科学发展、幸福草堂"的正能量。

三、主要内容

按照县委和县纪委的部署，今年正风肃纪专项行动内容，在深化巩固去年专项治理任务的基础上，增加"严明组织纪律"、"深入整顿工作作风"等内容，整合成六项专项治理任务。

（一）进一步严明政治纪律和组织纪律。（略）

（二）深入治理奢侈浪费。（略）

（三）深入治理大操大办。（略）

（四）深入整治打牌赌博。（略）

（五）深入治理生活作风问题。（略）

（六）深入整顿工作作风。（略）

四、实施步骤

今年，正风肃纪专项行动从3月上旬开始至12月上旬结束，为期9个月，分五个步骤进行。

（一）强化纪律阶段（3月上旬至4月中旬）

开展纪律教育活动，组织广大党员干部集中深入学习领会党的十八大、十八届三中全会和习近平总书记一系列重要讲话精神，学习领会中央纪委十八届三次全会和市纪委四届四次全会、县纪委十三届五次全会精神；认真贯彻落实中央八项规定、《廉政准则》、"八严禁"、"十二不准"等行为规范，增强党员干部守法守纪意识，提高参与正风肃纪专项行动的自觉性。

结合本镇实际情况，积极搭建学习平台，将学习教育贯穿专项行动的始终，排出学习课程表和时间表，采取集中与分散相结合、个人自学与讨论交流相结合等形式组织学习，保障学习取得实效。其中，集中学习、专题讨论不少于3次；单位主要领导至少举办一期专题讲座；组织职工至少撰写1篇学习心得，评选质量较好的进行张贴，使纪律要求入脑入心。

（二）查摆问题阶段（4月下旬至6月中旬）。（略）

（三）整改落实阶段（6月下旬至8月中旬）。（略）

（四）建章立制阶段（8月下旬至9月中旬）。（略）

（五）检查验收阶段（9月下旬至12月上旬）。（略）

五、保障措施

（一）加强组织领导。正风肃纪专项行动由镇党委统一领导，党委是全镇开展正风肃纪专项行动的责任主体，党委书记胡云清同志对全镇专项活动负总责。日常工作由镇纪委牵头负责，按照"谁主管、谁负责"的原则，将六项重点治理任务分别落实到责任领导、牵头部门和配合实施站所室（具体责任分工见附件）。

（二）严格监督执纪。（略）

（三）强化考核问责。（略）

六、工作要求

（一）高度重视。正风肃纪专项行动是落实全县党的群众教育实践活动的重要载体，是切实纠正"四风"，解决群众反映强烈问题的重要行动，各站所、村（社区）要高度重视，坚持统筹兼顾，切实抓好正风肃纪专项行动。

（二）营造氛围。（略）

（三）细化落实。（略）

附件：××镇2014年正风肃纪专项行动任务分工表

评析：这篇实施方案就深化正风肃纪专项行动进行具体部署，前言说明制订方案的根据和目的，主体部分从指导思想、目标任务、主要内容、实施步骤、工作要求六个方面分条列项加以布置，符合方案写作基本要求，具有较强的操作性。方案由镇党委、镇人民政府以通知形式印发各村（社区）支部、各村（居）民委员会、镇机关，结尾没有再署名署时。

例文二

文化服务所 2012 年工作要点

一、文化工作

1. 开展丰富多彩的文化活动。开展好元旦节、春节、三八妇女节、五四青年节、"七一"、国庆等重大节日的庆祝活动。

2. 组织文艺队伍参加区的各项文艺比赛,如"广场舞比赛"、"故事比赛"等,力争取得好成绩。

3. 组织好各村、社区文艺骨干的培训工作。

4. 抓好各村农家书物的建设和管理工作。

5. 抓好农村"文化大户"及"先进文化社区、村"的创建工作。

二、体育工作

6. 在农荫社区组织开展一场"情系拆迁农民 增强身体素质"趣味运动会。

7. 开展好我镇的"红五月登山"活动。

8. 组织队伍参加区的各项体育活动及比赛:如组织我镇老年人参加区的"百万老年人健步行"活动;参加区的登山比赛;参加区的"第九套广播体操"比赛等。

9. 抓好我镇各村体育场地的建设工作及体育健身器材的申请和安放工作。

三、教育工作

10. 开展三期上岗技能培训班,拟培训学员 150 人。

11. 在曾家社区开展一期农转非居民文明礼仪培训班,拟培训学员 80 人。

12. 在白林村农民新居和虎峰山村各开展一期种植和养殖培训班。

13. 组织重庆大学的同学到镇里开办各类专业培训班,提高全镇广大群众各个方面的技能和素质。

14. 继续抓好对幼儿教育的监管工作。

四、有线电视网络工作

15. 抓好有线电视网络的整合工作及网络的改造工作。

16. 完成我镇征地范围内的有线电视网络的搬迁工作,确保其他用户能正常收看电视。

17. 抓好网络的安全巡查、防范及安全播放工作。

18. 力争新增有线电视用户 5000 户。

评析:本例文从文化工作、体育工作、教育工作、有线电视网络工作四个方面简要说明镇文化服务所年度工作主要任务。在写作上采用条贯式写法,语言简明,任务明确,体现了工作要点的特点。

【技能训练】

一、计划类文种填空

1. ××市国民经济和社会发展五年(　　　　　)

2. ××学校国庆放假(　　　　　)

3. 新学期工作初步(　　　　)

4. ××公司第一季度销售(　　　　)

5. ××公司全民健身活动实施(　　　　)

6. 云岭产业物业有限公司 2014 年工作(　　　　)

二、试指出下面计划中的错误。

学习计划

第一学期是我的摸索阶段,第二学期是我的实施阶段,我要结合以前的学习经验来制订这学期的学习计划。

首先,我要在学生会中磨炼自己,并且可以充实自己的课外生活。

其次,我要在社会上寻找机会,找一些我能干的工作,来丰富自己的入社的能力。

第三,广交朋友,寻找机遇。

第四,学习还是挺重要的,合理安排自己的自习时间。

第五,不管今年有什么活动,我只要能参加的,尽量参加。

第六,生活勤俭节约,不奢侈浪费。

第七,认真抓住每一次机会,让自己的能力尽量发挥。

第八,生活中的点点滴滴,如果能舍得和放弃的,我都不会太在意,细节成就成功。

第九,努力的完成每项任务,无论是大事、小事,都认真对待,命运是可以靠自己争取的。

第十,活出自己的人格和尊严。对自己做全面详细的分解,争取在毕业之前,合理利用学校的天时、地利、人杰,在学校多考一些证件,丰富自己的人生空白。

第十一,学会制订目标与计划,有了目标才会有努力的方向,有了计划才能合理规划,才会有奋斗的激情。

三、请结合本人实际拟写一份计划,如个人学习计划、干部工作计划、学生会工作计划、假期社会实践计划、社团活动计划等。

项目 18　总　　结

【走进课堂】

"业精于勤,荒于嬉;行成于思,毁于随。"勤于思考是开启智慧的钥匙,善于总结是事业成功的桥梁。没有分析总结,就没有进步提高。总结是人们认识事物,开展工作的重要环节和手段。

作为秘书,我们不仅要写作个人工作总结,还要完成领导布置的部门和单位工作总结。如何写好总结,让总结真正发挥作用,是值得认真思考的一个问题。

思考: 1. 一份总结应该包括哪些方面的内容? 2. 总结写作应注意哪些事项? 3. 你将如何写作一份单位工作总结?

【知识导航】

一、总结的含义和作用

（一）总结的含义

总结是单位或个人对过去一个时期内的实践活动进行全面系统地回顾、分析,概括经验教训,得出规律性认识,用以指导今后实践的事务性文书。自查性质的评估汇报材料、心得体会、经验交流材料、述职报告、总结报告等都具有总结的性质,属于总结性文体范畴。

（二）总结的作用

概括地说,总结的作用主要有三点,一是肯定成绩,发现问题。二是把握规律,提高认识。三是汇报工作,交流经验。

二、总结的特点

1. 自我评价性:对一定时期内已经做过的工作、完成的事项进行客观回顾,自我评价。

2. 归纳概括性:对做过的工作、完成的事项进行梳理、归纳,具体说明完成了哪些工作,采取了什么做法,取得了哪些成绩,存在哪些问题和不足。

3. 理论升华性:总结不仅仅要写出做了些什么,还要从具体做法中引出经验和教训,从感性认识上升到理性认识的高度,找出规律性的东西,以提高认识指导自己和他人今后的实践活动。

三、总结的类型

1. 根据内容分:工作总结、学习总结、思想总结、生产总结、教学总结、会议总结等。

2. 根据时间分:年度总结、季度总结、月份总结、阶段总结等。

3. 根据范围分:地区总结、单位总结、部门总结、班组总结、个人总结等。

4. 根据性质分:综合总结(全面总结)、专题总结(专项总结);工作总结、经验总结。

四、总结的结构和写法

总结的结构:标题 + 正文 + 署名 + 成文日期。

（一）标题

总结的标题有公文式标题和文章式标题两大类型。

公文式标题一般包括单位名称、时限、内容、文种四个要素。如:《粮食局办公室 2013 年度工作总结》。有的根据情况省略单位或时限。如:《2013～2014 学年教学工作总结》、《创先争优活动总结》、《实习总结》、《审计工作心得体会》。

文章式标题有单标题和正副标题两种形式。单标题有的揭示总结的中心观点,如:《心存感恩、爱岗敬业》;有的提示总结的内容,如《我是怎样学习秘书写作的》、《利用提案资源优势,推动和改进政府工作》。正副标题,正标题揭示观点或概括内容,副标题点明单位、时限、内容、文种。如:《当好掌舵者 建设后花园——重庆市沙坪坝区曾家镇虎峰山村党支部事迹材料》。

（二）正文

1. 前言

前言是正文的开头部分,内容为基本情况概述。一般介绍工作背景,总述工作成果,作出基本评价,给读者一个总体认识。

2007年,我市共承担了5个"东桑西移"工程蚕桑基地建设项目。一年来,在商务部、国家茧丝办的关心支持下,在重庆市政府的正确领导下,各项目区县努力克服洪涝灾害、特大雪灾以及劳动力大量外流对蚕桑生产的不利影响,扎实工作,开拓创新,全面完成了项目建设的各项目标任务。蚕桑基础进一步巩固,蚕业的专业化、组织化程度进一步提高,茧丝绸产业化水平进一步提升,为促进广大蚕农增收、企业增效以及提升茧丝绸行业的竞争力作出了积极贡献。现就我市推进2007年"东桑西移"工程的有关情况总结如下……(《2007年"东桑西移"工程重庆蚕桑基地建设工作总结》)

2. 主体

主体部分是总结的核心。在写作内容上,工作总结应具体说明完成的主要工作,取得的主要成绩,采取的做法,得出的经验、体会,存在的主要问题和不足,得出的教训等。经验总结重在介绍典型经验,主要谈做法与成效、经验与体会,寓情况于体会之中。

在结构安排上,工作总结一般有两种写法,一是三段式模式,先谈工作与成绩,再谈做法与体会,最后谈问题与不足。二是两段式模式,寓经验于成绩之中,先谈成绩与做法,接着谈问题与不足。工作总结在形式上一般采取分条列项的方式写作。如果是全面工作总结,先分工作大项,再分别谈成绩、做法,最后谈体会与不足。经验总结常见的也是两种写法,一是不加序号以小标题的形式阐述,二是加序号分条阐述。

《2007年"东桑西移"工程重庆蚕桑基地建设工作总结》主体结构

一、项目取得的主要效果

（一）桑树基础进一步巩固

（二）养蚕科技水平进一步提高

（三）蚕桑效益更加明显

（四）蚕桑组织化专业化程度进一步提高

（五）茧丝绸产业化水平进一步提升

（六）推动了城乡统筹和新农村建设

（七）蚕种质量进一步提高

二、主要做法及体会

（一）强化组织领导是顺利推进"东桑西移"工程的保障

（二）明确建设内容、落实责任是确保"东桑西移"工程推进的前提

（三）积极落实配套资金是"东桑西移"工程按进度推进的根本动力

（四）紧抓"四链"建设,是提升项目建设内涵的关键因素

三、存在的主要问题

（一）茧丝绸行情疲软,一定程度上影响到项目的推进。

（二）部分大棚养蚕配套设施需进一步完善

（三）资金压力较大

（四）部分建设内容尚未发挥效益

3. 结尾

工作总结的结尾一般提出改进措施，说明下步工作打算，有的以表明决心、展望前景作结。经验总结结尾一般归纳观点，呼应主题。结尾要求简短精练。

总之，这一年来各项工作任务基本完成，教职工的依法执教能力有了进一步的提高，校园的学习气氛明显改善，为下一步的普法工作打下了扎实的基础。在今后的工作中，我们要一手抓文化知识和专业知识的教育，一手抓法制教育和师德教育，在具体工作实践中，巩固普法成果，不断地把"五五"普法和法律知识的普及教育工作坚持下去，并逐步引向深入，为提高全校教职工和学生的法制意识和法律水平而继续努力。（《××学校 2011 年普法工作总结》）

（三）署名

一般在正文右下方署名。如是报纸杂志或简报刊用的交流经验的专题总结，应在标题下方居中署名；以单位主要负责人的名义或个人所做的总结，署名在标题下；若标题上出现了单位名称或个人姓名，则可不另署名。

（四）日期

总结日期可加括号放在标题下，也可不加括号放在文末。

五、总结的写作要求

1. 实事求是

实事求是，一分为二，把做的工作、取得的成绩以及存在的问题和不足如实写来。不能只讲成绩和经验，回避问题和教训。或者大谈成绩和经验，对问题和不足则泛泛而谈，轻描淡写，那样只是应付差事。分析问题应透，改进举措要准，这样才能达到总结提高的目的。

2. 善于提炼

一是要提炼出规律性的东西，不能只有事实和数据，没有认识和体会，那样的总结就是一堆死材料和"流水账"。二是要善于提炼语言，对总结的小标题或段旨句精心推敲。

3. 突出重点

写总结不能面面俱到，繁杂琐碎。安排材料要详略得当，突出主要工作、主要成绩、其他的略写或不写。

4. 写出特色

一篇好的总结，特别是经验总结，要有独到的发现、独到的体会，独到的做法，这样的总结富有个性，不仅耐看，而且真正有推广价值。即使是工作总结，也应结合实际，不能年年相似，千篇一律。

【例文评析】

××镇党政办公室 2012 年上半年工作总结

2012 年上半年，我办在镇党委、政府的坚强领导下，在机关各部门的配合下，在各村

（居）及相关单位的大力支持下，围绕全镇中心重点工作，以"雷锋科室"评比为契机，以争创"学习型、服务型、效率型"科室为目标，认真履行工作职责，充分发挥职能作用，较好地完成了各项工作任务。现将工作汇报如下：

一、强化职能，突出"效"字，重点工作有序推动

（一）组织工作有力推进

一是深入推进基层组织建设年活动。圆满完成前三个阶段的任务，白林村、虎峰山村、农安村3个党支部升级为党总支，新建有机水果、种植专业合作社党支部、劳务输出（就业）党支部、绿色蔬菜专业合作社党支部、旅游产业党支部等党支部8个，将党组织建在了产业链上，进一步优化党组织设置模式。二是加强党员干部队伍教育与管理，深入推进素质提升工程、领头雁工程，开展"三个转型"提升干部素质系列讲座、市第四次党代会及区"三会"精神专题宣讲、专题党课等各类培训10余场次；努力做好党员发展、党组织转接、党费收缴等工作，2012年上半年转入党员12人，转出4人，发展党员14人，转正15人。三是加强党建信息化建设，全面推进12371党建信息平台建设，全面完成日常维护、信息发布、活动发起等日常性工作，完成2012年上半年党统网上直统工作，确保信息准确率99％以上。

（二）人事工作稳步推进

完成机关事业单位53人的2011年年终考核工作，评选出6名优秀人员；办理完成9人调入、调出手续及4人工资调动手续；协调开展好干部考察工作，组织参加沙坪坝区处级后备干部资格考试，11人列入沙区处级后备干部考察；完成机构改革评估及机构编制核查工作。

二、以文辅政，立足"细"字，办公水平不断提高

（一）做好公文收发工作

做好计算机维护工作，确保收发公文安全、顺畅。今年以来，共接收电子公文2529份，发出公文187份。及时呈送、分送文件，文件阅看签字率、传送率达100％。

（二）完成党委公文改版工作

按照区委办部署，于2012年5月31日，全面完成党委公文改版工作，进一步规范发文格式和发文流程，完成党委上行文、下行文红头文件改版印制工作并启用。

（三）推进文字信息工作

一是协助起草文件150余份，起草工作总结、工作汇报、经验报告、领导讲话稿等文字材料60余篇。在基层组织建设年联系领导点评会上，撰写的汇报材料取得了剑铭书记的高度评价及认可。二是做好信息宣传工作，积极撰写各类信息并上报，半年来共被采用10余篇。

三、狠抓协调，体现"全"字，服务水平全面提升

（一）做好会务接待工作

一是做好2011年年终总结会、党务政务工作会、经济工作会等大型会议以及各类调研、座谈、培训、表彰会等40余场次的服务工作，同时较好地完成了各类一般会议会务工作安排，为各项工作顺利开展提供了强有力保障；二是按照热情有礼、大方得体的原则，接待各级各部门的检查、交流、来访等20余次；三是接待来访群众100余人，做到了有问必答，件件有登记，事事有回音。

(二)抓好日常服务工作

一是安排落实各类会议通知,做好上传下达工作;二是做好办公用品的储备、发放工作;三是合理调配车辆,保证各项工作的车辆需求。

四、加强督查,注重"严"字,行政效能大幅提升

一是加强对政府门户网站、党务公开网站等的维护、资料公开工作,共发布信息200余条;二是办理完成政协提案一件,满意率达100%;三是处理公开信箱信件10余件,回复率达100%;四是进一步规范机关值守、值班安排和考勤等工作。

下半年,我办将严格按照镇党委、政府的要求,对内提升自身素质,对外做好服务协调工作,扎实推进我镇各项事业发展。

一、进一步完善学习机制,不断提升工作人员素质

进一步树立学习是根本,发展是目标的理念,不断提高办公室工作人员的整体素质和工作能力,提高办公室的战斗力,增强为民服务意识,为更好地适应新形势、新情况,提供优质服务打下坚实基础。

二、做好办公室日常工作,提供更优质服务

继续加强办公室的综合协调能力、参谋助手能力和后勤保障能力。一是继续在办文、办会、办事上下功夫。及时准确传送各类文件,提高文字材料撰写水平,进一步规范文秘工作,做好保密工作。认真做好各种会议的会议通知、会场布置、会议材料等各项准备工作以及其他保障,为会议顺利召开创造条件。继续做好公务接待,对来访人员热情招待、服务周到。二是在做好参谋助手上下功夫。针对在我镇发展过程中出现的新问题、新矛盾认真分析,充分发挥参谋助手作用,想领导之所想,谋领导之所谋,超前预测,认真筹划。三是继续做好后勤保障工作。进一步完善文件归档、值班、公务用车调配及管理工作,提供强有力坚强后盾。

三、强化监督职能,进一步加强机关作风建设

继续加大对机关作风建设督查力度,采取检查、抽查、督查的形式,加大对日常考勤、值班等的督查力度,做到督查到位、通报及时、整改及时,全面提升机关工作作风。

评析:这篇部门工作总结前言部分概述半年工作完成情况,主体部分分条列就工作完成情况及成效作了具体的说明,结尾部分谈下步打算和努力方向。详略得当,重点突出。在材料的运用上以具体的数据说明工作成绩,显得内容充实,有较强的说服力。在小标题的提炼上,效、细、全、严四字,突出了工作特色,为整篇总结起到了画龙点睛的作用。

例文二

谈秘书撰写新闻稿件

我是一名秘书,也是《西藏日报》的一名通讯员,上班时间,要办理公文、撰写材料、编辑信息、参加会议记录、接听电话、处理日常事务,还要陪同领导下基层进行调研或搞接待工作,上班时间经常忙得晕头转向,几乎没有时间写稿,就是在这种情况下,仅去年一年我就在《中国西藏》、《中国气象报》、《西藏日报》、《西藏科技报》等报纸杂志发表文章、图片等宣传作品160多篇(幅),收到了较好的宣传效果,也受到了有关领导的赞扬,被《中国气象报》评为2000年度、2001年度优秀通讯员,部分作品还获自治区党委宣传部的奖励。我的体会是:

一、材料堆里抓新闻

秘书大部分时间要与文字材料打交道,这些看似冗长纷繁甚至显得干巴巴的材料堆里往往蕴藏着大量的新闻线索,只要你留心,善于发掘,材料堆里可以抓出许多有价值的新闻。在今年区气象局下发的一份关于高层次人才管理办法的文件中提出了"十五"期间的人才战略,我便写了一篇题为"区气象局启动'五·二〇·五〇'人才工程战略"的新闻报道,先后被《西藏日报》、《中国气象报》、《西藏科技报》等刊用。去年,林芝地区气象局被评为"森林防火先进集体",并向区气象局办公室报了一份先进事迹材料,我便用这份材料,在电话采访的基础上,写出了一篇2000多字的通讯报道,在《西藏科技报》发表。

二、各种会议中捉新闻

作为秘书,参加各类会议,是经常的事,下属汇报工作,领导讲话,都会有很多闪光的新闻"灵感",只要善于捕捉,就一定会有收获。在今年的全区气象局长会议上,昌都地区的代表在讨论中提出,去年他们地区的探空气球曾九次险些与民航班机相撞,但以民航更改航班起飞时间而告终。我便以内参的形式发给上级部门,被中国气象局《政务信息》和《西藏信息》采用。

三、深入基层捞新闻

秘书的另一个重要职责就是服务,除了为基层和机关服务外,还要做好为局领导的服务。经常要陪同领导下基层检查工作、调研情况,这是深入基层,了解基层的最好机会,也是捞新闻活鱼的一个很好的渠道。新闻源泉来自基层,来自群众,"问渠哪得清如许,惟有源头活水来"。在基层调研的时间里,善于以新闻人的眼光观察事物,了解情况,获取信息,不仅能写出有价值、有分量的调研报告、内参,还能写出有价值的新闻报道来。在定日县气象局调研,听取该局关于精神文明建设的汇报时,讲到气象职工经常去老人院慰问,帮助他们解决实际困难,我便写了一篇《把温暖送给老人》,在《西藏日报》等报刊发表,中国气象局局长秦大河在藏调研的七天时间里,我注意捕捉秦局长在调研途中的一言一行、一举一动,除了写例行的报道外,还写出了《西藏七日》在《中国气象报》、《西藏科技报》等以大篇幅刊登。另外,西藏的风光很美,在下基层的过程中,还可以抓拍到许多美丽的风光照片。

四、忙中偷闲跑新闻

秘书日常工作繁杂,任务多,压力大,常常是上了一次班,就像上了一回战场,下班回家,骨头像散了架似的,坐在沙发上,就不想再起来,这时候,要打起精神,许多新闻稿件就是在工作之余写出来的。最近几年,气候的变化越来越引起人们的重视,我便抓住这一题材,利用工作之余到专家的家中采访,查找资料,写出《今年冬天天气咋了》一文,在《西藏日报》占四分之三的版面发表,有事实,有依据,有原因,有分析,引起了很大的反响。

五、新闻之中找新闻

新闻是一个大课题,在新闻的背后蕴藏着大量的新闻资源,即背景新闻。秘书人员每天都能看到多种报纸、杂志,除了了解党的方针政策,时事新闻,丰富自己的知识外,还可以在已发表的新闻中找出具有地方特色或行业特点的新闻。我在《中国气象报》上看到一篇《我们从南极归来》的新闻报道后,对西藏去南极的第一人边巴次仁发生了浓厚的兴趣,等他抵达拉萨后,及时与他取得了联系,并利用周末的时间,在茶馆边喝茶,边交谈,完成了我的采访任务,并尽快写成了长达4000多字的《藏胞赴南极第一人》的通讯报道,被《中国西藏》、

《西藏日报》、《西藏科技报》等报刊发表。

秘书的岗位是很锻炼人的岗位,也是一个出好产品的岗位,只要做到脑勤(勤思考)、嘴勤(勤采访)、眼勤(勤看报)、腿勤(勤联系)、手勤(勤写作),就能写出大量好的新闻作品。(平静的黄土地新浪博客)

评析:这是一篇经验总结。标题采用文章式标题,提示总结内容。开头概述本人在写作新闻稿上取得的主要成绩,主体部分分5点谈经验和做法,结尾归纳总结。小标题对经验的提炼概括精当,语句简洁,句式整齐,易于记忆。第二个小标题"各种会议中捉新闻",改为"会议之中捉新闻",则形式上更为统一。

【技能训练】

一、指出下面这篇总结开头存在的问题并加以修改。

时间如白驹过隙,一转眼2013年将要过去了,在过去的一年中,我公司的经济效益犹如穿云燕子,飞向百尺竿头,比去年大幅度上升,公司上下兴高采烈,喜笑颜开,在新一年到来之际,我们对去年的工作总结如下:

二、指出下面这篇总结存在的主要问题。

××杂志社2013年工作总结

2013年,杂志社整体运行平稳,圆满完成报社各项考核指标任务,取得了很大成绩。杂志编辑出版稳健运行;发行量稳步增长,传播影响力有所增强;经济实力得到提升、报社资产保值增值;注重团队建设,管理向科学化发展。

一年来,在工作繁杂、任务繁重的情况下,能做这么多工作,主要是因为:

(一)上下团结。领导和一般干部同甘共苦,劲往一处使。

(二)不怕困难。杂志在发展中也面临一些难题。但能够克服困难,取得了一定成绩。

(三)领导带头。杂志主要领导带头苦干、实干。

三、请就秘书写作课程的学习情况写一篇总结,要求写出课程学习的主要收获、学习中采用的主要做法,课程学习的心得体会,课程学习中的不足与改进措施。

项目19　规 章 制 度

【走进课堂】

王明毕业后进入一家新公司担任总经理秘书工作。工作不久,他发现公司的各项管理制度非常不健全,于是向公司总经理建议制定和完善公司管理制度,得到了总经理的肯定,要他牵头尽快制定一套完善规范的公司管理制度出来。

思考:1.规章制度常用文种有哪些? 2.规章制度的基本写法是怎样的? 3.规章制度的制定、修改应当注意哪些问题?

【知识导航】

一、规章制度的含义和作用

(一)规章制度的含义

规章制度是各种规范性文书的总称,是党政机关、社会团体、企事业单位和人民群众为实施管理,维护正常的工作、劳动、学习、生活秩序,依照法律、法令、法规、政策制定的办事规程和行动准则。

(二)规章制度的作用

规章制度是国家法律、法令、政策的具体化,是人们行动的准则和依据。其作用主要体现在三个方面。

一是规范管理作用,科学合理的规章制度使工作职责制度化、工作程序规范化,确保各项工作、生产、生活协调有序地进行,提高管理效率。

二是保障权益作用,科学合理的规章制度可以保护单位和员工的合法权益,是完善劳动合同制,解决劳动争议不可缺少的有力手段,可以有效降低劳动纠纷。

三是约束激励作用,科学合理的规章制度通过合理地设置权利义务责任以及奖惩规则,有助于员工明确自己的权利职责,能预测到自己的行为和努力的结果,激励员工的工作热情。

二、规章制度的特点

1. 内容上的规定性

作为规范性文件,规章制度在内容上对某方面的工作、某项工作或某一事项做出规定和要求,是国家法律、法令、政策和道德要求的具体化,是各类组织实施管理的重要依据,是人们工作、学习、生活、办事的行动准则。

2. 制发上的程序性

规章制度的制发,从立项、起草、审查、决定、公布、解释与备案应按照有关法律法规规定的程序执行。制定规章制度要经过一定的民主程序,保证其合法、合理、科学。对直接涉及劳动者切身利益的规章制度,应当经职工代表大会或者全体职工讨论,提出方案和意见,与工会或者职工代表平等协商确定。规章制度制定之后,应当公示,或者告知劳动者。

3. 效力上的约束性

规章制度对其所确定范围内的单位和人员具有法律的、行政的或者道德的约束力,具有强制或倡导执行的效用。一旦正式公布,有关单位和人员都必须遵照执行。

4. 表达上的条款性

规章制度一般采用条理分明的条款式结构,层次清晰,便于引用和把握。

5. 使用范围的广泛性

规章制度的使用范围广泛,大至党政机关、各行业、各系统,小至各企事业单位、各社会团体、部门、班组、群体。

6. 发布方式的多样性

规章制度的发布方式多样,一般作为"令"或"通知"的附件发布,也有的直接发布。除作为文件存在之外，还可以张贴和悬挂在工作现场，以便随时提醒人们遵守，同时便于大家互相监督。

三、规章制度的分类

根据性质分，规章制度可以分为法规和规章两大类。法规包括行政法规和地方性法规。规章包括行政规章和一般规章。行政法规和地方性法规是具有法律性质的文书，具有强制执行的法律效力。行政规章和一般规章具有行政的或道德的约束力。

行政法规是国务院为领导和管理国家各项行政工作，根据宪法和法律制定和发布的规范性文件。《行政法规制定程序条例》规定：行政法规的名称一般称"条例"，也可以称"规定"、"办法"等。国务院根据全国人民代表大会及其常务委员会的授权决定制定的行政法规，称"暂行条例"或者"暂行规定"。行政法规以国务院总理令的形式发布。行政法规具有法律条文和党政机关公文双重属性，其效力低于宪法和法律，高于地方性法规和行政规章。

地方性法规是地方立法机关根据本行政区域的具体情况和实际需要，在不与宪法、法律、行政法规相抵触的前提下制定的在地方区域内发生法律效力的规范性法律文件。地方性法规大部分称作条例，有的为法律在地方的实施细则，部分为具有法规属性的文件，如决议、决定等。地方性法规由省、自治区、直辖市和较大的市的人民代表大会及其常务委员会制定，由大会主席团或者常务委员会用公告形式发布。地方性法规是除宪法、法律、国务院行政法规外在地方具有最高法律属性和国家约束力的行为规范。

行政规章是国务院各部委以及各省、自治区、直辖市的人民政府和省、自治区的人民政府所在地的市以及国务院批准的较大的市的人民政府根据宪法、法律和行政法规等制定和发布的规范性文件的总称。行政规章是行政管理活动的重要根据，在各自管辖范围内具有行政约束力。《规章制定程序条例》规定：规章的名称一般称"规定"、"办法"，但不得称"条例"。行政规章由制定规章的国务院各部门和有立法权的省、市政府以"令"的形式发布。

一般规章是除行政规章以外的所有规章制度，是各级各类机关单位、社会团体以及人民群众自身为实施管理，规范工作和成员行为，制定并发布实施的各类规范性文件的总称。一般规章可以采用除"条例"以外的所有规范性文书名称，常见的有规定、办法、细则、章程、规则、规程、制度、守则、准则、须知、公约等。一般规章可直接发布或以"通知"形式发布。

四、规章制度常用文种

规章制度应用广泛，种类繁多。下面介绍规章制度常用文种的含义和特点。

（一）条例

条例是行政法规和地方性法规的主要形式，也用于党的中央组织规范党组织的工作、活动和党员行为。

作为法规，条例一是用于对有关法律的实施作具体规定，与相关法律配套使用，这类条例可以称为法律实施条例，如《中华人民共和国劳动合同法实施条例》、《中华人民共和国药品管理法实施条例》、《中华人民共和国企业所得税法实施条例》等；二是用于对某项长期性工作制定管理规则，是基本法律制定以前的单项法规，这类条例可以称为行政管理条例，如《事业单位人事管理条例》、《中华人民共和国政府信息公开条例》、《中华人民共和国外汇管理条例》、《中华人民共和国电信条例》、《危险化学品安全管理条例》、《江苏省物业管理条例》等;三是用于对某类组织或某类专门人员的任务、职责、权利、奖惩等作出系统的规定,这类条例可以称为组织规章条例,如《行政机关公务员处分条例》、《会计人员职权条例》、《护士条例》、《个体工商户条例》等;四是用于民族区域自治地方的自治条例和单行条例。自治条例通常规定区域自治的基本组织原则、机构设置、自治机关的职权、工作制度及其他重大问题。单行条例是民族自治地方的人民代表大会根据区域自治的特点和实际需要制定的单项法规。

在党的文件中,条例用于党的中央组织规范党组织的工作、活动和党员行为,如《中国共产党纪律处分条例》、《党政领导干部选拔任用工作条例》、《党政机关厉行节约反对浪费条例》、《党政机关公文处理工作条例》、《中国共产党党内法规制定条例》等。

条例法规性强,一经颁布,在特定的领域中就具有强制性和约束力,相关的组织、人员必须遵照执行,不得违反。

条例制发严格,只有国家和地方立法机关、国务院以及党的中央组织有权制发。国务院各部门和地方各级人民政府以及企事业单位、社会团体制定的规章不能称为"条例"。

条例所作的规定和要求比较原则、概括,所属单位在具体执行时可依据工作的实际需要制定适合各自情况的实施细则或办法。

(二)规定

规定用于对特定范围内的工作和事务制定具有约束力的行为规范。规定是法律、政策、方针的具体化形式,是工作和活动的具体规则。规定可用于重大事项,也可用于一般事项。规定的制发机关宽泛,各级各类机关单位都可以使用。规定的内容具有行业性和局部性的特点,条文要比条例更具体明确,操作性更强,具有更明显的约束力。

规定可以分为管理性规定、政策性规定、实施性规定、补充性规定四类。

管理性规定着重对管理原则、管理职责、质量标准、措施办法、管理范围及要求加以规定。如《出版物上数字用法的规定》、《企业名称登记管理规定》、《互联网文化管理暂行规定》、《××大学公务车辆管理规定》、《党政主要领导干部和国有企业领导人员经济责任审计规定》等。

政策性规定着重界限划分,明确范围,提出要求和奖惩情况,解决"应当怎样"和"不应怎样"的问题。如《女职工劳动保护特别规定》、《禁止使用童工规定》、《中共中央政治局关于改进工作作风、密切联系群众的八项规定》等。

实施性规定是为实施贯彻有关法律、法令、条例,结合本地区本单位实际,提出相应的实施办法及要求,如《上海市政府信息公开规定》、《实施〈中华人民共和国社会保险法〉若干规定》、《××公司消防安全管理规定》等。

补充性规定是对原文件中不够明确、不够具体以及遗漏的问题加以补充完善,如《中药注册管理补充规定》、《外商投资商业领域管理办法补充规定》、《最高人民法院关于人民法院认可台湾地区有关法院民事判决的补充规定》等。

(三)办法

办法用于对某项工作的做法和要求提出具体的规定。办法的制发机关宽泛,各级各类机关单位都可以使用。办法侧重于对某项工作的做法、措施、步骤、程序、标准作出具体明确的规定,以规范工作、指导实践。

办法可以分为实施办法和管理办法两类。

实施办法是对有关法律、法令、条例、规定提出具体可行的实施措施,如《企业职工带薪年休假实施办法》、《四川省〈中华人民共和国防洪法〉实施办法》、《土地调查条例实施办法》、《旅游饭店星级的划分与评定实施办法》等。

管理办法是根据管理需要制定的工作规范,如《金融租赁公司管理办法》、《城市生活无着的流浪乞讨人员救助管理办法》、《商品房销售管理办法》、《土地登记办法》、《××学院教学事故认定及处理办法》等。

（四）细则

细则是为实施有关法律、法令、法规、规章和管理工作而制定的详细法则。各级各类机关单位都可以使用细则。

细则可以分为实施法规细则和管理工作细则两类。

实施法规细则是法律、条例、规定、办法等主体规范性文件的从属文件,对主体文件全部或部分条款进行解释、补充、完善,使主体文件更具体明确,便于操作实施。如《营业性演出管理条例实施细则》、《中华人民共和国发票管理办法实施细则》、《中国共产党发展党员工作细则》、《浙江省公务员录用考察工作细则（试行）》等。

管理工作细则是为了使管理工作规范化、标准化、程序化而制定的详尽具体的工作法则,这类细则运用较少,如《教研室工作细则》。

（五）章程

章程是政党、团体、企业等社会组织制定的关于组织规程和办事规则的规章文书。

章程有组织章程和工作章程两种基本类型。

组织章程是政党、团体、企业等社会组织依据法律法规对本组织的名称、性质、宗旨、任务、组织机构、组织成员、活动规则或企业的经济性质、业务范围、经营管理等作出规定的规章文书。根据国家有关法律法规规定,章程是成立社团、公司的必要条件。如《中国共产党章程》、《中国写作学会章程》、《中国人民保险集团股份有限公司章程》、《××学院教学工作委员会章程》等。组织章程是组织或团体的基本纲领和行动准则。组织章程须经特定的程序制定。

工作章程是有关单位开展业务工作的基本的办事准则,主要用以明确某项工作的标准做法、具体原则要求,或确定某项活动的宗旨、程序、安排、要求等。如《×××奖学金章程》、《××学院办学章程》、《2014 年度注册会计师全国统一考试报名简章》、《×××招生（招工、招聘）简章》等。

（六）制度

广义的制度指各类规章制度。狭义的制度是指单位或部门为了加强对某一岗位或某项工作的管理而制定的要求有关人员共同遵守的工作规范和行为准则。制度一经制定颁布,就对相关人员有约束作用,是他们行动的准则和依据。制度对实现工作程序的规范化、岗位责任的法规化、管理方法的科学化,起着重大作用。制度发布形式多样,除作为文件发布外,还可以张贴或悬挂在某一岗位和工作现场。

制度可以分为岗位制度和工作制度两种类型。

岗位制度是针对某一岗位而制定的岗位职责和管理规范,如《××公司保安工作制度》、《文印室管理制度》等。

工作制度是针对某项具体工作而制定的工作程序和管理规范,如《××公司涉密文件保密管理制度》、《××学院党委中心组学习制度》、《××公司会计档案管理制度》、《公司员工考勤管理制度》等。

（七）规则

规则是指国家机关、团体、企事业单位、人民群众等为保证某项工作或某一活动的顺利进行而规定的行为准则。

规则可以分为工作规则和活动规则两类。工作规则是为具体的管理工作制定的行为准则,如《交通规则》、《考试规则》、《公司议事规则》、《实验室使用规则》、《食堂就餐规则》、《图书借阅规则》、《归档文件整理规则》等。活动规则是为保证某项活动有序开展而制定的行为准则,如各类体育运动项目规则、竞赛规则、游戏规则等。

（八）守则

守则是国家机关、社会团体、企事业单位制定的要求所属成员或相关人员共同遵守的行为规范。

守则可以分为道德行为守则和工作事务守则两类。道德行为守则对某一类人员从思想、行为、工作学习生活态度等全方面提出原则性要求,篇幅短小,语言简短、精练、易记,如《高等学校学生守则》、《员工守则》、《公路客运汽车驾驶员守则》、《全国职工守则》等。工作事务守则针对某项具体工作事务对相关人员提出要求,内容具体,要求明确,如《值班人员守则》、《监考守则》、《考生守则》等。

（九）规程

规程是为了使工作、生产或某项活动按程序和要求进行而制定的规范性文件。规程内容具体,规定明确,规范性强。

常见的规程有安全规程、竞赛规程、工作规程等。

安全规程指安全生产与设备操作规范,包括设备操作规程、作业规程、安全操作规程等,如《施工升降机安全操作规程》、《煤矿安全规程》、《煤矿作业规程》、《电气安全工作规程》、《建筑安装工人安全技术操作规程》、《粉尘防爆安全规程》等。

竞赛规程是由竞赛组委会或筹备组制定的具体实施某一赛会的具体规定。内容包括:竞赛的名称、目的、任务、时间、地点、举办单位或承办单位、竞赛的项目、组别、参加方法、竞赛办法、竞赛规则、录取名次与奖励、裁判员与仲裁委员会等。如《文秘速录专业技能赛项规程》、《田径运动会竞赛规程》等。

工作规程主要就某一方面的工作或某一业务工作提出具体的工作规范。如《幼儿园工作规程》、《税务稽查工作规程》等。

（十）须知

须知是有关单位或部门就某项活动或工作所必须知道的事项对相关人员进行告知而制作发布的具有指导性、规定性的应用文书。如《游园须知》、《观众须知》、《参赛须知》、《电梯安全乘坐须知》、《住宿须知》、《新员工入职须知》等。

（十一）公约

公约有两类，一类是国际公约，是国际上由若干国家共同缔结的多边条约名称的一种，用来维护国际生活的正常秩序，如《万国邮政公约》、《日内瓦公约》、《公民权利和政治权利国际公约》、《联合国海洋法公约》等。一类是国内公约，是人民群众或社会团体经协商决议而制定出的成员共同遵守的具有道德约束力的行为准则，如《爱国卫生公约》、《居民文明公约》、《服务公约》、《网络文明公约》、《行业公约》等。国内公约是一种民间性质的规章文书，具有公众约定性、长期适用性、集体监督性、道德约束性等特点，在内容上主要是基本道德准则和精神文明建设的原则要求，文字上大多短小精悍，便于记忆。

五、规章制度的结构和写法

（一）标题与题注

标题即规章制度的名称，一般由制发单位、适用范围或适用对象、内容、文种等要素组成，具体有以下5种写法：

1. 制发单位＋内容＋文种。如《××学院科研项目管理办法》、《国务院关于职工探亲待遇的规定》。

2. 适用范围＋内容＋文种。如《四川省〈中华人民共和国防洪法〉实施办法》、《高等学校财务制度》。

3. 内容＋文种。如《施工升降机安全操作规程》、《关于实行党风廉政建设责任制的规定》。

4. 制发单位＋文种。如《××股份有限公司章程》。

5. 适用对象＋文种。如《中小学生守则》、《观众须知》。

有的规章制度在文种前有"暂行"、"试行"、"补充"、"若干"等修饰性词语，在文种后用圆括号表明"试行"、"修订"、"草案"等字样。如《网络游戏管理暂行办法》、《建设工程项目管理试行办法》、《外商投资商业领域管理办法补充规定》、《农村基层干部廉洁履行职责若干规定（试行）》、《××公司固定资产管理办法（修订）》、《中华人民共和国食品安全法（修订草案）》等。

有的规章制度还有题注，用以说明该文件的制定和修订情况。内容包括发布日期、发布文号或发布机关，有的注明文件通过的会议日期和会议名称或文件批准的日期和批准机关，有的还说明文件修订情况、文件施行日期等。题注在标题下，用小号字，居中，加圆括号注明。如：

中国共产党章程（中国共产党第十八次全国代表大会部分修改，2012年11月14日通过）

《中华人民共和国公司登记管理条例》（1994年6月24日中华人民共和国国务院令第156号发布 根据2005年12月18日《国务院关于修改〈中华人民共和国公司登记管理条例〉的决定》第一次修订 根据2014年2月19日《国务院关于废止和修改部分行政法规的决定》第二次修订）

《森林防火条例》（1988年1月16日国务院发布 2008年11月19日国务院第36次常务会议修订通过）

（二）正文

正文是规章制度的具体内容，一般由因由、规范和说明三部分构成。因由部分说明制定目的、根据，规范部分作出具体规定，说明部分补充规定解释权属、施行日期、与相关规范性文件的关系及废止有关文件等。少数规章制度没有因由和说明部分，全文由具体的规范性条款组成。

规章制度一般采用条理分明的条款式结构，条款层次由大到小依次可分为七级：编、章、节、条、款、项、目。一般以章、条、款三层组成最为常见。"编"、"章"、"节"、"条"的序号用中文数字依次表述，其基本应用格式为"第×章（节）条"；款的应用格式是以自然段划分，不编序号，段末用句号区分；"项"设置于"条"或"款"下，其应用格式是用中文数字加括号"（一）"、"（二）"的形式依次分段表述，相互间以分号相区分；"目"是"项"下的一个结构单位，其应用格式是用阿拉伯数字"1."、"2."的形式分段表述，相互间以分号相区分。对于某些条文较少的规章制度，有的以汉字序数的"一、"、"二、"或阿拉伯数字"1."、"2."的形式表示"条"。在具体写作时，通常有以下几种写法。

1．总则—分则—附则式

这种写法适用于内容复杂、条文众多的法规和规章。全文一般分为若干章，各章之下又分若干条，各章各条的序数按全文的顺序统一编号，有的"条"下设有款、项。第一章为总则，作概括性或一般性规定，说明制定本规章制度的目的、根据、适用范围、总的原则和要求等。中间若干章为分则，作各项具体性规定，各章分别设置小标题标明主旨。最后一章为附则，作补充性规定，主要说明解释权属、施行日期、与相关规范性文件的关系等。有的规章制度，"章"前设"编"，第一编为总则，第二编为分则，第三编为附则，如《中国共产党纪律处分条例》，第一编总则包括前五章第一条至四十四条，第二编分则包括第六至第十五章第四十五条至第一百七十四条，第三编附则包括第一百七十五条至第一百七十八条。

2．条文贯通式

全文只分条不分章，将规定的内容一项一项分条列出，贯通到底。这种写法的第一条或前几条，相当于"总则"的内容，中间若干条相当于"分则"的分容，最后一条或几条相当于附则的内容。

3．前言—条文式

开头用一段话说明目的、根据作为因由，后面采用条文贯通的方式分条作出具体规定。《中国共产党章程》的结构也属于前言—条文式，其开头部分是总纲，相当于"总则"，后面再用十一章五十三条作具体规定。

4．前言—条文—结语式

开头即前言部分用一段话说明目的、根据，中间部分分条列项作具体规定，结尾即结语用一段话说明执行要求。

5．短句并列式

一些守则、公约，为便于记忆，内容短小精悍，往往采用短句并列的形式排列。如《全国青少年网络文明公约》、《文明上网自律公约》。

（三）署名和日期

在正文之下，相当于公文落款的地方，写上制发者的名称和公布日期。已在标题中写明单位名称或随文颁发的,也可不再署名。有的规章制度从公布起需要长期实行或随文件颁发的也可以不再写日期。如果题注中已经注明制发情况的,结尾一般也不再署名、署时。

（四）目录和附件

章节较多的规章制度,有的在正文之前设置目录。

有的规章制度如办法、细则等,正文之后带有附件,作为正文的补充说明。

六、规章制度的写作要求

（一）正确选用文种。规章制度的具体种类很多,应根据《行政法规制定程序条例》、《规章制定程序条例》以及文种的具体特点、制发单位权限正确选择规章制度的种类。

（二）遵循法定程序。制定规章制度应遵循《中华人民共和国劳动合同法》、《行政法规制定程序条例》、《规章制定程序条例》等法律法规规定的程序,以保证规章制度合法生效。

（三）内容合法、合理。规章制度在内容上必须符合党和国家的方针、政策、法律、法令、法规和公序良俗,切合本单位或本部门的实际情况,体现权利与义务一致、奖励与惩罚结合的原则。

（四）体式规范,逻辑严密,用语准确简洁,条文明确具体,具有可操作性。

（五）定期检查,及时修订。规章制度订立以后要定期检查,发现有不合适或不完善的地方,及时修订完善。

【例文评析】

例文一

中华人民共和国人力资源和社会保障部令

第 22 号

《劳务派遣暂行规定》已于 2013 年 12 月 20 日经人力资源社会保障部第 21 次部务会审议通过,现予公布,自 2014 年 3 月 1 日起施行。

部长　尹蔚民

2014 年 1 月 24 日

劳务派遣暂行规定

第一章　总　　则

第一条　为规范劳务派遣,维护劳动者的合法权益,促进劳动关系和谐稳定,依据《中华人民共和国劳动合同法》(以下简称劳动合同法)和《中华人民共和国劳动合同法实施条例》(以下简称劳动合同法实施条例)等法律、行政法规,制定本规定。

第二条　劳务派遣单位经营劳务派遣业务,企业(以下称用工单位)使用被派遣劳动者,适用本规定。

依法成立的会计师事务所、律师事务所等合伙组织和基金会以及民办非企业单位等组织使用被派遣劳动者,依照本规定执行。

第二章　用工范围和用工比例（略）
第三章　劳动合同、劳务派遣协议的订立和履行（略）
第四章　劳动合同的解除和终止（略）
第五章　跨地区劳务派遣的社会保险（略）
第六章　法律责任（略）
第七章　附　则

第二十五条　外国企业常驻代表机构和外国金融机构驻华代表机构等使用被派遣劳动者的，以及船员用人单位以劳务派遣形式使用国际远洋海员的，不受临时性、辅助性、替代性岗位和劳务派遣用工比例的限制。

第二十六条　用人单位将本单位劳动者派往境外工作或者派往家庭、自然人处提供劳动的，不属于本规定所称劳务派遣。

第二十七条　用人单位以承揽、外包等名义，按劳务派遣用工形式使用劳动者的，按照本规定处理。

第二十八条　用工单位在本规定施行前使用被派遣劳动者数量超过其用工总量10%的，应当制订调整用工方案，于本规定施行之日起2年内降至规定比例。但是，《全国人民代表大会常务委员会关于修改〈中华人民共和国劳动合同法〉的决定》公布前已依法订立的劳动合同和劳务派遣协议期限届满日期在本规定施行之日起2年后的，可以依法继续履行至期限届满。

用工单位应当将制定的调整用工方案报当地人力资源社会保障行政部门备案。

用工单位未将本规定施行前使用的被派遣劳动者数量降至符合规定比例之前，不得新用被派遣劳动者。

第二十九条　本规定自2014年3月1日起施行。

（来源：中华人民共和国人力资源和社会保障部网站）

评析：这是一个国务院部门行政规章，对劳务派遣用工行为作出政策性规定，以部长"令"的形式发布。正文共7章、29条内容，对制定本暂行规定的目的、依据，适用范围，用工范围和用工比例，劳动合同、劳务派遣协议的订立和履行，劳动合同的解除和终止，跨地区劳务派遣的社会保险，法律责任，以及用工比例调整过渡期、施行日期等作了具体规定。本暂行规定的颁布实施，对于进一步规范劳务派遣用工行为，明确劳务派遣单位、用工单位和被派遣劳动者三方的权利义务，维护被派遣劳动者的合法权益，促进企业健康发展，构建和发展和谐稳定的劳动关系具有重要意义。在结构上，标题采用内容＋文种的形式构成，正文采用总则＋分则＋附则的结构形式，由于是随文发布，文末不再署名署时。

例文二

泼 水 须 知

亲爱的来宾，欢迎您参加傣族泼水节，下列内容请您详细阅知并自觉遵守。

一、遵守傣族的民族风俗及习惯，文明泼水。

二、为了您和他人的安全及卫生，请您在我园商店购买专用泼水盆，并在广场水缸及其水井内取水，在广场中央泼水，请不要在曼飞龙塔、草坪及休息亭等非泼水处泼水，不要用场

内注水管及自备矿泉水、饮料等泼水、射水。

三、在傣族同胞未泼出第一盆水之前，请您不要泼水或动水缸里的水；泼水时，请勿争夺演员的专用泼水盆；请勿将泼水盆、矿泉水瓶、饮料瓶等物品向他人投掷，否则造成伤害的将由您承担一切责任。

四、泼水节现场存放的泼水缸及演出道具等我园财物，请您自觉爱护。凡因不慎或其他任何原因而损坏的，您都需照价赔偿。

五、请您注意个人安全，不要在泼湿的地面上奔跑，以免滑倒。请您自行保管好随身物品，以免泼湿或丢失，因此造成损失的我园概不负责。

六、当您尽情泼洒时，也请您将爱心给予身边每一位需要您关心和帮助的老人、妇女和儿童。

北京中华民族园
北京中华民族博物院
（来源：中华民族园网站）

评析：公园对游客参加傣族泼水节活动的注意事项和要求进行告知，采用"须知"文种，非常正确。标题表明内容和文种，正文采用前言＋条文形式，按照逻辑顺序分六条进行告知，语言亲切、礼貌，规定明确具体，能够较好地指导活动进行，维护活动秩序。

【技能训练】

一、试评析《党政机关公文处理工作条例》的结构和写法。

二、请结合学习、工作、生活实际拟写一份规章制度，如班级学习公约、学生社团章程、值日制度、印章管理使用制度等。

三、请根据下面的材料代某风景区管理处拟写一份《游客须知》。

某游览胜地，山水秀丽，古迹胜多，然而游览之余有不少遗憾：有不少游客置文物古迹于不顾，有的乱扔果皮、纸屑、塑料包装袋等脏物；有的乱涂乱画，墙上、树上、佛像上、画柱上到处可见"到此一游"字样；有的攀爬到佛像身上照相；花草被采摘、践踏得不成样子等。为改变这一现状，风景区管理处一方面改进自己的工作，另一方面想拟定一个《游客须知》张贴在明显处。

项目20　新 闻 消 息

【走进课堂】

作为秘书，不仅要办理公文、撰写材料、编辑信息、组织会议，有时还要写一些新闻稿，报道部门或单位新近开展的活动、采取的新举措、取得的新成就。这些新闻稿，有的发表在单位内刊或单位网站上，有的还发表在社会媒体上，不仅及时传播了信息，还能起到公关宣传的作用。同时，写作新闻稿还能培养秘书敏锐的政治头脑，学会观察问题、发现问题、分析问题，提高调研能力和写作能力。撰写新闻稿已日益成为单位对秘书的基本素质要求之一。

思考：1.什么是新闻？2.新闻有哪些基本要素？3.新闻消息的基本特点和写法是怎样的？

【知识导航】

一、新闻消息的含义

新闻消息简称新闻或消息,指迅速及时地对新近或正在发生的具有社会意义和影响的事实的简短报道。

广义的新闻是指记录社会、传播信息、反映时代的各种报道文章或节目,包括消息、通讯、特写、专访、调查报告、新闻评论、报告文学等多种新闻报道形式。

狭义的新闻专指消息,是新闻中最基本、运用最广泛的一种报道形式。

二、新闻消息的特点

(一)真实:客观真实,事实说话。真实是新闻的生命。新闻必须用事实说话,客观、准确、全面、公正地报道现实生活中真实发生、客观存在的事物。新闻中的人物、时间、地点、数字等都要求准确无误,绝不能道听途说或是凭空捏造。

(二)新鲜:内容新鲜,具有价值。消息不仅要反映新人、新事、新动态、新风尚、新成就、新经验、新举措、新认识,而且要求报道的内容有意义,有价值,给人以启迪。

(三)迅速:注重时效,报道迅速。迅速及时地报道最新事实和动态。新闻是易碎品。如果不注重时效,及时采写、及时传递、及时播发,那么新闻就会变成旧闻,降低甚至丧失其新闻价值。

(四)简短:语言简明,篇幅短小。消息通常不作浓墨重彩、精雕细刻的描写,只报道新闻事件概貌而不讲述详细的经过和细节,文字精练,篇幅短小,少则几十字,一般不超过1000字。

三、新闻消息的种类

(一)按新闻的传播媒介分,有报纸新闻、杂志新闻、广播新闻、电视新闻、网络新闻等。

(二)按新闻事实发生的地域与影响范围分,有国际新闻、国内新闻、地方新闻、校园新闻、部门新闻等。

(三)按新闻的题材性质分,有政治新闻、财经新闻、文化新闻、科技新闻、娱乐新闻、体育新闻、社会新闻、军事新闻等。

(四)按新闻的表现形式分,有文字新闻、图片新闻、文图结合新闻、语音新闻、视频新闻等。

(五)按新闻内容分,有动态新闻、综合新闻、经验新闻、述评新闻、人物新闻、会议新闻等。

1. 动态新闻

动态新闻迅速及时地报道国内外重大事件、重要活动、新鲜事实,反映现实世界最新变动状态。动态新闻最能体现新闻真实、新鲜、迅速、简短的特点,是最基本、最重要、使用频率最高的一种新闻报道体裁。简短的动态新闻又称简明新闻、简讯、短讯、快讯等,一般在200字以内,内容更加单一,报道更为迅速。

2. 综合新闻

综合新闻是把某一性质相同的事物或同一事物的多侧面综合起来加以反映的新闻报道

形式。综合新闻的特点是在综合概括的基础上,点面结合,多角度地反映客观事物或人物的概貌。

3. 经验新闻

经验新闻也称典型新闻,它集中报道某一部门或某一单位的典型经验或成功做法,以总结经验,揭示规律,带动全局,指导一般。

4. 述评新闻

述评新闻也称新闻述评,是以夹叙夹议的方式传播新闻信息的一种报道形式。述评新闻在报道新闻事件的同时还对事实发生的背景、原因、影响、实质、意义等加以评析,兼有消息与评论的作用。

5. 人物新闻

人物新闻是以简明的语言及时报道新闻人物的活动及事迹,表现人物的思想和精神。新闻人物一般指公众人物,包括国家政要、社会名流、体育影视明星,也可以是各行各业的先进人物。

6. 会议新闻

会议新闻是以会议情况为内容的新闻报道,着重反映会议的概括和主要精神。

四、新闻消息的结构和写法

新闻一般由标题、消息头、导语、主体、结尾、背景、署名七个部分组成。背景和结尾有时可根据情况省略。

(一)标题

标题是新闻的眼睛,是新闻内容或主旨的集中概括。

标题应精当、新颖、生动、醒目,具有强烈的吸引力。

按照标题的性质和作用,新闻的标题主要有正题、引题、副题、提要题四种。

正题又称主标题、主题,一般概括新闻中心或突出主要事实,字号最大。

引题又称肩题、眉题、上辅题,在正题的前边,交代背景、揭示意义、烘托气氛、引出主题。

副题又称副标题、次题、子题、下辅题,在正题的下边,补充说明正题的事实与意义,使正题更完整。引题和副题的字号小于正题。

提要题又称提示题、纲要题,在总标题的上方或下方,字号略大于正文,小于正题字号。提要题向受众扼要介绍新闻事实的基本内容,起到内容提示的作用,适用于较重要或较长的新闻。

按照标题的构成形式,新闻标题一般有单标题、双标题、三标题三种形式。

1. 单标题

单标题只由正题构成,一般直截了当地叙述新闻事件的核心信息。单标题适用于篇幅短小、事件内容单一的新闻。单标题在排版上一般分一行排列。例如:

2014 年全国职校技能大赛文秘速录专业赛项开赛

(中国教育新闻网 2014 年 6 月 25 日)

2. 双标题

双标题由引题 + 正题或正题 + 副题构成,在排版上一般分两行排列。双标题一般是虚实结合、彼此呼应、互为补充的。例如:

音乐啤酒狂欢 比基尼热力秀（引题）

钓鱼城旅游节耍事多（正题）

（《都市热报》2014 年 6 月 19 日）

利益面前，干部退一步（正题）

虹桥镇二次改制突出"公平共享"，干部退股、再次分配（副题）

（《解放日报》2013 年 8 月 29 日）

3. 三标题

三标题由引题＋正题＋副题构成，在排版上一般分三行排列。三标题形式一般用于篇幅长、题材重大的新闻。例如：

第一颗原子弹投在日本（引题）

飞弹当量为二万吨梯恩梯（正题）

杜鲁门警告敌军将下"毁灭之雨"（副题）

（《纽约时报》1945 年 8 月 7 日头版）

（二）消息头

新闻媒体刊发的消息，在标题之后、导语之前往往冠以"本报讯"、"本台消息"或"××社××地×月×日电"等字样，这就是"消息头"。消息头左空两格书写，字体较粗。

消息头是消息的独特标志，用来说明消息发布的单位、地点和时间，表明新闻来源，帮助读者判断新闻的真实性与权威性，同时还具有标明"版权所有"、文责自负的作用。

消息头分为"讯"和"电"两种类型，包括"电头"、"本报讯"、"本台消息"、"本报综合报道"、"本台报道"等常用形式。"讯"主要指以邮寄或书面递交的方式向报社传递的新闻报道，"电"主要指通过电传、电子邮件、传真、电话等形式传递的新闻。报社、电台、电视台通过自身的新闻渠道所获得的本埠消息，一般都标明"本报讯"、"本台消息"。如果新闻是从外地传来的，还应标明新闻发布的时间和地点，如"本报××地×月×日电"、"中新网×月×日电"、"据××社××地×月×日电"等。

（三）导语

导语是新闻的开头部分，一般用一两句话或一段话以极为简洁的文字概括介绍新闻中最主要、最新鲜、最精彩的事实或揭示新闻事实中主要的思想和意义。

导语的写作要求主要有三点，一是要突出核心事实和意义，发挥导读作用。二是要有吸引力，使读者产生继续阅读下去的兴趣。三是具备新闻的基本要素，如时间、地点、事件、人物。

导语的写作方法很多，常用的有以下几种。

1. 叙述式

叙述式是最常见的写法，在开篇即用摘录或综合的方法把新闻中最新鲜、最主要的事实高度概括地写出来。例如《璧山秀湖公园开建》的导语：

本报讯（记者 向婧）占地 1500 亩的璧山县秀湖公园 28 日开建，计划今年 9 月 28 日投用，建成后将成为我市开花树种最多的城市公园。（《重庆日报》2012 年 2 月 29 日）

2. 描写式

描写式是对新闻中某一个富有特色的事实或某一有意义的侧面作简洁朴素而又有特色

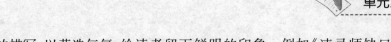

的描写,以营造气氛,给读者留下鲜明的印象。例如《速录师缺口大 高级速录师月薪八九千》的导语:

> 在大型会议现场、高峰论坛或讲座现场,经常会看见一两个人坐在首排角落里,双手在键盘上飞快敲打,随着噼里啪啦的声音,现场的讲话几乎同步以文字形式出现在电脑屏幕上。他们就是键盘上的舞者——— 速录师。随着社会认知度提升和市场需求不断增长,石家庄的速录师们,正经历着从坐"冷板凳"到成为"香饽饽"的转变。(《燕赵都市报》2013年4月1日)

3. 议论式

议论式是对报道的事实进行简洁、精辟的评论,以揭示事物的性质和作用,引起读者的重视。例如《门八府村:"后进村"攒足发展后劲》的导语:

> 门八府村,这个开封县曲兴镇出了名的"后进村",正在向发展"后劲村"转型提升。如今的门八府村,不但有了基层组织活动场所,成立了全市首个村级"群众之家",还建设了沿黄水产养殖观光区、现代农业高效示范区。(《开封日报》2014年8月6日)

4. 设问式

设问式写法是在开篇就主要新闻事实提出问题,设置悬念,以引起人们的关注和思考,然后再用事实加以简要回答。例如《七夕"爱情去哪儿?"〈重庆爱情地图〉带你许下今生誓言》的导语:

> 华龙网7月30日17时45分讯(记者 周梦莹 实习生 施婉莹)本周六就是中国传统的七夕节,牛郎与织女在鹊桥相会,你和你的另一半打算在哪里一聚呢? 今(30)日,重庆市地理信息中心联合重庆地理地图书店,推出首张《重庆爱情地图》,对市内"爱情好去处"进行了全网罗,三大爱情名片、七条爱情线路……想表白的、想增进感情的、想求婚的、想重温往昔的,你没理由不爱上这张地图! (华龙网2014年7月30日)

5. 引用式

引用式写法是通过引用新闻人物的原话或有关诗句、谚语等来开头,以增强导语的生动性,同时借以概括地表达出新闻事实或揭示主题。例如《象山—退休教师自创音乐歌舞剧将献演"三月三"民俗文化节》导语:

> "三月三阳光灿,人来人往踏沙滩。男女老少笑开怀,请你年年来象山。"昨日,象山石浦退休教师陈建设自己创作编写的"三月三"音乐歌舞剧,由石浦民乐队几十名演员开始排练,准备献演浙江省"非遗"目录的重大节庆———象山石浦"三月三踏沙滩"民俗文化节。(《宁波日报》2014年3月29日)

6. 对比式

对比式写法是开篇即对新闻事实作正反、今昔、优劣等方面的对比以突出新闻事实意义,加深受众印象。例如《艺术品金融显现"排异"》的导语:

> 内地拍卖市场今年有些沉闷,比拍卖市场更沉闷的是艺术金融产品。据好买基金网统计,目前尚处在运营中的艺术品信托有85只,与前几年最高峰时的200多只相比,数量大幅缩水,且今年以来仅新发行两只。(《经济日报》2014年8月15日)

(四)主体

主体是新闻的核心,属于新闻的主干部分。一条新闻,可以没有导语,也可以没有结尾,但绝对不可以没有主体。

主体是对导语内容的展开和补充,承接在导语之后,对新闻事实作具体的报道和进一步的说明,使新闻事实要素齐全,具体清楚。主体对导语的解释和深化,一是回答或者具体说明导语提出的问题、涉及的内容,二是补充交代导语中未提到的次要材料。

写作主体部分应注意内容充实、层次清楚、语言精练。篇幅较长的新闻,有的还加上小标题,使新闻层次清楚,内容突出。

主体部分的结构形式即材料安排顺序一般有四种。

一是倒金字塔顺序结构,按照事实材料本身的重要程度,由主到次安排材料顺序。倒金字塔式结构形式的好处有二:一是便于读者在最短的时间里获取最关心、最感兴趣的新闻信息。二是便于编辑删改,当版面紧张时,编辑可以根据需要从文章的后面依次删节。

二是时间顺序结构,按照时间先后或事件发生、发展的顺序安排材料。

三是空间顺序结构,按照一定的空间顺序表现不同场景的新闻事件。

四是逻辑顺序结构,按照事物的内在联系、问题的逻辑关系安排材料顺序,如因果关系、递进关系、并列关系等。

(五)结尾

结尾是独段新闻的最后一句话或多段新闻的最后一个自然段。

结尾的作用不仅在于使结构更趋完整,还能有助于明确主旨、加深印象、增强回味。

结尾在写法上,或补充必要的新闻事实使事件更加完整,或对报道内容做概括式小结,或指出事物的发展趋势,或提醒读者注意后续报道。有的新闻没有结尾,正文结束后自然收笔。

(六)背景

背景材料是与新闻事实相关的材料,是"新闻背后的新闻"。用澳大利亚一位学者的话来说,新闻背景就是用来解释新事实的旧事实。

新闻中的背景材料穿插于导语、主体、结尾之中,深化主题、补充事实、释疑解惑,增加新闻报道的深度和分量,帮助受众认识所报道事实的性质和意义。

背景材料的类型:按材料的内容分,背景材料有人物背景材料、地理背景材料、历史背景材料和事物背景材料;按材料的性质和作用分,背景材料有说明性材料、注释性材料和对比性材料等。

说明性材料是对与报道的事实有关的历史背景、地理环境、社会环境等作出的介绍与描述,帮助受众更加清楚地了解新闻事实产生的社会历史条件,从而加深对新闻主题的理解。

注释性材料是对新闻报道中涉及的概念、术语进行解释,以帮助受众理解新闻中的有关内容。

对比性材料是用来和新闻事实作比较的材料,作用是对人物或事物进行正反、今昔对比,以突出新闻事实的重要意义。

(七)署名

消息一般在消息头之后加圆括号标明作者姓名与身份,如(记者 ××,通讯员 ×××),也有的在消息结尾处标明作者或消息来源。

五、新闻消息写作的基本要求

(一)新闻要素基本完整

一般来说,写作新闻应遵循新闻六要素(5 个"W"1 个"H")的原则,即在新闻中要写明时间(When)、地点(Where)、人物(Who)、事件(What)、原因(Why)、结果(How),使读者或听众完整、准确地了解整个新闻事实。

(二)用事实说话

新闻是通过事实来说明问题、论述主张、影响读者的,即使是述评新闻,也要在客观地叙述新闻事实的基础上进行评述,或者是作者的观点隐藏在对事实的叙述之中,因此,新闻要用事实说话,不能让作者的观点、态度掩盖客观事实,更不能歪曲事实、虚构编造。

(三)语言通俗活泼

新闻是大众传播产品,应照顾到最广泛受众的理解力和接受能力。语言应通俗平易、生动活泼,具有较强的可读性。对于广播、电视等口播新闻而言,尤其要注意语言的通俗化、口语化。

(四)适应媒体风格

主动适应不同媒体的宣传风格和用稿要求。在写作新闻稿时,应注意结合组织的公关目标,针对特定的目标公众和不同新闻媒体的宣传风格、用稿要求,量身定做。

【例文评析】

拉萨至日喀则铁路即将开通运营

新华网北京 8 月 14 日电(记者樊曦)记者 14 日从中国铁路总公司获悉,西藏拉萨至日喀则铁路将于 8 月 15 日开通运营,首趟客车于 8 月 16 日 9 时从拉萨站发出。

拉日铁路(拉萨至日喀则西)全长 251 公里,地处青藏高原西南部西藏自治区境内,东起青藏铁路终点拉萨站,向南沿拉萨河而下,途经堆龙德庆县、曲水县,折向西溯雅鲁藏布江而上,穿越近 90 公里的雅鲁藏布江峡谷区,经尼木县、仁布县后抵达藏西南重镇日喀则。全线设拉萨南、曲水、日喀则等 14 个车站。最高运营时速 120 公里,年货运量 830 万吨以上。

拉日铁路东连既有青藏铁路和规划中的拉萨至林芝铁路,西接规划中的铁路聂拉木亚东口岸线,是西藏铁路网承东启西的一条重要干线。作为延伸的"天路",拉日铁路的开通运营,将改变西藏西南部地区单一依靠公路运输的局面。(来源:新华网 2014 年 8 月 14 日)

评析:这则短新闻全文 354 字,由标题、消息头、署名、导语、背景、主体、结尾构成。标题采用单标题形式,概括新闻主要事实。消息头"新华网北京 8 月 14 日电"点明消息稿件来源。第一段是导语部分,概述主要新闻事实。第二段是主体部分,具体介绍拉日铁路情况,第三段是结尾,强调拉日铁路的地位及开通意义。当然,也可以把第二第三段都当成主体,自然结尾形式。从材料性质上说,对拉日铁路的介绍也是背景材料。从正文的整体结构看,这则新闻采用的是典型的倒金字塔结构。

【技能训练】

一、请评析下面这则新闻的基本要素和结构特点。

七夕重庆发布爱情地图 内含爱情治愈路线等7种路线

央广网重庆7月31日消息（记者刘湛）七夕前夕，重庆市地理信息中心和重庆地理地图书店发布首张《重庆爱情地图》，结合重庆市广为流传的经典爱情故事，系统整理出最能代表重庆爱情形象的三大名片和七种路线。

三大名片包括巫山云雨、爱情天梯和男女石柱。巫山的云腾雨落本就是上好的自然景观，因战国时楚人宋玉的《高唐赋》，巫山云雨便有了象征男女缠绵情爱的美好含意。江津中山古镇的爱情天梯曾感动了无数向往忠贞不渝爱情的年轻人。石柱县城东部万寿山上的男女石柱，因外形酷似少男少女而得名，这对男女石柱象征了矢志不渝的爱情。七种路线包括月老庙路线、爱情治愈路线、山盟路线、海誓路线、文艺青年路线、大众爱情路线和浪漫星空路线，情侣们可以根据自己的喜好选择相应的路线游玩。（来源：央广网2014年7月31日）

二、请指出下面几则导语的类型。

1. 许多女孩子都有当明星的梦想，但她们从没有奢望过梦想成真，但是，正在火爆热播的"超级女声"给了她们成名的机会。只要符合大众口味，她们就有可能从丑小鸭变成白天鹅，从默默无闻的普通女孩变成星光四射的大众偶像。

2. "必须深度融入国家改革开放和地方经济社会发展大局，检验检疫工作才有分量、有作为；必须把一心一意促进发展作为出发点和落脚点，检验检疫工作才有支撑、有舞台；必须不断提升执法水平和服务水平，使检验检疫成为服务贸易最便利的一环，才能最大限度提高对外贸发展的贡献率。"一直以来，在服务地方经济社会发展，对接地方大思路、大项目、大举措上，深圳检验检疫局党组认识到位、思路明确、措施得力、效果显著。

3. 今天晚上20时52分，中国国家主席习近平在南京奥林匹克体育中心宣布：2014年第二届夏季青年奥林匹克运动会开幕。

4. 钟山脚下，青奥圣火熊熊燃烧；秦淮河畔，青春梦想振翅高飞。第二届夏季青年奥林匹克运动会16日晚在江苏省南京市隆重开幕。国家主席习近平出席开幕式并宣布运动会开幕。

5. 曾几何时，我国众多高校大兴土木，建成了许多设施先进、外观豪华的教学楼和实验楼，其硬件水平甚至超过了发达国家的许多知名学府。一位青年工作者从美国哈佛大学培训归来后向记者感叹："和国内高校相比，想不到哈佛如此'小气'！"

6. 如果你花20元买了一张动物园门票，进园后又要再掏腰包进"园中园"，你会有何感受？近日，重庆市动物园的这种做法，遭到许多游客的质疑。

三、在网上搜寻同一新闻事件各媒体的报道，从写作上分析比较各自的优缺点。例如：2014年6月13日，李嘉诚投资1.8亿港元的人造蛋黄酱6月13日在香港发售。

四、请结合生活、工作实际写一篇新闻消息，例如报道本校、本系新近开展的某项活动。

项目 21　简　　报

【走进课堂】

各级各类机关单位除了通过正式公文来传达政策、通报情况、汇报工作、反映问题外,还需要及时了解、掌握各方面的情况,获取多方面的信息,比如日常工作动态,出现的一些新情况、新问题,取得的一些新成效、新经验,一些最新的科技、经济、业务信息等。这些方面信息获取的一个重要渠道就是简报。机关单位通过编发简报达到上情下达、下情上报、交流经验、传递信息的目的。本单位定期或不定期地编发简报,撰写简报文稿上报上级单位是秘书以文辅政的一项重要工作任务。

思考:1.简报的基本格式是怎样的? 2.简报文稿具有哪些特点? 3.简报文稿撰写和编发有哪些基本要求?

【知识导航】

一、简报的含义和作用

（一）简报的含义

简报即情况、信息的简要报道,是机关单位内部用于反映情况、报道工作、交流经验、传递信息的一种简短的信息快报。

简报是简报类文书的统称。作为一种信息报道形式,简报的具体名称有多种,常见的有"简报"、"简讯"、"快讯"、"快报"、"动态"、"信息"、"要情"、"工作简报"、"工作通讯"、"情况通报"、"情况反映"、"内部参考"、"信息摘报"等。

（二）简报的作用

简报的内容非常广泛,可以传达上级指示,报道工作动态,交流工作经验,反映社情民意,摘编情报信息。各级各类机关单位通过简报这种快速简明的信息传播形式,达到下情上报、上情下达、学习交流、推动工作的目的。具体来说,简报文稿有以下四个方面的作用。

1.传播信息作用。简报作为一种内部信息快报,传播信息是简报的基本功能。通过简报,可以及时了解本单位、本部门、本系统日常工作动态、上级重要精神、先进工作经验、最新科技业务信息等多方面情况。

2.指导工作作用。简报通过摘编或转发党和国家的方针政策、领导指示和领导讲话,可以及时传达上级精神指导下级工作;简报还可以通过报道先进、树立典型的方式推动机关单位间学习交流,改进工作。

3.决策参考作用。各级机关单位特别是领导机关,可以通过简报了解本单位、本系统的工作、思想动态,了解政策施行情况和效果,了解最新科技业务情报信息,为科学决策作参考。

4.汇报交流作用。对下级单位来说,简报是向上级汇报工作、反映情况,争取上级指导帮助的一种重要渠道;对平级单位来说,简报是交流经验、沟通信息的一种重要方式。

二、简报的特点

简报作为传递信息、通报情况、交流工作的一种内部小报,既具有新闻报道的特点,也具有工作交流的性质,还具有信息情报的功能。在简报的编发、文稿的拟写方面,简报具有"真实、新鲜、快速、简短、灵活、机密"六大特点。

1. 真实。真实是简报的生命。简报不仅要求所反映的情况、涉及的事实、数据必须真实、准确、可靠,而且要能够反映事物的本质,表现客观事物的内在联系,不可虚构编造、移花接木、添枝加叶,否则,不但起不了指导工作的作用,而且会直接影响机关单位的形象和威信。

2. 新鲜。新鲜是简报的价值体现。简报要求内容新鲜、富有新意。简报要站在时代的高度,反映新精神、新情况、新动向、新问题、新经验、新成果、新信息,成为最为敏感的时代的晴雨表。简报如果内容陈旧、观点老套,那么就失去了其交流参考的价值和意义了。

3. 快速。快速是对简报的时间要求。简报具有强烈的时限性。简报的采写和编发应迅速及时,把情况迅速地、及时地反映给上级和有关的部门,或送到下级机关及有关的人员。否则,其价值就会大大缩水甚至完全失去。

4. 简短。简短是对简报的篇幅要求。简报不同于长篇的工作、调研报告,应做到内容集中,文字精练,篇幅短小。一篇简报文稿少则几十字,一般不超过一千字,不可面面俱到、长篇大论。简报如果写得冗长、繁琐,必然拖延时间,影响效率,也就不成其为简报了。

5. 灵活。灵活是简报的形式特点。简报的编发形式十分灵活:可以定期出,也可以不定期出;一期简报可以是单篇报道,也可以刊登多篇文稿;可以是专题工作简报,也可以是综合工作简报;一篇简报文稿,其篇幅可长可短;文稿的性质,可以是工作动态、调查报告、领导讲话、上级指示,也可以是经验材料、信息摘编、情况反映、会议动态。

6. 机密。机密是简报的保密要求。简报一般不对外公开,只在机关、单位内部传阅,具有不同程度的机密性。简报的机密程度通常用两种标志来表示:一种是首页标以密级;一种是末页注明发送范围。不同内容的简报,传阅的范围和机密程度也不相同。一般说来,发行范围越广,机密程度越低,发行范围越窄,机密程度越高。越是级别高的机关编写的简报,机密程度越高。机密程度高的简报,编写大多是由机要部门或带有机要性质的人员来完成。

三、简报的种类

简报的种类,可以从不同的角度来划分。按简报编发时间划分,有定期编发简报和不定期编发简报;按简报的发送阅读范围分,有只送上级领导机关和领导阅读的简报,有同时发送发送上下左右机关的普发性简报,有只在本单位发行传阅的内部简报;按简报文稿数量分,有单篇文稿简报,有多篇文稿简报;按简报的性质分,有综合简报和专题简报;按简报的内容分,有工作简报、动态简报、会议简报、信访简报、信息简报、教学简报等。

下面具体介绍几种常见的简报。

1. 综合工作简报

综合工作简报是一种为综合全面地反映本系统、本单位的工作情况而编发的简报。综合简报除了报道日常工作动态,介绍典型工作经验,反映工作问题外,有的还刊登工作研究、理论学习等文章。常见的"简报"、"工作简报"、"工作通讯"、"政务信息"等都属于综合简报。综合简报一般定期或不定期连续编发,供领导机关和有关部门全面准确地了解情况、掌握动态。

2. 专题工作简报

专项工作简报是针对某一重要的单项工作或某一中心工作编发的简报。如"精神文明建设简报"、"教学工作简报"、"作风建设年简报"、"群众路线教育实践活动简报"等。专题简报与综合简报比较起来,针对性强,可以集中反映某项专门工作的动态、进展、经验、问题等。长期性单项工作简报与综合简报一样定期或不定期连续编发。阶段性中心工作简报则伴随工作、任务、活动的开展而进行,工作、任务、活动宣告结束,简报的编写也就停止。

3. 思想动态简报

思想动态简报主要反映一定时期、一定情况下的社情民意和思想动态,如干部群众对国内外重大事件和党的重大方针政策的认识、某种社会思潮、某种思想倾向、各行各业各个阶层思想状况的综合分析等。思想动态简报供党、政领导同志和决策部门参阅,时效性和机密性较强。

4. 会议简报

会议简报是报道较大型和重要会议情况的简报。会议简报一般由会议秘书处或主持单位编写。会议简报主要反映会议的概况、议程议题,与会人员的发言摘要以及议决的事项等。

一些重要会议,如全国人民代表大会、全国政协会议、中央各种重要会议、地方上的"两代会"和各种重要的专门会议,这些会议规模大、会期长,参加人员多,会议代表并不能了解会议的整体情况,譬如分组讨论时的重要发言,有价值的提案等,需要依靠会议简报及时交流情况,推动会议进行。机关单位内部的一些重要会议,也往往以会议简报的形式来报道情况。

会议简报有综合会议简报和会议进程简报两种。规模较大、时间较长的会议一般连续编发多期简报反映会议进展情况。小型会议一般是一会一期简报,常常在会议结束后,写一期综合性的会议简报,报道会议主要情况和会议成果。

5. 信息简报

信息简报主要编发有关科技、经济、业务等方面的重要信息以供决策参考。这类简报专业性强,注重最新情报信息的收集和分析,有一定的机密性。

四、简报的格式和写法

简报有比较固定的格式,在结构上由报头、报文、报尾三部分组成。

(一)报头(如图3-1所示)

简报首页上端红色分隔线以上部分称为报头。报头由简报名称、期号、编发机关、编发日期、保密提示等项目组成。

1. 简报名称。简报名称用大号字体套红居中印刷于首页顶端;简报名称一般由单位、内容、名称构成,如"××市深入实践科学发展观活动简报"。也有的由内容和名称构成或仅由名称构成。如"财务整改工作简报"、"教学工作简报"、"工作通讯"等。

2. 期号。期号印于简报名称正下方。一般按年度依次排列期号,有的还标出累计的总期号。如"第 8 期"、"2013 年第 9 期(总第 82 期)"。

3.编发机关。编发机关印于期号下面、红色分隔线上方左侧。编发机关是简报的编印部门,一般为制发简报单位的办公部门或中心工作领导小组办公室或大会秘书处,要求用全称或规范化简称。

4.编发日期。印于红色分隔线上方右侧,与编发机关平行。编发日期一般是具体的编印日期。编发日期应标明具体的年、月、日。个别简报名的编发机关是单位名称,编发日期是领导签发日期,在报尾处标明编印部门和编印日期。如"赣鄱农产品质量安全行简报",其编发单位是"赣鄱农产品质量安全行组织委员会",编发日期是"2008 年 6 月 18 日",在报尾处像公文版记那样标明编印部门和编印日期"赣鄱农产品质量安全行组委会办公室 2008 年 6 月 24 日印发"。

5.保密提示。有的简报还在简报名称的左上方标明保密要求。如"内部参阅"、"内部资料"、"内部资料,注意保存"等。个别保密要求高的简报标明密级和编号。

中汽中心党的群众路线教育实践活动

简 报

第 22 期

中汽中心群众路线教育实践活动领导小组办公室　　　　　2013 年 8 月 15 日

图 3-1　报头

(二) 报文

报文是报头与报尾之间的部分,也叫报身、报核、主体,是简报的文稿部分。报文部分主要有目录、编者按、文稿等项目。

1.目录。单篇报道简报其报文就是具体的一篇文稿,无需目录。集束式简报即多篇报道简报在文稿前可编排目录,然后按目录顺序依次刊出每篇文稿。由于简报篇幅简短,容易查找,目录一般不需标序码和页码。

2.编者按。在重要的简报文稿前,有的简报还有编者按语,用以说明编发意图和要求。按语的写法有三种:一是说明性按语。介绍说明文稿产生的背景,文稿的主要内容,编发文稿的目的,以引起读者的关注和重视。二是评论性按语。针对文稿发表见解,揭示文稿的现实意义,帮助读者提高认识。三是指示性按语。传达上级机关和领导人的批示意见,提出学习要求。

编者按:近几个月来,胡锦涛、习近平等中央领导同志在有关重要讲话中,对如何搞好创先争优活动提出了一系列明确要求,为全面深入推进创先争优活动指明了方向。各地各部门要认真学习领会胡锦涛、习近平同志重要指示精神,切实按照中央要求,扎扎实实地把创新争优活动开展起来。(中共中央组织部"组工通讯(2010 年 92 期)"《中央领导同志关于

创先争优活动重要指示》编者按)

3.文稿。简报的种类多,内容广,文稿的类型多种多样:或是单篇文稿,或是一组文稿;或是综合报道,或是专项报道;或是报道工作,或是报道会议;或是动态报道,或是经验介绍;或是反映问题,或是汇报成绩;或是信息摘编,或是原文转发。简报的性质不同,内容不同,文稿的具体形式和写法也相应不同。

从体裁上来看,简报的文稿,除信息摘编和原文转发的文稿外,基本上应归于消息这一文种,具体体现为综合消息、动态消息、经验消息、述评消息四种基本的消息类型。不过,我们也应注意到简报稿在具体写作上,更注重内容实在、表述直接、语气庄重,不像新闻消息那样采用多种方法增强吸引力。

简报稿的标题跟新闻的标题有些类似,可分为单标题和双标题两种基本类型。单标题用一句话概括核心事实或揭示主题,如《廉江市人民医院开展收受医药回扣专项治理工作成效显著》、《万州区积极开展"倡廉月"活动探索作风建设长效机制》、《西安市全力推进公益广告宣传》、《我院召开党建暨大学生思想政治教育工作座谈会》。双标题一般由正题加副题构成,正题揭示意义,副题交代单位和事件。如《弘扬新时代雷锋精神　构建和谐文明新栖霞——栖霞区积极践行"学习雷锋好榜样"全民"五好"行动》、《千名干部下基层　作风建设见成效——我县召开干部蹲点调研活动总结汇报会》。少数双标题由引题加正题构成,引题揭示背景或意义,正题概括事实,如教育部一则简报题目《狠刹奢靡风 大兴节俭风(引题)高校厉行节约精打细算办教育(正题)》。

简报稿的正文一般由导语、主体、结尾构成。导语概述基本情况,主体部分具体说明事实、介绍经验、反映情况、阐述观点,结尾一般对全文作一概括小结或自然结尾。

简报稿在正文后一般用括号标示供稿单位或供稿部门名称以及供稿者的姓名。

由多篇文稿组成的简报,应注意围绕当期简报主题,从不同角度反映某一问题。重要的文稿排在前面,次要的文稿排在后面。

(三)报尾(如图3-2所示)

> 报:贺国强同志、何勇同志
> 中央纪委常委、监察部副部长,中央纪委副部长级室主任、副部级巡视专员、副部级干部,中央纪委副秘书长
> 送:委部主题实践活动工作指导办公室成员
> 发:各省(区、市)纪委、新疆生产建设兵团纪委主题实践活动工作指导办公室,驻教育部纪检组监察局、教育部直属高校纪检监察机构,各中央金融机构及其监管机构和国有重要骨干企业内设纪检监察机构,委部主题实践活动联系点
> (共印180份)

图3-2　报尾

简报的报尾类似于公文的版记,主要包括发送范围和印发份数两个项目。

1.发送范围。在简报末页下端两条黑色分隔线内标注简报的发送范围。简报的发送范围一般用"报"、"送"、"发"来表示:"报",指简报呈报的上级单位;"送",指简报送往的同级单位或不相隶属的单位;"发",指简报发放的下级单位。如果简报的报、送、发单位是固定

的,而又要临时增加发送单位,一般还应注明"本期增发×××(单位)"。

2.印发份数。报尾还应包括本期简报的印发份数,以便于管理、查对。印发份数用圆括号标注"共印××份"。印发份数在最后一条黑色分隔线的右下方,处于简报末页的最后一行。也有的将印发份数标注于最后一条黑色分隔线内右侧位置,最后一条黑色分隔线在末页最后一行。

五、简报稿写作的基本要求

报告情况,指导工作是简报的主要功能,材料真实、内容新鲜、篇幅简短、报道迅速是简报的基本特点。我们在写作简报稿时,要做到以下四点。

（一）选题要准

指导工作是简报的根本目的。写作简报不能有事就报,必须注意从党的中心工作和单位阶段工作的需要出发,在众多的事件中选取那些最有普遍指导意义的经验、情况和问题予以及时地报道。

首先我们要注意提高自身的理论修养和政策水平,熟悉中央的方针政策、上级机关的工作部署和本单位的工作安排,把握好政策方向和当期工作要点,这样才能紧跟形势,敏锐地发现问题,准确地抓住要害。

其次,要从全局着眼,跳出自己工作岗位的"小天地",站在领导的高度、全局的高度去观察事情,分析问题。

第三,要具备工作敏感,具有敏锐的观察能力、判断能力和预见事物发展进程的能力,对周围的事物,对各方面工作的变化和发展,对各式各样的信息,反应敏感,善于抓趋势性问题,善于抓苗头性问题。

（二）内容要实

内容要实,有两个含义,一是充实,二是真实。简报要用事实说话,有本地区、本部门、本单位的特点,不能空话、套话连篇,没有具体的事例和数据。

首先,必须深入基层,深入实际,掌握大量鲜活的、具体的、生动的第一手资料。这样,写出来的稿子才能贴近实际,才具有指导性、针对性和可操作性。

其次,坚持实事求是的原则。忠实于事实,符合事物本来面貌,不弄虚作假,不随意拔高夸大;对未经审核的材料,一定不要写入简报。

（三）文字要简

简报贵在"简",做到内容简明,语言简洁,篇幅简短。

一是要主题集中,一稿一事,不贪大求全,面面俱到。一般地说,每份简报稿只反映一个侧面的情况,即使反映全面情况,也要高度概括。如果需要反映的事情较多,宁可把内容分登在几期简报上,也不要堆砌在同一期上。

二是要精选材料,围绕主题精心挑选典型事例,做到不堆砌、不罗列、不雷同、少而精。凡是与主题无关的材料,即使十分生动,也必须忍痛割爱、坚决舍弃。

三是要结构简明,直陈其事。

四是要文字精练,去除废话、套话、空话,善于概括、提炼,保留精华。

（四）速度要快

简报具有新闻性，必须讲求时效。要求简报的作者思维敏锐、行动敏捷，对问题反应得快，对材料分析得快，写作构思快，动笔成稿快。否则，失去了新闻性、时效性，简报就会降低指导意义，甚至完全失去应有的作用。

【例文评析】

精神文明建设简报

第 3 期

××市××区精神文明建设委员会办公室　　　　　　　　　　2012 年 3 月 6 日

按：《关于广泛深入开展学雷锋活动的通知》（永委办〔2012〕13 号）下发后，各级各部门认真贯彻通知精神，竞相开展形式多样的学雷锋活动。现将相关镇街、部门活动开展情况编发简报，以展现亮点、交流经验。

●区国资局开展"学习雷锋、奉献爱心"活动　近日，区国资局结合社区日活动，组织党员志愿服务队来到中河坝社区困难户家中开展"学习雷锋、奉献爱心"活动。在中河坝社区困难户梁某和丁某家中，服务队给他们带来慰问物品，帮助他们打扫卫生。在随后召开的座谈会上，区国资局领导干部与中河坝社区干部就社区网格化管理及存在的问题深入探讨，广泛听取群众的意见建议。（区国资局）

● 区公安局"五个一"掀起"学雷锋"活动热潮　区公安局开展"五个一"活动，迅速掀起"学雷锋"活动热潮。一是开展一次走访穷亲活动。组织民警深入帮扶对象家中走访慰问，送去急需农用物资。二是开展一次警民恳谈活动。区公安局党委班子成员带领机关单位、派出所民警深入社区、村社召开院坝会，发放调查问卷，征求意见建议，开展法制宣传，传授防盗防骗等知识。三是开展一次校园宣传活动。组织校保、刑警、禁毒、经侦、交巡警、法制支队和派出所民警深入辖区各大中小学举办法制讲座，开展远离毒品、防骗防爆、交通安全等宣传。四是开展一次便民服务活动。以交巡警平台、派出所户籍窗口为依托，设立"雷锋式"服务平台，提供便民服务。五是开展一次岗位学雷锋活动。组织民警开展"岗位学雷锋、争做好警察"活动，培育民警干一行爱一行，专一行精一行的敬业精神。（区公安局）

…………

● ××小学举行讲雷锋故事比赛　3 月 2 日下午，××小学举行了讲雷锋故事比赛。各班选拔出的十位选手用稚嫩的声音、丰富的肢体语言给大家讲述了《人民的勤务员》、《雷锋出差一千里，好事做了一火车》、《可敬的傻子》等一个个感人至深的雷锋故事，最后评出一等奖 2 名，二等奖 3 名，三等奖 5 名。通过雷锋故事比赛，学生们进一步了解了雷锋精神、领悟了雷锋精神，为深入践行雷锋精神打下良好基础。（高滩小学）

报：××市文明办，区文明委主任、副主任。

发：各镇党委、街道党工委，区委各部委，区级各部门党组（党委、党工委），区文明委成员单位。

（共印 150 份）

（来源：永川网）

评析：这是精神文明建设工作的专项工作简报。本期简报又是一个专题简报，围绕学雷锋活动主题报道××区学雷锋活动开展情况。简报格式规范，要素齐全。"编者按"介绍了学雷锋活动的背景，说明编发目的。简报的正文部分报道镇街、部门学雷锋的具体情况。三则文稿按照新闻消息的写法，标题揭示核心事实，开头导语部分用一句话概述主要事实，接着在主体部分具体陈述交代活动过程或活动内容，内容具体，文字精练，符合简报稿的写作要求。

【技能训练】

一、评析下面这篇简报稿的写作特色。

固安县"五个一"工作模式培育和践行社会主义核心价值观

近年来，固安县以"建设一个阵地、创编一台节目、健全一支队伍、用好一个讲堂、打造一个群体"的工作模式，培育和践行社会主义核心价值观，推进精神文明创建工作深入开展。

建设一个阵地。充分发挥固安大剧院、刘凌沧郭慕熙艺术馆"龙头"阵地带动作用，围绕重大节日，组织大型文化活动；利用市民活动中心、自行车广场、孔雀湖、3 个城区公园、3 个城区广场、419 个农家书屋、419 个村民活动中心、40 个村街文化大院，开展丰富多彩的群众文化活动。2013 年成功组织了"新梦想 新跨越 新固安"为主题的首届全民健身运动会，并对拥有秧歌队、高跷队等文艺团体的村街每村奖补 5000 元。

创编一台节目。精心包装音舞诗画"风调雨顺"，通过音乐、诗歌、视频相结合的形式，将弟子规、新 24 孝等元素融入其中，特邀中央电视台著名主持人任鲁豫主持，通过朗诵、主持、客串表演等，为观众呈现出一台耳目一新的传统与时尚相结合的音乐文化"圣"宴；邀请著名编剧赵德平创作的《固安映像》近期将与观众见面。

健全一支队伍。全县共建立了 252 支非专业农村文艺团体，编排了山东柳琴《群众路线得民心》、群众路线主题教育宣传三句半、快板书《歌唱社会主义新农村》、歌曲《固安美》、民乐合奏《庆丰收》等多个接地气、群众喜闻乐见、教育干部群众的优秀文艺节目。建立"幸福固安"文化短信平台，定期向全县党政领导干部、人大代表、政协委员等"九大群体"发送短信 2.4 万余条，受众群体达 16 万余人次。

用好一个讲堂。组织开展道德讲堂活动，在全县建立了 60 多个不同类型的道德讲堂，邀请各类道德模范走进单位、社区、村街、学校、企业，讲述他们自己的真实感人故事，起到很好的示范引领作用。目前，全县共组织开展道德讲堂 70 多场，受众人群达 30000 多人。

打造一个群体。通过开展"我推荐我评议身边好人"、"固安杰出人物"、"感动固安"道德模范等一系列评选活动，挖掘塑造了一大批先进典型，弘扬正气、促进和谐、凝聚正能量、唱响主旋律，使全县人民学有榜样、赶有标兵，好人好事层出不穷。目前，该县已建立 60 多支志愿服务队、10000 多名志愿者。（来源：《廊坊市精神文明建设简报》2014 年第 4 期）

二、结合工作、生活实际写作一篇简报稿。

三、实地考察或在网上收集各类简报例文,体会各类简报的基本写法。

项目22 调查报告

【走进课堂】

"2008年,当时我负责街道社区领域的党建工作,我深入到全市14个社区进行调研,了解到社区书记、主任待遇过低,只有450元,副主任只有400元。回来之后,我把调研情况形成了一个调研报告,其中一项建议就是提高社区干部待遇。部领导看了调研报告之后,说我们龙井市的最低工资标准是600元,我们的社区干部工作在最基层,可谓是上面千条线,下面一根针,工作辛苦而待遇低薄,当即决定给社区干部涨待遇,就开始协调财政等相关部门,做预算做统计。现在社区干部的工资都涨了48%。"

调查研究是人们了解情况、认识事物的基本方法。调查研究是秘书获取信息的重要途径。调查研究贯穿于秘书工作全过程和各个环节,是秘书做好各项工作的基础。深入基层调查研究还有助于秘书向群众学习,向社会学习,提高思想政策水平,改进工作作风,提高工作能力。根据领导安排和实际工作需要开展调查研究,撰写调查报告是秘书和秘书部门的重要职责,它为领导决策和指导工作提供真实信息和准确依据,是秘书人员参谋辅助领导决策的重要工具。

思考:1.秘书调研工作有什么特点? 2.撰写调查报告要做好哪些准备工作? 3.调查报告一般应包含哪些基本内容?

【知识导航】

一、调查报告的含义和作用

(一)调查报告的含义

调查报告是对某一工作、某一事件、某一问题、某一情况进行深入细致的调查,对调查材料加以系统整理、分析研究后写成的书面报告。

调查是获取客观情况的手段,研究是对调查材料的分析加工,调查报告是调研工作的成果体现。

调查报告有时也叫调研报告、考察报告。在大众传媒上发表的调查报告,具有新闻性,也可以叫做"新闻调查"。

(二)调查报告的作用

调查报告主要有四个方面的作用。

1.提高认识作用。通过调查分析,客观真实地反映情况,把握事物的本质和规律;澄清事实真相,帮助群众分清是非和真伪。

2.总结经验作用。总结推广先进经验,树立榜样,指导工作。

3.揭露问题作用。通过反映现实生活中某种带倾向性、普遍性的问题或某个突出问题,暴露其真相,找准其根源,分析其危害,以期引起有关部门的注意和重视,起到解决问题、教育广大干部群众的作用。

4.决策参考作用。提供准确、全面的情况和建设性的意见,为领导机关制定政策、进行决策和处理问题提供参考和依据。

二、调查报告的特点

1.客观真实:调查的情况真实全面、能够反映事物本来面目。

2.叙议结合:有情况有分析有结论。叙议结合、夹叙夹议。

3.注重时效:及时回答并解决现实问题。调查迅速,写作及时。

三、调查报告的种类

(一)根据调查内容的范围分,可以分为综合调查报告、专题调查报告两类

1.综合调查报告是就某一行业、某一地区、某一单位或某一问题的诸多方面情况作全面系统深入的调查研究后形成的报告。综合调查报告反映事物的整体情况,在获得大量材料的基础上进行全方位的分析、归纳、综合,从中引出规律性的东西而写成,往往是决策机关制定或修改方针、政策的重要依据。

2.专题调查报告是就某一专项内容进行调查分析后形成的报告。专题性调查报告对一题一事进行调查分析,及时提供情报信息,是我们在日常工作中最常用的一种调查报告类型。

(二)根据调查内容的性质分,可以分为情况调查报告、经验调查报告、问题调查报告三类

1.情况调查报告。着重反映事物基本情况,以提高认识,把握规律或作为决策依据。情况调查报告有社会基本情况调查报告、新生事物调查报告、历史情况调查报告、行业发展调查报告、市场情况调查报告等。

2.经验调查报告。对工作典型进行解剖分析,从中总结出成功的经验和好的做法,以找出规律,树立榜样,推广借鉴。

3.问题调查报告。针对某一方面的突出问题展开调查,揭示现象,探究原因,总结教训,提出解决问题的途径和建议,为问题的最后处理提供依据,或为有关方面制定政策提供参考。问题调查报告有重大事故调查报告、重大事件调查报告、突出问题调查报告等。

【知识卡片】

秘书调查研究的内容

秘书调查研究的内容包罗万象,不同行业岗位的秘书,调查研究的内容有所不同。一般来说,秘书调查研究的内容有:①政策性调研,如了解调查对象对有关法律、法规的制定贯彻情况,了解法律、法规贯彻落实情况等,为领导和有关部门政策的贯彻、实施和落实提供重要依据和反馈信息。②基本情况调研:通过对相关单位基本情况的调查,了解情况,减少工作的被动性,增强工作的主动性。③市场调研:如了解重大的经济活动状况、经济发展趋势,企业发展状况和趋势,组织投资前景、市场地位等调研,主要为有关部门分析经济状况提供信息参考。④专业性调研:如对自然资源、社会生活及人文状况,有关事故、事件的调查,先进

人物、先进集体事迹等进行的调研。⑤舆论热点调研:针对基层所关心的舆论热点及带有倾向性、显露"苗头"问题的调研,主要为领导提供启示性信息。

四、调查报告的结构和写法

调查报告一般由标题、正文、署名与日期三个部分组成。有的调查报告还有附件。

（一）标题

调查报告的标题有单标题和正副标题两类。

1. 单标题

单标题有公文式标题和文章式标题两种。公文式标题一般由事由和文种构成,事由标明调查课题,由"关于"引出的介词短语构成或由一个短语构成,文种标明调查报告、调研报告、考察报告、调查、调查分析、调查与思考等。如:《关于我县非公经济发展情况的调查报告》《关于宁波市中小学教师有偿家教问题的调研报告》《仙桃沔街美食一条街参观考察报告》《餐饮老字号发展现状调查分析》《西充餐饮小吃行业发展情况的调查与思考》等。有的调查报告标题由调查机关、事由和文种构成,如:《武定县商务局关于促进餐饮业发展的调查报告》。

文章式标题不标明文种,仅揭示调查报告主旨或调查课题。调查报告主旨即调查报告的结论或中心观点。以主旨为标题,如《切实解决农村党支部书记选用难的问题》《莘莘打工者,维权何其难》。以调查课题为标题,有的采取陈述式,如《中国渔业发展现状、问题和对策》;有的采取提问式,暗示调查课题,如《为什么大学毕业生择业倾向沿海和京津地区》。

2. 正副标题

正题揭示调查报告的主题,副题标明调查机关、课题、文种等。如:《在中国特色社会主义旗帜指引下开拓成功发展之路——对全国18个典型地区的调研综合报告》《五问县级公立医院改革——睢宁县改革试点的考察报告》《推进医药产业发展、打造全省医药强县——××县医药产业发展情况调研报告》。

（二）正文

调查报告的正文由前言、主体、结尾构成。

1. 前言

前言是调查报告的开头,主要概述调查的基本情况和结论,给读者一个总体印象。在具体写法上,有的简要交代调查情况,包括调查的背景、起因、目的、对象、范围、时间、地点、调查者、调查采取的方法等;有的概述调查对象的主要情况和调查结论;有的围绕调查课题的核心内容提出问题,引发读者关注和思考;有的既交代调查情况,又点出结论;有的无前言,开门见山直接进入主体进行论述。例如:

（1）山东省商会于近期对济南、青岛、烟台、潍坊、威海、淄博、临沂等市地餐饮业的情况进行了调查。从调查来看,改革开放以来,山东省餐饮业发展迅速,已经成为第三产业的一个亮点;餐饮企业的经济成分发生了深刻变化,由以国有经济为主体发展为多种经济成分并存,民营企业居多;市场繁荣活跃,竞争激烈,餐饮业有喜有忧。（《山东餐饮业市场行情报告分析》）

（2）根据市政协2011年工作安排,4至5月,市政协民族宗教祖国统一委员会组织委员,会同市民族宗教事务局,就我市少数民族企业发展情况开展了调研。调研组在市政协副主席尤成平带领下,对城区部分少数民族企业进行了视察,并与汉滨区政府进行了座谈交流。调研组还采取了印发表格对少数民族企业进行调查摸底,到少数民族企业进行走访座谈、发放调查问卷等形式开展调研,初步掌握了我市少数民族企业的发展现状和存在的主要问题。(《全市少数民族企业发展情况的调查报告》)

(3)近年来,中小学在职教师对学生从事有偿补课是当前教育领域的一个热点和社会各界极为关注的焦点,鸡西市教育局对此项工作非常重视,一直把此项工作作为纠正行业不正之风的一项重要内容。如何才能从根本上治理中小学教师违规补课办班问题?我们通过深入学校座谈了解、群众满意学校创建网络问卷调查、师德师风专项网络测评、聘请行风监督员评议师德师风、向全市中小学生家长和社会下发"转变作风、提高质量"征求意见函、机关干部督查学校、教学开放日、与行风监督员座谈等几个层面的调查,分析了中小学在职教师有偿补课的原因及解决办法,从根本上遏制中小学教师违规补课办班问题。(《治理中小学教师违规补课办班问题的调研报告》)

(4)党的十七大明确提出要发展现代农业,走中国特色农业现代化道路。而发展食品工业,是实现农业产业化,走新型工业化道路,进而解决"三农"问题的有效结合点。经过多年发展,目前武汉市食品工业已具备一定的规模,基本形成了市场开放、门类齐全、结构合理的格局,其产值已占到全市工业总产值的一成左右,成为武汉市的支柱产业之一。(《武汉市食品工业发展情况调查报告》)

(5)企业如何科学地引进、吸收、消化外国的先进技术?山东青岛电冰箱总厂与德国利勃海尔公司成功的合作,将会给我们有益的启示。(《立足于高起点——青岛电冰箱总厂技术引进的调查》)

2. 主体

主体是调查报告的核心,具体介绍调查情况,对调查的材料展开分析,得出结论,提出对策或建议。主体部分材料丰富、内容复杂,一般分条列项或以小标题形式进行阐述。在结构层次安排上,主要有并列式结构和递进式结构两种。

并列式结构也叫横式结构,是按照内容的不同,把材料分成几个部分来写,每一个部分揭示一个方面内容或表达一个观点。如《2014年全国研究生招生数据调查报告》,开门见山分三个部分进行论述,一是"研究生报名人数下降,招生计划增长趋缓",二是"经管类专业热度不减,文史类专业遇冷",三是"研究生考试人群分析",三个部分分别从三个不同的方面进行分析,呈并列结构。并列式结构在经验调查报告和综合调查报告中使用较多。

递进式结构也叫纵式结构,一般按照情况—分析—建议的模式层层深入地展开。这种结构方式一般在情况调查报告、问题调查报告等专项调查报告中使用较多。

3. 结尾

调查报告的结尾一般在写完对策或建议部分后自然收束。有的概括全文,加深印象;有的提出问题,启发思考;有的展望前景,发出号召;有的补充说明有关情况;有的提出希望或建议。总之,结尾是调查报告的有机组成部分,既不能草率从事,也不能画蛇添足,要简短有力,自然合理。

4. 署名与日期

在调查报告正文右下方写明调查者——单位名称和个人姓名,以及完稿时间。如果标题下面已注明调查者或日期,则可省略。

5. 附录

在调查报告中只有局部使用或完全没有使用,但又与报告有关的具有科学价值的重要原始资料、数据,如调查问卷、访谈提纲、复杂的公式推导、计算程序、各类统计表、统计图等都可以放在附录中,有利于说明和理解调查报告,又可提供有用的科学信息。

六、调查报告的写作要求

1. 精心选题,做好调查前的准备工作

调查报告具有很强的目的性和针对性,要根据领导安排和现实工作需要选准调研题目,为领导决策和解决实际问题服务;明确调研的目的、意义、内容,精心选取调查对象和调查方式,科学制订调查方案;围绕调研课题做好知识和材料的准备。

2. 深入调查,充分占有材料

没有调查就没有发言权。深入实际,运用各种调查方法获取大量第一手材料是写作调查报告的前提和基础。多层次、多方位、多渠道进行调查,既通过汇报了解情况,又深入到一线获得感性认识;运用文献调查法、实地观察法、访谈调查法、问卷调查法等多种调查方法获取情况;注意材料的广度和深度,多方面收集材料,包括历史材料和现实材料、点上材料和面上材料、正面材料和反面材料、概括材料和具体材料等。

3. 科学分析,揭示客观规律

调查报告的价值不仅在于反映事实真相,更在于得出规律性的认识以指导实践。只列举种种现象,而缺少理论归纳的调查报告是肤浅的。撰写调查报告必须具备较高的思想水平和政策水平,运用科学方法对材料进行深入研究,透过现象把握本质,揭示事物的内在规律并概括提炼成观点。研究的方法有度量研究、分类比较、综合分析、系统研究等,秘书须全面掌握,灵活运用,才能获得高质量的调查研究结果。

4. 用事实说话,观点与材料统一

运用确凿典型的事例、数据论证观点,观点与材料有机结合,高度统一。在写法上,叙议结合,可以先叙后议,也可先"论"后"叙",还可夹叙夹议。

5. 对策建议具有可操作性

调查报告提出的对策和建议必须针对实际有直接的指导价值,从解决实际问题出发,为领导决策和管理工作提出有价值的建议;对策和建议一要具体,二要有可操作性。

【例文评析】

关于加快推进旅游业发展情况的调查报告

县人大常委会办公室主任　×××

(2009 年 8 月 25 日)

为加快推进旅游业发展,根据县人大常委会 2009 年工作安排,县人大常委会办公室组织调查组,于 7 月上旬至 8 月初,对我县旅游业发展情况进行了调查。调查组专题听取了县旅游局的工作汇报,走访了县农业局等相关部门和白塔等旅游重点乡镇,并召开了相关部门负责人座谈会,了解情况,听取意见。现将调查情况报告如下:

一、基本情况

近年来,县政府及相关部门紧紧围绕"建设长三角地区重要旅游休闲胜地"这一目标,在加强旅游规划编制、重视旅游资源管理、完善旅游基础设施、强化旅游宣传促销、促进产业互动发展等方面做了大量富有成效的工作,旅游业呈现出良好的发展态势。

(一)政府主导,旅游发展格局初步形成。县政府高度重视旅游业发展,把旅游业作为县域经济的主导产业来培育,大力实施旅游富民战略,确立了建设长三角地区重要旅游休闲胜地的战略目标,开展了省级旅游经济强县创建工作。先后制定了《关于进一步加快旅游业发展的若干意见》、《仙居县风景名胜资源开发利用管理暂行办法》等政策,编制了旅游业发展的总体规划、风景名胜区的总体规划和各分区规划、修建性详规、专项规划等35个规划。景区开发稳步推进,全县已开发景区(点)7处,"山水林古月"五大特色初步显现,神仙居景区深度开发的前期工作有序开展。重视旅游品牌建设,启动了神仙居景区5A级旅游区创建工作,神仙居景区获得了浙江省五十大精品景区等称号,皤滩古镇被列入第四批中国历史文化名镇,我县获得了浙江旅游城市金名片奖。

(二)产业互动,旅游带动作用初显成效。(略)

(三)完善配套,旅游服务体系逐步健全。(略)

(四)宣传促销,旅游市场不断拓展。(略)

二、存在问题

近年来,我县旅游业发展虽然取得了一定的成绩,但仍存在不少困难和问题,主要表现在:

(一)旅游发展氛围不够浓厚。一是合力兴旅有待加强。有的部门(乡镇)对自身职能与旅游业发展结合不够,大产业理念不强,主动配合不够,没有积极主动地为旅游业发展创造条件。二是不诚信经营现象仍然存在。有些旅游企业只顾及眼前利益,存在宰客现象;在节假日期间,宾馆酒店房价普遍存在擅自大幅度涨价现象;部分宾馆饭店设施、卫生状况不尽如人意。三是旅游整体氛围有待营造。少数干部群众对发展大旅游的认识不够到位,"人人都是旅游环境、个个关乎旅游形象"的良好社会氛围尚未真正形成。在县域范围内,对仙居旅游形象的宣传还不够到位,大型旅游广告牌还不够多,旅游氛围不够浓。

(二)旅游资源整合提升滞后。(略)

(三)旅游产业水平有待提升。(略)

(四)体制机制有待理顺。(略)

三、几点建议

(一)统一思想认识,营造全力兴旅氛围。县政府及有关部门要牢固树立"大景区、大平台、大景观"的发展理念,认真实施旅游富民战略,真正把旅游业作为一大重要支柱产业来培育,统筹推进旅游业发展。一要加强组织领导。强化协调管理,总揽发展全局,认真研究做大旅游业的措施和办法,研究旅游发展工作方案,及时解决旅游发展中的问题。二要形成工作合力。各部门(乡镇)要将自身职能工作与旅游业发展有机结合起来,各司其职,密切配合,齐抓共管,努力营造部门联动、社会参与、合力兴旅的良好氛围。三要优化发展环境。以创建省旅游经济强县为载体,采取多种措施,进一步优化城区环境、生态环境和法治环境,营造旅游发展的良好氛围。

(二)强化品牌建设,构筑大旅游格局。(略)

(三)完善配套功能,健全旅游服务体系。(略)

(四)坚持产业互动,提升旅游经济效益。(略)

(五)深化体制改革,激发旅游发展活力。(略)

(来源:仙居人大网)

评析: 这是一篇行业发展情况调查报告。标题采用公文式标题,事由标明调查内容。前言交代调查的目的、调查者、调查时间、调查对象和调查方法;主体分三大部分按照情况—问题—建议的模式进行具体阐述。全文观点明确、眉目清楚,体现了调查报告的写作特点。

 例文二

晋济高速特大燃爆事故调查报告

2014年3月1日14时45分许,位于山西省晋城市泽州县的晋济高速公路山西晋城段岩后隧道内,两辆运输甲醇的铰接列车追尾相撞,前车甲醇泄漏起火燃烧,隧道内滞留的另外两辆危险化学品运输车和31辆煤炭运输车等车辆被引燃引爆,造成40人死亡、12人受伤和42辆车烧毁,直接经济损失8197万元。

事故发生后,党中央、国务院高度重视,习近平总书记、李克强总理和马凯副总理、郭声琨国务委员、王勇国务委员等党中央、国务院领导同志作出重要批示,要求尽快核清伤亡人数,查明事故原因,认定事故责任,依法依规严肃处理,并要深刻吸取事故教训,抓紧部署开展各类易燃易爆品运输安全专项整治,查找安全隐患和管理漏洞,坚决杜绝重特大事故发生。同时,派出了国务院安委会工作组赴现场进行督促指导。

遵照党中央、国务院领导同志的重要批示指示要求,依据《安全生产法》和《生产安全事故报告和调查处理条例》(国务院令第493号)等有关法律法规规定,2014年3月13日,国务院批准成立了由国家安全监管总局、监察部、公安部、交通运输部、全国总工会、山西省人民政府有关负责同志等参加的国务院晋济高速公路山西晋城段岩后隧道"3·1"特别重大道路交通危化品燃爆事故调查组(以下简称事故调查组),开展事故调查工作。事故调查组邀请最高人民检察院派员参加,并聘请了国内交通、公安、隧道、车辆、消防、爆炸、化工、特种设备等方面的专家参加事故调查工作。

事故调查组按照"四不放过"和"科学严谨、依法依规、实事求是、注重实效"的原则,通过现场勘验、调查取证、检测鉴定和专家论证,查明了事故发生的经过、原因、人员伤亡和直接经济损失情况,认定了事故性质和责任,提出了对有关责任人和责任单位的处理建议,并针对事故原因及暴露出的突出问题,提出了事故防范措施建议。现将有关情况报告如下:

一、基本情况

(一)事故车辆驾驶人情况。(略)

(二)事故车辆情况。(略)

(三)事故单位情况。(略)

（四）事故道路情况。（略）

（五）相关涉事单位情况。（略）

1.罐式半挂车生产企业。（略）

2.罐式半挂车罐体检验检测机构。（略）

3.晋城高速公路有限责任公司。（略）

4.山西煤炭运销集团晋城有限公司。（略）

5.涉事路段交管部门基本情况。（略）

二、事故发生经过

（一）发生事故前路段交通情况。

2月28日17时50分，晋济高速公路全线因降雪相继封闭；3月1日7时10分，解除交通管制措施。

3月1日11时起，事故路段车流量逐渐增加；12时45分，泽州收费站出省方向车辆增多，开始出现通行缓慢的情况；13时，持续出现运煤车辆在右侧车道和应急车道排队等候通行的情况；事发时岩后隧道右侧车道排队等候，左侧车道行驶缓慢。

（二）肇事车辆追尾情况。（略）

（三）岩后隧道内车辆燃烧爆炸情况。（略）

三、事故应急处置情况

（一）消防部门应急处置情况。（略）

（二）高速公路交管部门处置情况。（略）

（三）晋城高速公路有限责任公司处置情况。（略）

（四）晋城市政府及其有关部门的处置情况。（略）

（五）伤亡人员核查情况。（略）

四、事故原因和性质

（一）直接原因。

晋E23504/晋E2932挂铰接列车在隧道内追尾豫HC2923/豫H085J挂铰接列车，造成前车甲醇泄漏，后车发生电气短路，引燃周围可燃物，进而引燃泄漏的甲醇。

1.两车追尾的原因：（略）

2.车辆起火燃烧的原因：（略）

（二）间接原因。

1.山西省晋城市福安达物流有限公司安全生产主体责任不落实。（略）

2.河南省焦作市孟州市汽车运输有限责任公司危险货物运输安全生产的主体责任落实不到位。（略）

……

（三）事故性质。

经调查认定，晋济高速公路山西晋城段岩后隧道"3·1"特别重大道路交通危化品燃爆事故是一起生产安全责任事故。

五、对事故有关责任人员及责任单位的处理建议

(一)司法机关已采取措施人员。

1.杜涛一,山西省晋城市道路运输管理局副局长。因涉嫌玩忽职守罪,被山西省晋城市人民检察院于2014年3月29日立案侦查并采取刑事拘留强制措施,4月11日批准逮捕。

……

(二)建议给予党纪、政纪处分人员。

1.刘润民,山西省晋城市市委副书记、市长。贯彻落实国家道路运输安全法律法规不到位,对分管领导及相关职能部门未认真履行职责的问题失察。对事故发生负有重要领导责任,建议给予记过处分。

……

(三)相关行政处罚及问责建议。

1.依据《安全生产法》、《生产安全事故报告和调查处理条例》等有关法律法规的规定,建议责成山西省安全监管局、河南省安全监管局对相关责任企业及其主要负责人处以法定上限的罚款。

2.依据《道路交通安全法》、《产品质量法》等有关法律法规的规定,由当地质量技术监督部门对公安司法机关立案查处并采取措施的相关车辆生产企业进行处罚。

3.建议责成山西省人民政府向国务院作出深刻检查,认真总结和吸取经验教训,进一步加强和改进安全生产工作。

六、事故防范和整改措施建议

针对事故暴露出来的问题,为了深刻吸取事故教训,举一反三,有效防范和减少危险化学品道路运输事故的发生,提出以下建议:

(一)要始终坚守保护人民群众生命安全的"红线"。(略)

(二)要大力推动危险货物道路运输企业落实安全生产主体责任。(略)

(三)要切实加大危险货物道路运输安全监管力度。(略)

(四)要全面排查整治在用危险货物运输车辆加装紧急切断装置。(略)

(五)要进一步加强公路隧道安全管理。(略)

(六)要进一步加强公路隧道和危险货物运输应急管理。(略)

(七)要加强安全保障技术研究和健全完善安全标准规范工作。(略)

国务院晋济高速公路山西晋城段岩后隧道

"3·1"特别重大道路交通危化品燃爆事故调查组

(来源:国家安全生产监督管理总局网站)

评析:这是一篇特大事故调查报告。标题标明调查内容。开头概述事故基本情况,交代调查基本情况。主体就基本情况、事故发生经过、事故应急处置情况、事故原因和性质、对事故有关责任人员及责任单位的处理建议、事故防范和整改措施建议分六个部分具体介绍情况、展开分析、提出建议。调查报告为事故的定性和处理提供了依据。这篇调查报告可以看成是事故类调查报告的典型范文。唯一不足的地方是主体第一部分的标题"基本情况"不够准确。

【技能训练】

一、评析下面这篇调查报告,指出其优点与不足。

大学生网络素质现状调查报告

近年来,网络剧烈地影响并改变着我们的生活。"水能载舟,亦能覆舟",利用好网络,我们的生活将受益无穷,错用了它,就会让我们掉入无底的深渊。在众多网民中大学生占有很大一部分比例,这一群体,有多少人在利用网络,以及如何利用网络,成为各界关心的问题。就这个问题,本人在××大学××系×年级进行了调查,现报告如下:

一、七成学生用网络娱乐

据调查结果显示,100%的学生都接触过网络,这是因为这学期开设了网络课程,大部分同学懂得用 QQ 聊天。10%的学生不懂得发电子邮件,20%的学生不懂得下载网络程序。

二、因友而忙

在上网的学生中,90%以上的学生有一个 QQ 号码,60%的学生有两个或两个以上的 QQ 号码;40%的学生沉迷于聊天。在网络犯罪的案例中,由 QQ 引发的事件不少。例如,与网友见面被骗东西、被伤害等。

三、因坛而坠

论坛,也称 BBS,在里面"灌水"也受到不少学生网民的喜爱。有85%的学生上过论坛,70%以上的学生在论坛上乱发帖子,10%以上的学生在论坛上有过不文明行为。

四、因戏而废

网络游戏是不少学生的最爱。调查表明,90%的学生玩过网络游戏,其中94.4%是男生,5.6%是女生;30%的学生沉迷于玩 CS 之类的网络游戏。这一年级的同学没有因为网络游戏而旷课,但也有其他年级或其他系别、学校的个别学生,因为玩网络游戏旷课太多导致多门功课不及格,面临退学的危险。

五、因网影响健康

60%以上的学生有过通宵上网的情况,其中66.7%的学生是经常在周末通宵上网,33.3%的学生偶尔通宵上网。通宵上网有时是为了看电影,占45%;有55%的学生是为了玩游戏积分。通宵上网缺乏睡眠,会导致食欲下降,身体免疫力下降,情感冷漠,心理活动异常,感知、记忆、思维、言语等各种反应能力显著下降。

以上调查表明,大学生对网络认识有偏差,主要是因为大学生上网多在课余时间,放下繁重的课程,上网时便希望能放松,而不是再学习。在没有正确引导下,聊天、游戏等易学、大众化的消遣性娱乐自然成了大学生们的最爱。

在调查中了解到,40%的学生认为上网是因为学校的课外活动过于单调,一些娱乐只能通过网络实现。此外,多所大学网站上的教程一个月难得更新一次,因而谈不上让学生们利用校园网进行学习。其实网络可以用得很精彩,不少世界顶尖的高手都来自在校的大学生。利用网络可以帮助自己查找各种学习资料,提高学习效率和加大学习深度、广度;可以找到各种实践、兼职、打工、招聘的信息,为自己的前途找到好的信息渠道;可以认识更多志同道合、积极上进的社会各界朋友。利用网络写稿不仅可以养活自己,结交优秀编辑记者,积累社会关系,开阔视野,还可以培养综合能力。网络的好处无处不在。

互联网功过皆有,但作为大学生群体,应在网络中学会"取其精华,去其糟粕",将网络中有用的部分变为自己的财富。大学生运用网络可以很精彩。

二、以个人或小组的方式选择社会上或校园内带有普遍性或新颖性的情况、问题、经验或具有一定影响力的事件,或与自己专业相关的话题或某一市场情况进行调查,写作一篇调查报告。

项目 23　领导讲话稿

【走进课堂】

2010 年 3 月 18 日,四川郎酒集团 2010 年全国经销商大会在成都锦江大礼堂隆重召开。泸州市、古蔺县等有关领导,全国 2000 多名郎酒经销商代表及 CCTV、四川日报等数十家媒体参加了会议,会议由郎酒股份公司董事长×××主持。会上,郎酒集团董事长×××作了题为《群狼奋进——在竞争中壮大、在发展中共赢》的讲话,对郎酒未来的发展模式及战略进行了详尽描述。泸州市副市长×××代表市委、市政府发表了讲话。赞扬郎酒集团为泸州经济发展和四川打造白酒金三角做出了重要贡献。他表示,泸州市委市政府将继续从政策、资源、舆论等方面给予充分的保障和支持,为郎酒的发展营造更加良好的发展环境。中央电视台、古蔺县等有关领导分别在会上作了讲话,对郎酒集团近年来品牌发展和市场销售取得的辉煌业绩表示祝贺,希望郎酒集团在激烈的市场竞争中继续挖掘企业内涵,奋力拼搏,乘势而上。

不管什么级别的领导,参加会议、出席活动,接见群众等,往往离不开讲话。领导讲话是领导参与公务活动的一种方式,是领导传达政令、布置任务、指导工作的有效形式,是领导行使领导职能的重要途径。领导讲话对于鼓舞士气、凝聚民心、解决问题、推进工作具有非常重要的作用和意义。一个领导善不善表达、会不会讲话,不仅直接影响到活动的现场效果,而且在很大程度上体现出领导人的思想水平和领导能力。正因为如此,领导讲话稿的起草历来为各级领导所看重。

在某些场合,领导即兴讲话,不需要讲话稿。但在正式场合,为了提高讲话质量,需要事先拟写好讲话稿或讲话提纲。由于领导公务繁忙,一般需由秘书人员代拟讲话稿。起草领导讲话稿,是秘书辅助管理、发挥参谋职能、服务领导的重要方式。掌握领导讲话稿的写作方法,能写出令自己兴奋、让领导满意的讲话稿,是秘书应具备的一项基本技能,也是得到领导信任和赏识,甚至脱颖而出的"快捷通道"。

思考:1.什么是领导讲话稿? 2.领导讲话稿与一般的演讲稿有什么区别? 3.起草领导讲话稿前需做哪些准备工作? 4.写作领导讲话稿如何体现领导意图和领导讲话风格?

【知识导航】

一、领导讲话稿的含义和作用

(一)领导讲话稿的含义

广义的领导讲话稿泛指领导人的讲话、发言、演讲文稿,包括会议报告、工作讲话、礼仪性致辞、工作汇报文稿、典型发言文稿、领导述职报告、领导演讲文稿等。

狭义的领导讲话稿特指各级领导人在各种重要会议和某种特殊场合以职务身份面向被领导者发表带有指示或指导性讲话时所用的文稿。领导讲话稿是领导者从事领导管理活动的重要载体和手段。

讲话稿除了供领导现场讲话使用外,也可以登报印发成书面发言。

我们在这里谈论的领导讲话稿,指的是狭义的讲话稿。

领导讲话稿不像大会工作报告那样有着鲜明的集体意识性,它可以有领导个人的观点。领导讲话稿提倡由领导人自己撰写,也可由领导授意,秘书代写,最终由领导审定使用。

(二)领导讲话稿的作用

领导讲话稿的作用体现在两个方面,一是作为讲稿的作用,二是讲话本身的效用。

作为讲稿,领导讲话稿可以起到梳理讲话思路、提示讲话内容、控制讲话时间,使讲话顺利完成的作用。

领导讲话本身的效用。讲话是领导施政的重要方式,是各级领导机关宣传政策、部署工作、鼓舞士气的有效形式。通过讲话,阐明施政纲领,传达政策精神;褒扬正气,抨击歪风;提高认识,鼓舞士气;总结经验,指导工作。

【知识卡片】

讲话、发言、致辞、演讲

讲话:说话、发言。多指领导在公众场合的发言,具有一定的原则性、政策性、权威性。

发言:多指在会上发表个人意见,从自身实际出发,畅所欲言,具有一定的务实性、灵活性。

致辞:在公众场合的礼仪性讲话。

演讲:在公众场合围绕一定主题的演说。

二、领导讲话稿的类型

1.根据讲话的场合,可以分为会议讲话稿、广播讲话稿、电视讲话稿、现场讲话稿等。

2.根据会议性质,可以分为工作会议讲话稿、动员会议讲话稿、传达会议讲话稿、座谈会讲话稿、表彰会议讲话稿、纪念会讲话稿、庆祝会讲话稿、交流研讨会讲话稿、新旧领导工作交接会议讲话稿等。

3.根据讲话的性质,可以分为思想阐发型、动员激励型、工作部署型、总结评论型、传达贯彻型、表彰号召型、批评指导型等。

三、领导讲话稿的特点

1.权威性

领导讲话是领导机关表明政治倾向、实现政治主张,宣传政策、领导推动工作的一种重要方式。领导讲话所发表的观点、提出的要求体现着领导机关的意图和旨意,其中的重要决策和工作部署都要求下级贯彻执行,带有一定的指令性和指导性。领导者职务不同,讲话的权威效果也不同。

2. 思想性

领导讲话具有较高的思想理论高度,就有关的重要决策和重大问题,从理论和实践的结合上,从历史与现实的比较上,从内因与外因的分析上,揭示事物的本质,预示事物发展的趋势,讲出一套可以启迪和说服人心的道理来。

3. 鼓动性

领导讲话稿富于号召性、鼓动性。针对形势、问题或某种思想动态,展开富有启发性的议论,使听众明确目标,增强信心;通过富有真情实感的语言,在听众的情感上引起共鸣。

4. 务实性

与一般演讲稿相比,领导讲话稿总是针对一定的现实问题,阐明政策观点、指出工作的原则、方略,作出决策和部署,以提高人们认识,获得解决现实问题的工作指南,具有较强的务实性。

5. 口语性

在语言表达上,领导讲话稿适应口头表达的需要,结构简明,条理清楚,语言通俗,上口入耳,生动活泼,易于听众理解和接受。

四、领导讲话稿的结构和写法

领导讲话稿一般由标题与题注、称谓、正文三部分构成。

(一)标题与题注

1. 标题

标题标明讲话人、讲话场合、讲话的主要内容或主旨、文种等。有单标题和正副标题两种基本写法。

(1)单标题

一是由讲话人、讲话场合、文种构成,如:《××董事长在××公司成立十五周年纪念大会上的讲话》、《×××省长在全省教育工作会议上的讲话》、《胡锦涛总书记2006年七一讲话》。二是由讲话场合、文种构成,如:《在延安文艺座谈会上的讲话》、《在中华人民共和国澳门特别行政区成立庆祝大会上的讲话》、《在庆祝中国人民政治协商会议成立65周年大会上的讲话》。三是揭示讲话的主要内容或主旨,如:《2013年高等教育改革发展形势任务及其对深化高校后勤改革的要求》、《坚持开拓创新 凝聚巾帼力量 为实现中国梦建功立业——刘延东在中国妇女第十一次全国代表大会闭幕式上的讲话》。

(2)正副标题

正标题揭示讲话的主旨或主要内容,副标题说明讲话人与讲话场合,如:《坚持中国特色社会主义文化发展道路为建设社会主义文化强国而努力奋斗——在中国文联第九届全国委员会、中国作协第八届全国委员会全体会议上的讲话》、《在新的历史条件下继承和弘扬〈讲话〉精神奋力开拓中国特色社会主义文化发展道路——在纪念毛泽东同志〈在延安文艺座谈会上的讲话〉发表70周年座谈会上的讲话》。

2. 题注

题注标明讲话人和讲话日期。日期一般用阿拉伯数字加圆括号在标题下居中标示,如:(2014年9月21日)。也有的用小写汉字标示日期,如(二〇〇四年二月二十日)。讲话人姓名一般在日期下居中标示,必要时写上讲话者的职务。也有的将讲话人姓名在日期之上标示。还有的将姓名和日期写在一起加圆括号,如《思想更解放一些,改革的步子更快一些》(邓小平 一九八八年五月二十五日)、《不断根据实践的要求进行创新》(江泽民 2006 年 6 月 20 日)。如果标题中已经有讲话人姓名,则题注中不必再标明。有的还在题注中标明地点。

（二）称谓

称谓是对与会者的称呼,以示礼貌和引起注意。在标题下一行顶格书写,后加冒号。

称谓应根据会议的性质、与会者的身份灵活把握。如果是代表会议,一般称呼"各位代表";如果是一般工作会议,可称呼"同志们"、"各位领导、各位员工"等;在国际场合或礼仪性场合可使用"女士们、先生们"、"同志们、朋友们"等。称谓要恰当,要注意先后次序。

称谓可以在文章中多次出现,引起听众注意,或在内容转入新的层次时起提示作用。

（三）正文

正文包括开头、主体和结尾三个部分。

1. 开头

开头的主要任务是说明讲话的缘由、背景、目的,提出议题。在写法上,一般有两种,一种是间接式开头,一种是直接式开头。

间接式开头一般是对会议的任务、意义或会议成果进行评述,对会议的召开或会议的圆满成功表示祝贺,然后说明本次讲话的议题。如果是表彰会、庆祝会、纪念会等,一般还要代表领导机关对被表彰人员表示祝贺,对其他相关人员表示问候、感谢,纪念会则对先烈表达敬意和怀念。间接式开头一般用于表彰会、庆祝会、纪念会以及开幕式或闭幕式上的讲话等非工作性会议讲话。有的工作讲话,开头分析形势,指出问题,对当前面临的形势和工作中的实际问题进行概括分析,进而表明态度、观点,也可以看成是间接式开头。

直接式开头就是开门见山表明讲话的意图和议题,一般用于会议报告以及工作布置会、工作动员会、传达会等工作会议讲话。

讲话稿的开头起着引发、定调的作用,应根据会议性质、讲话场合、听众、讲话内容的不同,恰当安排开头。不论是直接式开头,还是间接式开头,都要紧扣题意、简明扼要,让听众明白讲话的目的、意图,体现出讲话者和听众之间的关系,能够吸引听众,营造出一种良好的听讲气氛。

2. 主体

主体是讲话稿的核心,具体对议题展开论述。或具体传达文件、中央或上级有关会议精神、领导指示或讲话精神,阐明贯彻指示精神的重要意义,结合本单位实际提出贯彻意见和要求;或分析形势,明确工作任务、提出搞好工作的几点意见,说明开展工作的步骤、方法及具体要求;或对本次会议进行总结评价,提出贯彻会议精神的意见和要求;或对前段工作进行总结评价,指出成绩和存在的问题,分析原因,得出经验与教训,布置安排下步工作;或分析阐明庆祝、表彰、纪念意义,对进一步做好有关工作提出要求、希望;或对某种错误思想、错误做法提出批评,分析原因,提出防止错误、改进工作的措施;或对前面其他领导人的讲话做补充,等等。

主体部分应做到内容充实,层次清楚。谈认识,思想深刻,观点明确;提要求,坚决、有力、明确、具体。

主体部分在内在结构安排上，一般有两种结构方式，一是并列式结构，将问题、观点、工作任务分成并列的几个部分，分别阐述。如讲党的建设方面的内容，一般按照思想建设、组织建设、作风建设的顺序组织材料，这三个部分是并列关系。二是递进式结构，按提出问题、分析问题、解决问题的思路层层递进地展开论述或按由浅入深发展的关系安排内容。如某领导同志关于加强党和政府对科技工作的领导的讲话，分三个方面进行阐述：(1)努力提高对加强科技工作领导的认识；(2)全面履行对科技工作实施领导的职责；(3)认真改进对科技工作实施领导的方法。三个观点呈递进关系。

主体部分在外在结构形式上，也有多种形式。篇幅长的讲话稿，一般分板块，采用条文式写法，分条进行阐述；篇幅短的讲话稿，不分板块，以自然段的形式逐段表达各层意思；有的讲话稿，以"同志们、朋友们"等称呼语的形式来显示层次，类似于分板块结构。

值得注意的是，为便于听众听记，讲话稿的层次安排不能像其他文字材料那样复杂，一般不超过三个层次。在语言表述上通常用"第一、第二、第三"、"一是、二是、三是"、"首先、其次、第三"等语言，特别是在小的层次上不可像一般条文式写法那样用数字标注层次序数。

3. 结尾

结尾是全篇的总结。讲话人应根据会议的内容或发出号召，或展望未来，或提出要求，或表达祝愿。

【知识卡片】

会议类讲话写作要点

1. 党代会、人代会等代表大会的报告。内容一般是对上一届或上一次会议以来工作情况的回顾总结和对今后工作的部署。要求内容全面，表述严谨、庄重。

2. 会议开幕词。一般在比较隆重的大型会议上使用。内容主要是讲明会议的目的、意义及用法，要富有启示性、鼓舞性。

3. 会议闭幕词或会议总结讲话稿。主要是总结会议的收获，要求贯彻落实会议精神，要富有号召性。

4. 工作会议讲话稿。根据既定的会议内容讲对某一项或几项工作的要求。要讲得鲜明、透彻、实在。

5. 动员会议讲话稿。主要讲进行某项工作的意义和方法。要讲得入情入理，振奋人心，鼓舞斗志。

6. 庆功会、表彰会讲话稿。主要是概括、总结、肯定受表彰单位或个人的成绩和经验，对其进行表彰、鼓励，对面上提出学习、推广的要求。要富有激情和感召力。

7. 庆祝会、纪念会讲话稿。根据庆祝、纪念的主题，立足现实，回顾历史，展望未来。要讲得客观、准确、实际。

8. 专题报告会的报告。如学习理论心得报告，外出考察报告等。内容要有厚度、深度，给人以启示和借鉴。

9. 碰头会、汇报会讲话稿。根据碰头、汇报的情况，肯定成绩，针对存在的问题或薄弱环节，有针对性地强调一方面或几方面的工作。要有具体要求，有力度。

10. 现场会、经验交流会讲话稿。充分运用与会人员看到和听到的先进事迹和经验，进行深入分析和总结,要求学习、推广,促进工作。要有较强的说服力、号召力。

11. 研讨会、座谈会总结讲话稿。根据与会人员发言情况进行总结,并提出改进工作或进一步研讨的意见、要求。要有较强的概括力和条理性。

12. 综合性会议上的专题发言稿。主要是分管某一条战线、某一方面工作的领导同志在综合性会议上就自己分管的战线或工作讲情况和意见。要主题突出,富有资料性、参考性,并注意不过分强调自己分管工作的重要。要讲"实",不要讲"虚";要讲"适",不要讲"过"。

13. 在新旧领导工作交接会议上的讲话稿。这是一种很特殊的会议讲话稿。在这种会议上往往有三个讲话,一是卸任领导的讲话,一是接任领导的讲话,一是上级领导的讲话。卸任和接任领导的讲话,都要讲得谦虚、诚恳,并有表态的意思。上级领导讲话,则要对双方都给予肯定,并对该级领导班子及下属提出一些要求和希望。

14. 在各种邀请会、协作会、联席会上的讲话稿。这也是一种比较特殊的会议,这种会议面对的不是下级,而是外地、外部门的客人。作为东道主发表讲话,要对客人表示欢迎,对本地、本部门的情况作一简介,还要讲会议的目的和议程。要讲得诚挚、热情、实在。

五、领导讲话稿的写作要求

(一)准确体现领导意图

领导意图就是领导结合本地实际贯彻上级精神的想法和思路。起草讲话稿就是代领导"立言",起草者的全部任务,就是准确地领会、表达领导意图,创造性地深化、拓展领导意图。准确领会、充分体现领导意图是写好领导讲话稿的关键。讲话稿必须让领导满意和认可,稿子才可通过,领导不满意,就要返工。

准确把握并体现领导意图,一是要在写作前弄清领导意图。对领导的交代,一定要认真听,认真记录,仔细体味。对一些摸不清、弄不准,甚至有不同想法的地方,要敢于当面向领导请教或表明,这样可以引发领导对他的意图进行更详尽、深刻的阐释。在正式写作前,还可以将提纲给领导过目,请领导提出意见,得到进一步的指导,这样可以少走弯路。二是要靠平时接触、观察,揣摸领导意图。对领导分管的工作了如指掌,利用一切接触领导的机会,尽可能完整地收集领导在研究工作会议上的发言,在基层调研时讲的意见,研究领导的思想观点和工作要求。三是通过研究会议的主题、内容,把握领导意图。四是要进入"领导角色",从领导的角度,站在全局的高度思考问题,使讲话稿的观点尽可能地贴近领导。五是要充分发挥秘书参谋作用,努力完善、深化、拓展领导意图。有时候,领导的意图本身不够清晰明了,是一些大致的思路和感性的认识,这时候,秘书要发挥能动性和创造性,对领导意图进行提炼、升华、补充、完善。

(二)突出权威性和现实针对性

领导意图从本质上讲是党和国家的路线、方针、政策与本地区、本部门工作实际结合的产物。领导讲话稿必须具有政策的权威性和现实的针对性,才能发挥领导讲话的效用。

突出权威性,就是要求领导讲话稿要有理论政策依据,符合党的政策和国家的法律、法规并带有全局意义,体现领导同志的政策理论水平。为此,写作讲话稿必须认真学习,吃透上级精神,深刻理解中央的路线、方针、政策,国家有关法律、法规,以及上级的指示、指令,不能违背政策和法规。

重视针对性，就是要求熟悉下情，重视调查研究，深入实际摸清情况，把工作成绩、经验、存在问题搞清楚，从本地区本部门实际出发，标本兼治提出措施，使讲话稿的内容有的放矢，能够解决实际问题，不能照抄照转上级文件，通篇大话、空话、套话，脱离实际、泛泛而论。否则，讲话就缺乏指导性、针对性和操作性，也就没有实际意义。

（三）主旨鲜明，重点突出

写作领导讲话稿要围绕一个中心话题来写，做到主旨鲜明，重点突出。针对什么问题，表明什么观点，拥护什么方针，传达什么政策，批评什么错误，提出什么要求等，都要集中明确。如果一个领导在台上讲话，说了很多，听众还不知道他要表达什么意思，那么这个讲话稿一定是不成功的。

主题是讲话稿的灵魂。主题的选择和确定，不能心血来潮，随心所欲。一要根据会议的内容和领导扮演的角色来确定。二要找准上情与下情的"结合点"，面对当前需要解决的突出问题，体现内容的指导性和针对性。

突出重点，就是不能面面俱到，要抓住影响全局的主要矛盾和矛盾的主要方面集中进行论述。除了大型的会议工作报告，总结工作，部署任务，需要较大的题目外，其他讲话题目都不宜太大，太大了就要把篇幅拉长，容易与工作报告重复，而且缺乏高度和深度。

（四）语言通俗，表达生动

领导讲话稿的语言不仅要求准确简洁，而且要生动活泼，通俗易懂，讲者讲起来自然亲切，听者听起来有趣易记。如果讲话稿语言枯燥、表达生硬，即使内容很好，那也引不起听众的兴趣，变成了枯燥的说教。

领导讲话要适应口头表达的特点，在不失庄重严肃的基础上体现一些口语特色。在句式的使用上，应尽量使用短句，避免长句，也不要使用倒装句。在词语的使用上，应尽量选用双音节词，避免过多使用文言或书面语言，避免使用生僻字眼。

要使听者坐得住、听得进、记得牢，领导讲话还必须新鲜活泼、深入浅出、形象生动、富于变化，善于运用修辞增强讲话的生动性和感染力。一是避免官腔官调，多使用新鲜活泼的群众语言，适当运用谚语、俗话、俚语、民谣、歇后语等通俗生动的俗语。二是适当采用排比、设问、比喻、借代、顶真、对照、夸张、警语、引用等修辞方式增添文采，增强表达效果。

总之，起草领导讲话稿要处理好权威与平易、庄重与幽默、深入与浅出的关系，创造轻松愉快的气氛，使听众引起共鸣、受到感染。

（五）适应领导、适应场合、适应对象

起草领导讲话稿要"看菜吃饭，量体裁衣"，根据领导身份特点、会议性质和参会人员确定讲话的内容、角度、语言。

适应领导。一要搞清楚讲话者的身份和在会议上扮演的角色。是分管领导还是业务部门领导，是主要领导还是副职领导，是主要讲话者还是次要讲话者，一定要弄清楚。领导的身份不同，讲话稿的内容、角度、口气也应有所不同。二是要熟悉领导同志讲话的个性风格。不同的领导，其性格、文化修养、工作方式、思维方式不同，其讲话风格也不一样。有的朴实无华，有的风趣幽默；有的喜欢引经据典，有的喜欢用自己的语言表达；有的注重思想性偏爱理论色彩,要求有理性分析,有的强调实在性,喜欢用数字说话,要求简洁明了;有的领导喜欢用排比句,讲究句式的整齐、对仗,有的则不刻意追求语言的形式美,要求语言平实、自然,把意思表达清楚即可;有的爱用脍炙人口的名言警句,有的喜欢生动活泼的群众语言;有的喜欢开门见山、一针见血,有的则喜欢旁敲侧击、娓娓道来,如此等等。起草讲话稿不仅要熟悉领导的思路,而且要熟悉领导的风格和语言习惯,以领导的语言来阐述领导的观点,增强针对性,这样写出的稿子才容易被领导接受。

适应场合。一是领导讲话稿要适应会议的时间要求。二是讲话内容要符合不同类型会议的特点。会议的种类很多,有工作会、业务会、座谈会、表彰会、纪念会等。参加不同类型的会议,讲话稿的内容、形式、角度和语言都有很大的不同,不能用一个模式。工作会要在总结前一阶段工作的基础上,对下一阶段的工作进行部署,涵盖的内容较丰富,语言比较庄重;业务会是研究某一项业务工作的会议,专业性强,讲话内容要具体实在、便于操作,语言要朴实,可使用专业术语;座谈会的任务是对某项工作进行研究、交流和沟通,讲话的格调比较自由,可以讲认识、讲经验,也可对某项工作提出意见和要求,语言比较轻松活泼;表彰会是为褒奖先进单位和英模人物而召开的,讲话要对受奖者的先进事迹和先进经验加以肯定和赞扬,并号召大家向他们学习,篇幅一般较短,但要充满激情,能鼓舞士气;纪念会纪念的是某一历史事件或历史人物,讲话除对历史事件的重大意义或历史人物的丰功伟绩加以肯定和颂扬外,还要立足当前、面向未来,对继承光荣传统、弘扬革命精神提出要求,语言要热情洋溢、催人奋进;宣传鼓动性的讲话重视思想的宣传和精神的鼓舞,一般不作指示、不部署工作;分析指导性讲话针对某项工作、某一问题,进行深刻的理性分析,深入浅出,循循善诱,逻辑性强,说服力强;总结评论性讲话侧重对前一段的工作,或对大会的成果,或对各种有价值的意见或建议,作一番总结评论,肯定成绩,指出问题和今后努力方向。

适应对象。领导讲话稿要符合与会者的职业特点和接受能力。首先,要把握听众的心理需求,讲他们爱听的话,解决他们迫切需要解决的问题,要做到雪中送炭,而不是雨后送伞。其次,要符合听众的职业特点,要看面对的是什么样的职业群体,是工人还是农民,是学生还是干部。职业群体不同,讲话引用的事例、使用的语言也应有所不同。第三,要适应听众的接受能力。听众文化水平高,接受能力强,可以讲得深奥一些;听众文化水平低,接受能力差,要讲得通俗一些。总之,写讲话稿,一定要适应听众,做到深浅适当、软硬适中,切不可不看对象,对牛弹琴。

【例文评析】

×××主任在市住房和城乡建设委员会开展党的群众路线教育实践活动动员大会上的讲话
（2014 年 2 月 21 日）

同志们:

今天,我们召开市住建委党的群众路线教育实践活动动员大会,主要任务是深入贯彻落实市委党的群众路线教育实践活动工作会议精神,按照市委的部署要求,对市住建委开展党的群众路线教育实践活动进行动员和部署。

×××市委对这次党的群众路线教育实践活动非常重视,派出督导组对我委党的群众路线教育实践活动进行全程指导。一会市委第十九督导组组长××同志还将作重要讲话,对我委教育实践活动进行指导、提出要求,我们要认真学习领会,抓好贯彻落实。下面,我就市住建委开展党的群众路线教育实践活动讲几点意见。

一、深刻认识开展党的群众路线教育实践活动的重大意义,切实增强搞好教育实践活动的责任感

群众路线是党的优良作风,是党的生命线和根本工作路线。习近平总书记在党的群众路线教育实践活动工作会议上深刻指出,开展党的群众路线教育实践活动,是实现党的十八大确定的奋斗目标的必然要求,是保持党的先进性和纯洁性、巩固党的执政基础和执政地位的必然要求,是解决群众反映强烈的突出问题的必然要求。这"三个必然要求",高度概括了教育实践活动的重大现实意义和深远历史意义,把我们党对坚持党的群众路线、加强党的作风建设的认识提高到了一个新的境界。市住建委党组织和广大党员干部要紧密联系自身实际,认真学习领会习近平总书记"三个必然要求"重要论述的深刻内涵,充分认识教育实践活动的全局性、战略性意义,增强搞好教育实践活动的责任感。

(一)开展党的群众路线教育实践活动是推进党的事业发展的需求。(略)

(二)开展党的群众路线教育实践活动是保持党的先进性和纯洁性的需求。(略)

(三)开展党的群众路线教育实践活动是推动住房和城乡建设工作健康发展的重要保证。(略)

二、按照市委的部署和要求,扎实开展好住建委党的群众路线教育实践活动

按照市委部署,我委结合部门实际制定了《××××住房和城乡建设委员会党的群众路线教育实践活动工作方案》,对活动的范围对象、总体要求、方法步骤、组织领导作出了明确规定。我们必须要高标准推进、高质量完成。

(一)认真贯彻教育实践活动的总要求。(略)

(二)按照目标和任务,切实解决"四风"方面存在的突出问题。(略)

(三)认真落实好教育实践活动的主要内容。(略)

(四)以整风精神开展好教育实践活动。(略)

(五)三个重要环节要落到实处。(略)

三、加强组织领导,把教育实践活动抓紧抓实抓好

这次教育实践活动,时间紧、任务重、要求高。我们一定要把教育实践活动摆上重要日程,加强组织领导,周密安排部署,狠抓工作落实。

一是要明确职责,强化组织领导。(略)

二是关键岗位的领导干部要率先垂范。(略)

三是督查指导要及时到位。(略)

四是要统筹兼顾,相互促进。(略)

同志们,开展好党的群众路线教育实践活动,责任重大、任务艰巨。我们一定要以高度的政治责任感、饱满的精神状态、扎实的工作作风,把教育实践活动组织好开展好,市住建委全体党员干部要积极参与到活动中来,以实际行动取得群众满意的成效,推动××××市住

房和城乡建设事业持续、健康、科学发展。

评析：这是一篇工作动员讲话稿。标题采用单标题形式，标明讲话者和讲话场合。开头开门见山交代会议任务和讲话目的，即对市住建委开展党的群众路线教育实践活动进行动员和部署。主体部分具体就市住建委开展党的群众路线教育实践活动从提高认识、落实方案、组织领导三个方面展开论述、提出具体要求。结尾总结强调，提出要求。全文5400余字，内容较多，采用条文式写法，中心突出，层次清楚、语言简明，任务明确，要求具体，能够较好地起到动员作用。

 例文二

在国家科学技术奖励大会上的讲话
国务院总理　李克强
（2014年1月10日）

同志们、朋友们：

今天，我们在这里隆重召开国家科学技术奖励大会，表彰为我国科技事业作出突出贡献的科技工作者。刚才，习近平总书记和其他中央领导同志向获得国家最高科技奖的张存浩院士、程开甲院士及其他获奖人员代表颁了奖。科技奖励大会是我国科技界一年一度的盛事，是科技创新重大成果的集中展示。在此，我代表党中央、国务院，向全体获奖人员表示热烈祝贺！向全国广大科技工作者和各条战线为推动科技进步做出贡献的人们表示崇高敬意和诚挚问候！向关心和参与中国科技事业的外国专家表示衷心感谢！

党和国家高度重视科技事业发展，改革开放带来了科学的春天。近年来，我国科技发展不断取得新的重大成就，优秀科技人才大批涌现，科技体制改革加速推进，科技服务经济社会发展的能力不断增强，创新型国家建设迈出新步伐，为提升我国综合国力、推动现代化建设奠定了坚实基础、作出了重大贡献。

当前，我国正处于建设创新型国家的决定性阶段。面对世界科技革命和产业变革历史性交汇、抢占未来制高点的竞争日趋激烈的形势，面对国内资源环境约束加剧、要素成本上升、结构性矛盾日益突出的挑战，主要依靠要素投入驱动的传统增长模式已难以为继，过去在中低端产品上形成的竞争优势也在逐渐减弱，我国经济增长已进入从高速到中高速的"换挡期"。必须依靠科技创新，才能有力推动产业向价值链中高端跃进，提升经济的整体质量；才能更多培育面向全球的竞争新优势，使我国发展的空间更加广阔；才能有效克服资源环境制约，增强发展的可持续性。我国已到了必须更多依靠科技创新引领、支撑经济发展和社会进步的新阶段。

要促进科技创新与经济社会发展深度融合……

要通过深化改革健全技术创新市场导向机制……

要把发挥人的创造力作为推动科技创新的核心……

要汇聚全社会建设创新型国家的强大合力……

同志们，科技肩负重托，创新成就未来。让我们紧密团结在以习近平同志为总书记的党中央周围，脚踏实地、大胆创新、勇于超越，为建设富强民主文明和谐的社会主义现代化国家、实现中华民族伟大复兴的中国梦而不懈奋斗！

（来源：新华网）

评析： 这是一篇在表彰会议上的讲话稿，全文2000余字。标题标明讲话场合。开头交代会议目的，对获奖人员表示祝贺，对全国科技工作者表示敬意和问候，对关心和参与中国科技事业的外国专家表示感谢。主体部分，首先用一段话对近年来我国的科技发展成就作出简要评价，肯定成绩，接着围绕科技创新这个中心用五段话阐述科技创新的重要意义和四点具体要求。结尾用充满激情的语言发出号召。在写法上，由于篇幅较短，采用的是分段式写法。对科技创新的四点要求以段首概要句的方式点明各段主旨。通过这篇讲话不但能够激励科技工作者的工作热情，而且阐明了国家的科技策略，使科技工作者明确工作方向。

【技能训练】

一、分析下面的案例，从起草领导讲话稿的角度谈谈问题存在的原因。

一次自治区某群众团体召开代表大会，要求自治区党委一位副书记去讲话，像这样的讲话并不复杂，先祝贺几句，然后肯定成绩，提几点希望就足够了。结果送来的稿子却是1万多字，内容与工作报告差不多。我一看不行，叫他们先砍掉三分之二，然后再修改。花这么大的力气写的稿子，几乎是白费了。

还有一次是自治区党史研究室和自治区社科联举办"当代新疆的稳定与发展"学术讨论会，这个讨论会的题目很大，涵盖党和国家的两项主要工作。当时，请自治区一位副书记去讲话，本来从领导的角度，讲一讲加强学术研究的重要性、研究工作的指导思想和加强对研究工作的领导就可以了，结果写成的稿子却是全面讲稳定和经济工作，在不到5000字的讲稿里，列了三项内容：一、要抓住机遇，深化改革，加快新疆的社会主义现代化建设；二、要进一步加强民族团结、维护社会稳定，旗帜鲜明地反对民族分裂主义；三、要围绕新疆稳定和发展的主题，努力提高各级干部队伍的素质。这三个题目都很大，都可以写一篇大文章。在小小篇幅里，讲这些多内容，怎么能讲得深刻，只能是不疼不痒地说一说，啥问题解决不了。所以送到书记那里，书记不愿用，改成即席讲话。

二、评析下面讲话稿开头特点。

1."有朋自远方来，不亦乐乎。"今天，来自中国和世界各地的嘉宾和专家学者齐聚北京，举行纪念孔子诞辰2565周年国际学术研讨会暨国际儒学联合会第五届会员大会。这次会议是国际儒学界和国际学术界的一次盛会。首先，我谨对会议的召开，表示热烈的祝贺！对朋友们的到来，表示诚挚的欢迎！（习近平2014年9月24日《在纪念孔子诞辰2565周年国际学术研讨会暨国际儒学联合会第五届会员大会开幕会上的讲话》）

2. 首先，我代表教育部发展规划司对中国高等教育学会后勤管理分会召开的这次会议表示热烈的祝贺！这次会议的主要议题是：围绕贯彻落实党的十八大精神，分析研究经济社会发展趋势，准确把握国家和高等教育事业总体改革发展形势，深入探讨进一步推进高校后勤改革发展的思路和举措。目的是按照党中央的要求，更加积极自觉地推动高校后勤的改革与发展，使后勤工作对高等教育事业提供更有力的支撑。借这个机会，我谈三点意见，与大家交流。（教育部发展规划司司长×××2013年5月12日《落实十八大精神 努力开创高

校后勤改革发展新局面——在 2013 年高校后勤改革发展推进工作交流研讨会的讲话》）

3.我结合医院目前工作和本次"三甲"复审迎评工作反馈情况,就认真开展党的群众路线教育实践活动讲三个问题。(《党委书记×××在科主任、护士长、二级医师月工作例会上的讲话》)

三、某大学举行 2014 级新生军训动员大会,请你为分管学生工作的副校长起草一篇讲话稿。

项目 24　开　幕　词

【走进课堂】

2014 年 11 月 19 日上午,为期 3 天的首届世界互联网大会在××开幕。本次大会以"互联互通 共享共治"为主题,来自全球近 100 个国家和地区的 1000 余位嘉宾参会。大会组委会主任××主持开幕式。主持人宣布大会开幕式正式开始,首先请××致首届世界互联网大会的贺词并作主旨演讲。××在致辞中,首先对大会的召开表示热烈祝贺,对远道而来的嘉宾表示诚挚欢迎。接着,××指出本届世界互联网大会召开的重大意义,20 年来中国互联网发展取得的成就,重点阐述了政府关于互联网发展与治理的立场和主张,并提出了四点倡议,呼吁各国携起手来,不断深化交流合作,让互联网更好造福全人类,让世界变得更加美好。最后,祝大会取得圆满成功。(来源:2014 世界互联网大会新闻官网)

思考:1.什么是开幕词? 2.开幕词有什么作用? 3.开幕词一般应包括哪些内容?

【知识导航】

一、开幕词的含义和作用

（一）开幕词的含义

开幕词是隆重的会议或活动正式开始前,由党政机关领导人或活动主办方负责人在开幕式上阐明会议或活动的意义、宗旨、任务,介绍会议或活动的有关事项,提出期望要求,预祝会议或活动成功的一种带有指导性和鼓动性的讲话或致辞。

（二）开幕词的作用

开幕词是重要会议或重大活动正式开始前的指导性讲话。开幕词的作用主要有四个:一是宣告会议或活动正式开始。二是使参与者对会议或活动有一个总体认识。三是指导会议或活动的顺利进行。四是起着营造热烈气氛、调动参与积极性的作用。

二、开幕词的种类

1.根据性质分,有党代会、人代会、政协会、职工代表大会、学术研讨会等大型会议开幕词;有交易会、展览会、运动会、庆典活动等重要活动开幕词。

2.根据内容分,有阐发性开幕词、一般性开幕词。阐发性开幕词也叫侧重性开幕词,往往对会议或活动的历史背景、重大意义或会议中心议题某一方面等作重点阐述,其他问题一带而过。这类开幕词一般篇幅较长,多见于规模和影响都较大的严肃性政治会议,如《邓小平在中国共产党第十二次全国代表大会上的开幕词》。一般性开幕词只对会议或活动的目的、议程、基本精神、来宾等作简要概述,一般篇幅较短。如《运动会开幕词》、《展览会开幕词》。

三、开幕词的特点

1. 指导性

阐明会议或活动的性质、主题、目的、意义、议程、任务,定下基调,提出期望,指导会议或活动的顺利开展。

2. 礼仪性

开幕词对会议的召开或活动的举办表示祝贺,对与会领导和来宾表示感谢和欢迎,对给予支持、做出贡献的单位和人员表示感谢,预祝会议或活动取得圆满成功,语言热情礼貌,带有一定的礼仪性。

3. 鼓动性

通过对会议或活动背景、目的、意义的阐述,提高参与人员的认识,对参与人员表达热切的期望,激励与会者的参与热情,具有强烈的鼓动性。

四、开幕词的结构和写法

开幕词一般由标题与题注、称谓、正文三部分构成。

(一)标题与题注

1. 标题

标题标明致辞人、会议或活动名称、文种等。开幕词的文种名称一般是"开幕词"或"致辞",也有的用"讲话"。开幕词的标题有三种写法:一是由致辞人、会议或活动名称、文种构成,如:《广州亚组委主席××在第十六届亚洲运动会开幕式上的致辞》。二是由会议或活动名称、文种构成,如:《中国共产党第八次全国代表大会开幕词》、《2014 肿瘤防治宣传周启动仪式开幕词》、《××公司竣工庆典仪式开幕词》。三是只写文种"开幕词"。只写文种,太过简化,一般不建议采用。

2. 题注

题注标明致辞人和致辞日期。日期一般用阿拉伯数字加圆括号在标题下居中标示,如:(2013 年 8 月 21 日)。也有的用小写汉字标示日期。致辞人姓名一般在日期下居中标示,必要时写上致辞者的职务。也有的将致辞人姓名在日期之上标示。如果标题中已经有致辞人姓名,则题注中不必再标明。有的还在题注中标明地点。

(二)称谓

根据会议的性质及与会者的身份确定称谓,如"同志们"、"朋友们"、"各位代表"、"各位来宾"、"各位嘉宾"、"女士们,先生们"等。对于重要的领导和来宾还应单独称呼。

(三)正文

正文包括开头、主体和结尾三个部分。

1. 开头

开门见山地宣布或说明大会或活动开幕了。对会议的召开或活动的举办表示祝贺,对与会领导和来宾表示感谢和欢迎。例如:"值此××集团公司商品交易洽谈会开幕之际,我谨代表本集团公司向远道而来的各国来宾、港澳同胞、海外侨胞表示热烈的欢迎和良好的问候!""中国共产党第十二次全国代表大会现在开幕。"

2. 主体

主体部分是开幕词的核心,主要内容有:概括交代会议或活动的筹备以及出席会议人员情况;阐明会议召开或活动举办的背景与意义;阐明会议或活动的指导思想或主题,提出大会任务,说明会议或活动的主要议程和安排;对与会者提出期望和要求;对会议或活动作出预期性评价。有的还对为会议或活动给予支持、做出贡献的单位和人员表示感谢。

3. 结尾

预祝大会或活动取得圆满成功。最后以"谢谢大家"或"谢谢"作为结束语。

五、开幕词的写作要求

1. 熟悉情况,把握重点

写作开幕词前,应深入了解会议或活动方方面面的情况,对整个会议或活动的背景、意义、安排与任务等了然于胸。在写作时,应分清轻重,重点阐明会议或活动的主题和意义,以提高与会人员认识,达到加油鼓劲的目的。

2. 庄重热情,礼仪周到

开幕词的语言既要体现出会议或活动的庄重性,又要富于热情,对会议或活动的举办表达热烈的祝贺和期许,营造出一种庄重热烈的开幕气氛,具有强烈的感染力;礼仪周到,就是要以周到礼貌的语言对到会的所有领导和来宾表达感谢、欢迎之意,对筹备工作给予支持做出贡献的单位和人员表达衷心的感谢,对会议代表和活动参与人员表达热切的期望。

3. 语言简明,篇幅短小

开幕词不是会议的主体发言报告,致开幕词只是开幕式的一个程序,不能占用太长时间。开幕词的指导性主要体现在介绍情况、提高认识、表达期望,指导会议或活动顺利进行上,它同时具有一定的礼仪性。所以,写作开幕词,语言应明快简练,篇幅短小,一般在 1000 字左右。

【例文评析】

中国文联第九次全国代表大会、中国作协第八次全国代表大会开幕词

(2011 年 11 月 22 日)

各位领导,各位代表,各位来宾:

中国文联第九次全国代表大会、中国作协第八次全国代表大会,在庄严的人民大会堂隆重开幕了!首先,请允许我代表大会主席团和全体代表,向莅临大会的党和国家领导人表示崇高的敬意和衷心的感谢!向应邀出席大会的中央和国家机关有关部委、各人民团体、解放

军总政治部的负责同志,向参加会议的香港特别行政区、澳门特别行政区代表和台湾地区嘉宾,向出席会议的海外嘉宾,向新闻界的朋友们表示热烈的欢迎和诚挚的谢意! 向全国的文艺工作者致以亲切的问候!

中国文联第八次全国代表大会、中国作协第七次全国代表大会以来,在以胡锦涛同志为总书记的党中央亲切关怀和坚强领导下,我国的文艺事业取得了显著成就和长足进步。广大作家、艺术家认真贯彻落实党的文艺方针政策,以昂扬的精神状态、出色的艺术劳动,热情讴歌改革开放的伟大成就和中国特色社会主义事业伟大实践,创作生产了一大批优秀作品,努力繁荣社会主义文艺事业,大力弘扬民族精神和时代精神,积极引领社会风尚、促进社会和谐,为推动社会主义文化大发展大繁荣做出了重要贡献。

文化是民族的血脉,是人民的精神家园。国家富强、民族振兴、人民幸福,离不开文化的力量。文学艺术是人类文化宝库中的璀璨明珠。优秀文艺作品反映多彩的现实生活,表达真挚的思想情感,培育健康的伦理道德,传播坚定的理想信仰,在激励人们热爱祖国、追求真理、伸张正义、弘扬真善美方面发挥着不可替代的重要作用。广大作家、艺术家要积极响应时代的召唤、顺应人民的期待,通过杰出的艺术创造,以文化人、以文育人、温润心灵、关怀人生,努力在提高民族素质、塑造高尚人格、丰富人们精神世界、满足人民文化需求中建功立业。

各位代表、同志们,不久前召开的党的十七届六中全会,研究了深化文化体制改革、推动社会主义文化大发展大繁荣若干重大问题,对我国当前和今后一个时期文化建设作出了全面部署,为今后文艺工作和文联工作指明了方向,提出了更高要求。中国文联第九次全国代表大会、中国作协第八次全国代表大会是全国文艺界深入学习贯彻党的十七大和十七届六中全会精神的一次重要会议,党中央高度重视、文艺界寄予厚望、全社会十分关注。面对党和人民的殷殷重托,面对时代的热切呼唤,我们一定要以高度的责任感和使命感,将本次大会开成一个高举旗帜、服务大局、民主团结、鼓劲繁荣的盛会。

同志们,全国文艺界的朋友们,让我们更加紧密地团结在以胡锦涛同志为总书记的党中央周围,同心同德、开拓进取,共同谱写我国文艺事业繁荣发展的壮美诗篇,为推动社会主义文化大发展大繁荣、建设社会主义文化强国,为夺取全面建设小康社会新胜利、实现中华民族伟大复兴做出新的更大贡献!

预祝大会圆满成功!

（来源:中国文艺网）

评析:这是一篇代表大会开幕词。致辞人是全国政协副主席、中国文学艺术界联合会主席。正文开头说明会议开幕,对出席大会的党和国家领导人和代表、嘉宾、新闻界朋友表示感谢、欢迎,向全国文艺工作者致以问候。主体部分肯定广大文艺工作者为推动社会主义文化大发展大繁荣做出了重要贡献,阐述优秀的文艺作品的重要作用,指出本次大会召开的背景和重大意义,对参会的代表开好会议提出要求、号召全国文艺工作者为推动社会主义文化大发展大繁荣做出新的更大的贡献。结尾预祝大会圆满成功。开幕词庄重热情,层次清楚,重点突出,有较强的号召性,基本体现了开幕词的写作特点。

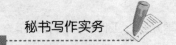

职工技能大赛开幕词

各位领导、同志们：

在这阳光明媚、万物竞相争艳的美好季节里，集团公司首届职工技能大赛瓦斯操作工技术比武，经过大会工作人员的精心筹备于今天在我矿隆重举行。在此，我代表矿党委、矿行政对这次大赛表示热烈的祝贺！向亲临技术比武现场指导的各位领导和前来参加技术比武的裁判员、比赛选手表示热烈的欢迎！

技术比武是企业职工学技术练本领的重要方式，是所有参赛选手个人综合素质和技能水平的演绎，更是对各单位重视职工技能素质提高，推进人才选拔和培养的一次检验，对全面提升职工队伍业务素质，促进企业可持续发展起着重要的作用。

近年来，我矿按照"创建学习型企业、争做知识型员工"的要求，把提高职工业务素质作为提高企业生产力，增强企业核心竞争力的重要手段，深入持久地开展了多种形式的技术比武、岗位练兵活动，积极引导鼓励职工"提建议、搞发明"，在全矿掀起了"学技术、学业务、练本领、强素质"的活动热潮，从而提高了职工的专业技能和综合业务素质，造就了一支高素质的职工队伍，实现了企业的管理创新、制度创新、技术创新，提高了企业的管理水平，为我矿的跨越式发展奠定了坚实的基础。

今天，这次瓦斯操作工技术比武在我矿举办，既是上级领导对我们工作的肯定和信任，也是对我们工作的促进和鞭策。我们将以争创一流的精神，按照"科学组织、周到服务"的工作方针，精心组织，周密安排，提供一切服务，创造一切条件，确保技术比武取得圆满成功。参加比武的各位同志要严格遵守比赛规则，认真履行和承担权利与义务，文明比赛，赛出风格，赛出水平，夺取比赛和精神文明的双丰收！

最后，预祝大赛圆满成功！祝各位领导身体健康，万事如意！祝各位参赛选手取得好成绩！

谢谢大家！

评析：这是一篇重要活动开幕词。正文开头说明技术比武在该矿隆重举行，代表主办单位对大赛的举办表示祝贺，对参会的领导和选手等表示欢迎。主体部分阐明技术比武的意义，介绍本单位技术比武、岗位练兵的成效，表达精心组织确保技术比武圆满成功的态度和决心，对参赛选手提出要求。结尾表达对大赛、参会领导、选手的祝愿。总体来说，这篇开幕词具有较强的鼓舞性。不足的是遗漏了对裁判的要求。

【技能训练】

一、指出下面这篇开幕词在结构和写法上存在的毛病并加以修改。

××股份有限公司股东大会开幕词
总经理　×××

各位先生，各位女士，各位朋友：

欢迎前来参加这个盛大的聚会。今年是20世纪最后一年，也是本公司快速成长的一年，在此，请允许我代表董事会向为此付出了辛勤劳动的全体员工表示感谢。正是由于全体员工的不懈努力,本公司在过去五年中克服了亚洲金融危机等因素带来的困境,业绩增长了40倍,股票价格上涨了800%。

在过去的几年中,本公司为迎接中国加入WTO作出了不懈努力,在技术积累和人力资源储备开发方面取得了长足进步,为公司的下一步发展奠定了坚实基础。我相信,在全体员工的不懈努力之下和各位股东的鼎力支持下,本公司在不远的将来一定能实现跻身世界同行500强的目标。各位股东也将获得丰厚的回报。

但是还应看到,机遇与风险并存。IT产业属于高成长、高风险的行业,技术创新投入巨大,市场环境瞬息万变,本公司的发展也将面临众多的困难和挑战。董事会有信心领导企业,迎接挑战,开拓前进,取得新业绩。

各位先生、各位女士,最近传闻本公司出现了财务问题,这是毫无根据的。谣言是不攻自破的,我们这次股东大会的召开,就是要向各位股东澄清这一点。现在,我宣布××股份有限公司股东大会开幕。

二、你所在院校今年将举办科技文化节,将邀请上级教委领导、科协领导和兄弟院校领导参加开幕式。请为校领导拟写一篇开幕词。

项目25 闭 幕 词

【走进课堂】

2013年10月31日上午,中国妇女第十一次全国代表大会圆满完成各项议程,在北京人民大会堂胜利闭幕。全国妇联主席×××主持会议并致闭幕词。她指出,中国妇女十一大是一次高举旗帜、催人奋进,凝心聚力、共谋发展,继往开来、与时俱进的大会。她要求各族各界妇女牢记党中央嘱托,响应大会号召,坚定中国特色社会主义理想信念,热爱祖国、自强不息,传承美德、树立新风,为实现中华民族伟大复兴的中国梦,谱写无愧于时代的巾帼华章。(据新华网编写)

思考:1.什么是闭幕词? 2.闭幕词有什么作用? 3.闭幕词一般应包括哪些内容?

【知识导航】

一、闭幕词的含义和作用

(一)开幕词的含义

闭幕词与开幕词相对应,是隆重的会议或活动结束时,由党政机关领导人或活动主办方负责人在闭幕式上所作的带有总结性、号召性的讲话或致辞。

(二)闭幕词的作用

闭幕词是重要会议或重大活动结束前的总结性讲话。闭幕词的作用主要有四个:一是宣告会议或活动胜利结束。二是加深参与者对会议或活动情况的了解。三是对会议或活动作出总结和评价,肯定成果。四是提出希望,激励行动、光大精神。

二、闭幕词的种类

1. 根据性质分,有党代会、人代会、政协会、职工代表大会、学术研讨会等大型会议闭幕词;有交易会、展览会、运动会、庆典活动等重要活动闭幕词。

2. 根据内容分,有阐发性闭幕词、一般性闭幕词。阐发性闭幕词也叫侧重性闭幕词,往往对会议或活动取得的成果、深远意义、会议的主要精神、会议要求等某一方面作重点阐述,其他问题一带而过。这类闭幕词一般篇幅较长,多见于规模和影响都较大的严肃性政治会议。一般性闭幕词幕词只对会议或活动的成果、意义、会后要求等作简要阐述,一般篇幅较短。

三、闭幕词的特点

1. 总结性:对会议或活动的过程情况、成果、主要精神、深远意义等进行概括总结和评价。

2. 礼仪性:对会议或活动取得圆满成功以及对取得成绩的人员表示祝贺,对给予支持、做出贡献的单位和人员表示感谢,语言热情礼貌,带有一定的礼仪性。

3. 号召性:以坚定热情的语言提出贯彻会议精神的要求和希望,号召为实现目标而奋斗,光大发扬好的作风和精神。

四、闭幕词的结构和写法

闭幕词一般由标题与题注、称谓、正文三部分构成。

（一）标题与题注

1. 标题

标题标明致辞人、会议或活动名称、文种等。闭幕词的文种名称一般是"闭幕词"或"致辞",也有的用"讲话"作为文种。闭幕词的标题有四种写法:一是由致辞人、会议或活动名称、文种构成,如:《××在××县第十七届人民代表大会第一次会议闭幕式上的讲话》《南京青奥会组委会主席×××在青奥会闭幕式上的致辞》。二是由会议或活动名称、文种构成,如:《体育艺术周闭幕式讲话》。三是只写文种"闭幕词"。只写文种,太过简化,一般不建议采用。四是正副标题式。正标题揭示主题,副标题标明致辞人、会议或活动名称、文种等。如《在实现中国梦的伟大进程中奋力开拓妇女发展更加广阔的前景——在中国妇女第十一次全国代表大会上的闭幕词》、《大力加强中外合作办学理论建设,服务于中外合作办学实践创新和科学发展——"中外合作办学与高水平大学建设"国际学术研讨会闭幕词》。

2. 题注

题注标明致辞人和致辞日期。日期一般用阿拉伯数字加圆括号在标题下居中标示,如:(2013 年 8 月 25 日)。也有的用小写汉字标示日期。致辞人姓名一般在日期下居中标示,必要时写上致辞者的职务。也有的将致辞人姓名在日期之上标示。如果标题中已经有致辞人姓名,则题注中不必再标明。有的还在题注中标明地点。

（三）正文

正文包括开头、主体和结尾三个部分。

1. 开头

开门见山地说明大会或活动已经完成了各项议程和任务,即将落下帷幕或胜利闭幕;对大会或活动的圆满成功,对表现突出、成绩优异的集体和个人表示热烈的祝贺;对为会议或活动给予支持、做出贡献的单位和人员表示感谢;对会议或活动作出简要的评价。例如:

"医院第六届二次职工代表大会,经过全体代表的共同努力,顺利完成了大会各项议程,即将落下帷幕,在此,我代表大会主席团向与会的各位代表和同志们几天来对会议的关心和支持表示衷心的感谢! 并祝贺大会取得圆满成功!"(《市医院第六届二次职工代表大会闭幕词》)

"秋风送爽,丹桂飘香。在举国上下喜迎党的十八大胜利召开之际,学院2012年秋季田径运动会,在全院师生的共同努力下,胜利完成了全部赛事,即将落下帷幕。在此,我代表学院党、政,向为本届运动会付出辛勤劳动的组委会及全体运动员、教练员、裁判员表示衷心的感谢! 向取得优异成绩的集体和个人表示热烈的祝贺!"(《在××职业技术学院第四届秋季运动会闭幕式上的讲话》)

"沛县第十六届人民代表大会第二次会议,在县委和大会主席团的领导下,经过全体代表和与会同志的共同努力,圆满完成大会预定的各项议程。这是一次发扬民主、集中民智的大会,是一次凝聚人心、鼓舞干劲的大会。"(《县第十六届人民代表大会第二次会议闭幕词》)

2. 主体

主体部分是闭幕词的核心。主要是对大会或活动进行概括总结,并提出贯彻大会精神、发扬优良作风的要求和希望。具体内容有:概括总结会议或活动完成的任务、取得的成果;指出会议的主要精神和深远意义;分析活动取得成功的原因和从其中体现出来的精神;提出学习贯彻会议精神的基本要求或光大发扬活动中体现出来的好的作风和精神。有的闭幕词还分析当前形势、指出今后任务。有的对会议虽未涉及但在会议期间已认识到,而且又确应加以强调和阐述的问题,在闭幕词中予以提出、强调和阐述。有的在主体部分对为会议或活动给予支持、做出贡献的单位和人员表示感谢。

3. 结尾

郑重宣布大会或活动胜利闭幕。常用:"现在,我宣布:×××胜利闭幕!"有的在结尾发出号召或展望未来。有的在宣布闭幕后还表达对与会者的祝愿。有的在结尾请其他高级领导宣布闭幕。例如:

各位代表、姐妹们、同志们,美好的未来令人憧憬,壮丽的事业催人奋进。让我们更加紧密地团结在以习近平同志为总书记的党中央周围,高举中国特色社会主义伟大旗帜,以邓小平理论、"三个代表"重要思想、科学发展观为指导,团结一心,开拓奋进,为全面建成小康社会、加快推进社会主义现代化、实现中华民族伟大复兴的中国梦而努力奋斗!(《在实现中国梦的伟大进程中奋力开拓妇女发展更加广阔的前景——在中国妇女第十一次全国代表大会上的闭幕词》)

"现在我宣布:酒泉市医院六届二次职工代表大会胜利闭幕。最后,祝愿我院医疗事业兴旺发达! 祝愿全院职工家庭幸福安康! 祝愿与会领导和全体代表身体健康,万事如意!"

（《市医院第六届二次职工代表大会闭幕词》）

"各位代表、同志们,我坚信有县委的正确领导,有县四套班子的同心协作,有县人大常委会一班人和代表们的大力支持,有勤劳、朴实、智慧的 127 万沛县人民的共同努力,'打造转型升级示范区、建设龙城水乡新沛县'的宏伟目标一定能够实现! 沛县的明天一定会更加美好!"（《县第十六届人民代表大会第二次会议闭幕词》）

"最后,我宣布:××职业技术学院、××学院 2012 年秋季田径运动会胜利闭幕! 谢谢!"（《在××职业技术学院第四届秋季运动会闭幕式上的讲话》）

五、闭幕词的写作要求

1. 高度概括,重点突出

闭幕词的主要作用是使参会人员明确会议或活动的成果、任务,在此基础上提出期望,发出号召,所以必须对整个会议或活动进行高度概括提炼,重点要阐明会议的主要精神和深远意义,提出贯彻落实的期望要求,以加深与会人员认识,明确奋斗方向。

2. 热情有力,富于感召

比起开幕词来,闭幕词的语言要更加热情、有力,富于感染力。特别是要以坚定的语气提出要求、以饱满的感情发出号召、展望未来、激发斗志,使参会人员既明确任务,又充满信心,在热烈的气氛中结束会议或活动,以愉快、豪迈的心情走出会场。

3. 语言简明,篇幅短小

闭幕词与开幕词一样,不可长篇大论,应注意语言简明、文字精练,篇幅一般也应在 1000 字左右。

六、开幕词与闭幕词的关系

开幕词与闭幕词都用于隆重的会议或活动,它们遥相呼应,一个是大会或活动的序曲,一个是大会或活动的尾声,联成一个有机的整体。

开幕词与闭幕词都不是会议或活动的主体,是会议或活动的辅助部分,篇幅都宜短小。比较起来,闭幕词可以稍稍长点。

开幕词和闭幕词都具有指导、鼓动作用,都要求具有较强的感召力。但开幕词重在会议或活动前的指导与鼓动,通过阐述会议背景、意义,动员与会人员带着强烈的责任感与饱满的热情投入到会议中去;闭幕词重在会议或活动后的指导与鼓动,通过归纳强调会议的主要精神和活动经验,鼓舞与会人员肩负会议的使命与百倍的信心奔赴各自的工作岗位。一个重在指导如何开好会议、投身活动,一个重在指导如何落实会议、光大精神。

开幕词和闭幕词由于功用的不同,写作的侧重点也不相同。开幕词重在介绍会议或活动的主要任务,阐明会议或活动举办的意义,提出投身会议或活动的要求;闭幕词重在总结会议或活动的成果和经验,阐明会议或活动对今后工作产生的意义和深远影响,提出贯彻落实会议精神的要求。

【例文评析】

中国文联第九次全国代表大会闭幕词

(2011 年 11 月 25 日)

各位代表,各位嘉宾,同志们,朋友们:

中国文学艺术界联合会第九次全国代表大会,在党中央的亲切关怀和领导下,经过全体代表的共同努力,圆满完成了各项议程。几天来,我们认真听取和学习了胡锦涛总书记的重要讲话,审议并通过了赵实同志代表中国文联第八届全国委员会所作的工作报告,修订了《中国文学艺术界联合会章程》,选举产生了中国文联新一届领导机构。全体代表不负重托,以高度的责任感和使命感,认真履行了代表职责,圆满完成了各项任务。这是一次统一思想、振奋精神的大会,是一次民主团结、鼓劲繁荣的大会,也是一次求真务实、创新发展的大会。

这次大会全面贯彻党的十七届六中全会精神,认真学习领会胡锦涛总书记的重要讲话。代表们一致认为,总书记的重要讲话,站在建设社会主义文化强国、实现中华民族伟大复兴的高度,深刻阐明了文艺事业和文艺工作在党和国家工作全局中的重要地位,对广大文艺工作者充满期待,提出了殷切的希望和要求,这就是:始终坚持正确方向,更加自觉、更加主动地承担起用社会主义先进文化引领社会进步的历史责任;始终坚持以人为本,更加自觉、更加主动地承担起为人民抒写、为人民放歌的历史责任;始终坚持锐意创新,更加自觉、更加主动地承担起推进文化创造的历史责任;始终坚持德艺双馨,更加自觉、更加主动地承担起弘扬文明道德风尚的历史责任。讲话高屋建瓴、总揽全局,内涵丰富、思想深刻,是繁荣发展中国特色社会主义文艺的纲领性文献。代表们备受鼓舞,深感使命光荣、责任重大。

胡锦涛总书记的重要讲话,充分肯定了第八次文代会以来文艺工作和文联工作取得的显著成绩,高度评价了广大文艺工作者作出的重要贡献。总书记满怀深情地说,广大文艺工作者对祖国和人民有真情挚爱,对国家和民族有担当奉献,对艺术和事业有坚守追求,是一支可亲可敬、大有作为的队伍,是一支党和人民完全可以信赖的队伍。胡锦涛总书记的讲话,感动了全体代表,并通过媒体传遍了全国,深深打动了文艺工作者的心。我坚定地相信,全国文艺工作者一定不会辜负党和政府的亲切关怀和高度信任。文艺工作者明白,对于这种关怀和信任的最好回报,不是空泛的表态,而应是高质量的精神产品。文艺工作者将会更加潜心地创作,更加辛勤地耕耘,把更好更多的文艺作品奉献给养育我们的人民。

各位代表,同志们!

党的十七届六中全会从党和国家事业全局的高度,对深化文化体制改革、推动社会主义文化大发展大繁荣进行了全面部署。我们一定要把深入学习贯彻胡锦涛总书记的重要讲话和党的十七届六中全会精神紧密结合起来,振奋精神,扎实工作,更加自觉地服务大局,服务群众,服务文艺创作,服务文艺工作者,切实加强文联组织自身的建设,为圆满完成第九次文代会提出的各项任务而努力奋斗。

各位代表,同志们!

今天，我们已经站在新的历史起点上，可以说，一个新的文化建设高潮已经到来。让我们更加紧密地团结在以胡锦涛同志为总书记的党中央周围，高举中国特色社会主义伟大旗帜，坚持以邓小平理论和"三个代表"重要思想为指导，深入贯彻落实科学发展观，坚定不移地走中国特色社会主义文化发展道路，为推动社会主义文化大发展大繁荣、建设社会主义文化强国，实现中华民族的伟大复兴做出新的更大贡献。

（来源：中国文艺网）

评析：这是一篇代表大会闭幕词，与开幕词中的例文相对应。开头用一段话说明大会圆满完成了各项议程，总结会议的成果，评价会议意义。主体部分用两段话总结大会学习胡锦涛在开幕式上的重要讲话成效，用一段话提出要求贯彻会议精神的要求。结尾用一段话发出号召。闭幕词重点突出，强调了会议的主要成效，有较强的指导性和鼓动性。学习本篇例文，应对照开幕词领会二者的区别。

 例文二

南京青奥会组委会主席×××在
第二届夏季青奥会闭幕式上的致辞
（南京 2014 年 8 月 28 日）

尊敬的李克强总理，

尊敬的巴赫主席和夫人，

尊敬的各位来宾，女士们，先生们，青少年朋友们：

第二届夏季青年奥林匹克运动会顺利完成各项赛事活动，今晚即将圆满落下帷幕。在这收获友谊、分享收获的时刻，我谨代表南京青奥会组委会，向国际奥委会、各国际单项体育联合会、各国各地区奥委会，向所有为本届青奥会做出贡献的朋友们表示衷心的感谢！

在过去的 12 天里，来自五大洲的年轻运动员同场竞技、增进友谊、放飞梦想。你们的出色表现充分展现了青年人的激情、活力和风采。我们向取得优异成绩的运动健儿表示热烈的祝贺！向所有参与青奥活动的青少年朋友们致以亲切的问候！

回顾南京青奥会从筹备到举办的历程，我们要感谢所有参与筹办工作和保障赛会运转的人们，你们为青奥会贡献了智慧、付出了辛劳；我们要感谢全心投入、默默奉献的广大志愿者，你们用周到的服务和真诚的微笑给各方来宾留下了美好回忆；我们要感谢精心报道青奥会的媒体朋友们，你们将动人的故事和美好的瞬间传播到世界各地。正是大家的共同努力，成就了一届精彩难忘的青春盛会，翻开了奥林匹克运动新的青春篇章。

朋友们，南京青奥会是青年奥林匹克运动新的起跑线，让我们从这里出发，拥抱希望、追逐梦想，弘扬奥林匹克精神，携手共创更加美好的未来！

现在，我十分荣幸地邀请国际奥委会主席巴赫先生致辞并宣布闭幕。

（来源：2014 南京青奥会官方网站 http://www.nanjing2014.org/）

评析：这是一篇运动会闭幕词。开头说明赛事顺利完成，即将落幕，表达对奥委会等为运动会做出贡献的单位和人员的感谢。主体用一段话高度概括地评价运动员的风采，表示热烈祝贺，用一段话筹备参与筹办工作和保障赛会运转的人们、感谢志愿者、感谢媒体朋友，用一段话热烈地号召弘扬奥林匹克精神,携手共创更加美好的未来。结尾邀请国际奥委会主席致辞并宣布闭幕。整篇闭幕词不足 600 字,更多地体现出一种礼仪性。

【技能训练】

一、指出下面这篇闭幕词在结构和写法上存在的毛病并加以修改。

××职业学院第五届运动会闭幕词

亲爱的各位老师、同学们:

你们好!

本届运动会,是一次团结的盛会、友谊的盛会。在短短的三天时间里,比赛进程井然有序,紧凑激烈,效率出众,成绩喜人。本届运动会共有 123 名运动员参加了 25 个比赛项目的紧张角逐,其中有 7 人刷新了学院运动会的纪录,并涌现出 12 个先进集体。同时,在为期三天的运动会上,全体裁判员始终严格要求自己,认真负责,坚持标准,以公平、公正、公开的工作作风,保证了本届运动会的圆满举办。

本届运动会充分体现了"更高、更快、更强"的奥运精神和"友谊第一,比赛第二"的良好风尚。运动会期间,全院师生发扬奋发有为、吃苦耐劳的精神,努力克服由于天气恶劣造成的种种不便,使本届运动会赛出了水平、赛出了风尚,获得了体育竞技和精神文明的双丰收。在今后的工作中,我们要继续发扬这种良好风尚,发扬"更高、更快、更强"的奥运精神,互相学习,奋力拼搏,再创佳绩!

谢谢大家!

二、你所在院校今年举办的科技文化节历时一个月,即将落下帷幕,请你为学校领导拟写一篇在闭幕式上的致辞。

单元四 公关礼仪文书写作

项目 26 欢 迎 词

【走进课堂】

博鳌亚洲论坛 2012 年年会 4 月 1 号至 3 号在海南博鳌举行,2 号举行论坛的开幕仪式,中共中央政治局常委、国务院副总理李克强出席年会开幕式并发表主旨演讲。博鳌亚洲论坛秘书长周文重主持开幕仪式,博鳌亚洲论坛理事长福田康夫向与会来宾致欢迎词。

思考:1. 欢迎词主要用于什么场合? 2. 欢迎词应该包含哪些内容? 3. 欢迎词与开幕词有什么区别?

【知识导航】

一、欢迎词的含义

欢迎词,指对来宾或即将加入团体的新成员表示欢迎的礼仪性致词。

在大型活动的开幕式上,可以同时有开幕词和欢迎词。开幕词由主持者或重要领导者致词,而欢迎词是由举办地的主办者致词,尽地主之谊。

二、欢迎词的特点

(一)欢愉性

中国有句古话是"有朋自远方来,不亦乐乎",所以致欢迎词当有一种愉快的心情,言词用语务必富有激情和表现出致词人的真诚。只有这样才可给客人一种"宾至如归"的感觉,为下一步各种活动的完满举行打下好的基础。

(二)口语性

欢迎词本意是现场当面向宾客口头表达的,所以口语化是欢迎词文字上的必然要求,在遣词用语上要运用生活化的语言,既简洁又富有生活的情趣。口语化会拉近主人同来宾的亲切关系。

三、欢迎词的种类

(一)从表达方式上分,可以分为现场讲演欢迎词和报刊发表欢迎词。现场讲演欢迎词一般由欢迎人在被欢迎人到达时在欢迎现场口头发表。报刊发表欢迎词是发表在报刊或公开发行刊物之上的欢迎稿,它一般在客人到达前后发表。

(二)从社交的公关性质上分,可以分为私人交往欢迎词和公事往来欢迎词。私人交往欢迎词一般是在个人举行较大型的宴会、聚会、茶会、舞会、讨论会等非官方的场合下使用的欢迎稿,通常要在正式活动开始前进行。私人交往欢迎词往往具有很大的即时性、现场性。公事往来欢迎词一般在较庄重的公共事务中使用,要有事先准备好的得体的书面稿,文字措词上的要求较私人交往欢迎词要正式和严格。

四、欢迎词的结构和写法

欢迎词一般由标题、称呼、正文和署名与日期四部分组成。

（一）标题

欢迎词的标题写法一般有四种。

1. 一种是单独以文种命名,如《欢迎词》。

2. "场合＋文种",如《在××学术讨论会上的欢迎词》。

3. "致词者＋场合＋文种",如《×××在开学典礼上的欢迎词》。

4. "致词者＋对象＋文种",如《广州市市长×××致亚奥理事会评估团的欢迎词》。

（二）称呼

称呼写在开头顶格处。称呼要用尊称;称对方姓名要用全名,不得用简称、代称;在姓名前要冠以"尊敬的"、"亲爱的"、"敬爱的"等表示亲切的修饰语,在姓名后可加头衔,也可加"先生"、"女士"、"夫人"、"朋友"、"同志"等称谓。

（三）正文

欢迎词的正文一般可有开头、中段和结尾三部分构成。

1. 开头

开头通常应说明现场举行的是何种会议或仪式,发言者代表什么人向哪些来宾表示欢迎。如:

（1）今天下午我们有机会与史密斯先生欢聚一堂,感到十分荣幸。斯密斯先生已来我校多次,他是一位我们十分熟悉的师长和学界的前辈,他在文学理论方面的学术成就,在世界已久负盛名。这次,我们有幸再次请到斯密斯先生来我校讲学,希望大家倍加珍惜这次机会。首先让我代表今天所有参加会议的人,向远道而来的贵宾表示热烈的欢迎和敬意。

（2）在牛年即将过去,虎年就要到来之际,全国普通高校招生改革研讨会在我市隆重举行。我谨代表中共温州市人民政府,向国家教委领导和与会代表表示热烈的欢迎!

2. 中段

欢迎词在这一部分一般要阐述和回顾宾主双方在共同的领域所持的共同的立场、观点、目标、原则等内容,较具体地介绍来宾在各方面的成就及在某些方面做出的突出贡献,同时要指出来宾本次到访或光临对增加宾主友谊及合作交流所具有的现实意义和历史意义。

3. 结尾

通常在结尾处再次向来宾表示欢迎,并表达自己对今后合作的良好祝愿。如《在全国普通高校招生改革研讨会上的致辞》的结尾部分。

各位领导,各位同志:这次全国普通高校招生改革研讨会在我们温州召开,这是对我市教育改革和发展工作的一个很大的鞭策。我们要借这次会议的东风,认真学习兄弟地区的先进经验。我们也热忱地希望各位领导和同志们,对我市教育工作多加指导和帮助。

最后,预祝会议圆满成功。

（四）署名与日期

在正文下面右下方署上致词单位名称、致词者的身份、姓名，并署上成文日期。如果在标题中已经写明，则此处不必再落款。

五、欢迎词写作的要求

1. 语言要热情、友好、温和、礼貌。

2. 措辞要慎重，勿信口开河，同时要注意尊重对方的风俗习惯，应避开对方的忌讳，以免发生误会。

3. 篇幅短小，言简意赅。一般的欢迎词都是一种礼节性的外交或公关辞令，宜短小精悍，不必长篇大论。

【例文评析】

欢 迎 词

女士们、先生们：

值此×××厂30周年厂庆之际，请允许我代表×××厂，向远道而来的贵宾们表示热烈的欢迎。

朋友们不顾路途遥远专程前来贺喜并洽谈贸易合作事宜，为我厂30周年庆更添了一份热烈和祥和，我由衷地感到高兴，并对朋友们为增进双方友好关系作出努力的行动，表示诚挚的谢意！

今天在座的各位来宾中，有许多是我们的老朋友，我们之间有着良好的合作关系。我厂建厂30年能取得今天的成绩，离不开老朋友们的真诚合作和大力支持。对此，我们表示由衷的钦佩和感谢。同时，我们也为能有幸结识来自全国各地的新朋友感到十分高兴。在此，我再次向新朋友们表示热烈欢迎，并希望能与新朋友们密切协作，发展相互间的友好合作关系。

"有朋自远方来，不亦乐乎。"在此新朋老友相会之际，我提议：

为今后我们之间的进一步合作，为我们之间日益增进的友谊，为朋友们的健康幸福，干杯！

评析： 首先对宾客的光临表示热烈的欢迎，其次对朋友、合作伙伴的支持与帮助表示感谢，最后，表达祝愿。

【技能训练】

苏州市丝绸纺织经贸代表团应邀来你公司参观，并洽谈合作事宜，请你为欢迎仪式写一篇欢迎词。

项目 27　欢　送　词

【走进课堂】

当我们欢送访问成功将离去的来访宾客；欢送学习或工作任务完成后将离去的学者、科研工作者；欢送将去另一地方、另一单位工作而调离的同事；欢送刚毕业将离校跨入社会的学生;欢送出国留学、工作的亲人、朋友或同事等,都要用到欢送词。

思考: 1. 欢送词应该包含哪些内容? 2. 欢送词与欢迎词有什么区别?

【知识导航】

一、欢送词的含义

欢送词,指对将要离开的客人或团体工作成员表示送别之意的礼仪性致词。

在大型活动的闭幕式上,可以同时有闭幕词和欢送词。闭幕词由主持者或重要领导者致词,而欢送词是由举办地的主办者致词。

二、欢送词的特点

1. 感情真挚

欢送词大多借助描绘性词语和各种修辞手法,写得感情真挚,情绪饱满,起到烘托气氛、振奋精神的作用。

2. 简短精练

欢送词作为礼仪性文书,又是口头发表的讲话,通常只需三五分钟时间,内容单纯,简短精练。

三、欢送词的种类

1. 按性质划分,有用于公务活动的欢送词和用于私人交往的欢送词。

2. 按对象划分,有对来访的宾客的欢送词;对团体中的工作成员的欢送词;对派出执行某项任务的团体或个人的欢送词等。

四、欢送词的结构和写法

(一)标题

1. "致词者 + 欢送对象 + 文种",如《自动化系团支部致大学生志愿服务者×××的欢送词》。

2. "欢送对象 + 文种",如《致×××的欢送词》。

(二)称呼

如是用于大型会议,开头列举到会的几位贵宾的姓名和职务, 再加上常见的"各位专家学者、朋友们、女士们、先生们"。

如为一个人送行,直接写"亲爱的×××"。

(三)正文

正文由开头、主体、结尾三部分构成。

1. 开头

欢送词的开头表示送别或惜别之意。送体育健儿出征,新兵入伍等可用"热烈欢送……"、"我代表……热烈欢送……";送别友人、同事或来访的客人,则应有惜别之意,如"依依不舍地送别……"

2. 主体

送别的对象如果是外出执行重要公务人员或体育健儿出征、新兵入伍等,送别时就要展望前途或表示勉励,为之壮行;如果是长期相处的友人、同事将要分手,就应主要回顾过去的友好关系、一同走过的经历等,表示永不相忘;如果是暂时来到本地现在要离开的工作人员或客人,那就是描述其在此所做的事情,完成的工作,双方的友好合作等,还要写一下对今后双方合作的期望。

3. 结尾

欢送词的尾语多为表示祝愿的语句,如"谨致美好的祝愿"、"祝×××取得更大成绩"、"祝×××马到成功"等。

五、欢送词的写作要求

(一)情绪饱满

欢送词比较简短,但一定要情感真切、饱满,使人感到友好亲切,切忌空洞或平淡刻板,更不能虚情假意。

(二)措辞得体

欢送词要表达情感,但不能过于强烈或大起大落。礼仪文书应表现出迎送有节,张弛有度。

在外交场合欢迎有意见分歧的来宾时,应注意突出双方共同关心的话题,不动声色地淡化双方的矛盾点,特别要避开使对方尴尬的话题,为加强沟通创造良好的氛围。

【例文评析】

自动化系团支部致大学生志愿服务者王××的欢送词

亲爱的王××同学:

两天后,你就要随"大学生志愿服务团"远赴贵州,开始为期一年的乡村教师生活了。我们大家今天聚在这里,为你喝彩,为你壮行,也是表示向你学习!

你是我们系第一个参加"大学生志愿服务团"的同学。你在提出申请时说,自己从小在城市长大,对边远山区的生活缺乏了解,非常愿意到山区支教,既为山区教育尽一份力量,也使自己得到有益的锻炼。当你的申请得到批准时,你曾经兴奋地对身边同学说,要好好珍惜这一年的宝贵时光,为西部大开发做一点事情。

××,你平时言语不多,却用行动为我们做出了榜样。大学生参加志愿活动,在中国是开风气之先的行为,我们年轻人就应该到实践中去,到现代化建设的第一线去,到基层和艰苦地方去,经风雨、见世面、长才干、做奉献。海桐,你到了贵州,要尽快把那边的情况告诉我们,有什么需要我们做的,我们大家一定全力相助。你是我们学校、我们系的代表,也是我们大家的骄傲。我们会向你学习,积极参加各种志愿活动,为社会、为他人贡献自己的一份力量。

希望你到那边吃得多,晒得黑,身体棒棒,歌唱得更响亮。

祝××旅途顺利!工作有成!

(来源:豆丁网)

评析:这是在小型的、比较私人化的送别会上的致词。文中对大学生志愿服务者表示了由衷的赞扬,也在字里行间流露出深深的同学之谊。

 例文二

光明集团副董事长致亚奇先生伉俪的欢送词

亚奇先生伉俪:

在你们工作期满即将调赴新职之际,我谨代表集团全体员工,对你们三年来所付出的艰苦努力,对你们为集团做出的杰出贡献,表示深深的感谢! 三年前,你们放弃优越的生活条件,远渡重洋,来到这片贫瘠的土地。那时,这里还是满目荒凉,一片泥泞。你们不顾环境恶劣,与中国员工一起白手起家,艰苦奋斗。你们学会了中国人说的"冬练三九,夏练三伏",还常常把"向雷锋同志学习"挂在嘴上。我们一起熬过了多少不眠之夜,攻克了一个又一个技术难关。没有你们的先进技术和奉献精神,就不可能有今天的绿浪遍野,五谷丰登。当年你们与中国员工一起种下的经济作物林,现在开始获得回报了,而你们却要走了。你们将承担更加重要的工作,我们为此而高兴。不论你们走得多么远,这里的一草一木都将永远记住你们的无私奉献。

在此依依惜别之际,让我们再来同唱一曲《友谊地久天长》!

(来源:豆丁网)

评析:这是一篇致国际友人的送别词。文中深情地回顾了与国际友人并肩奋斗的工作历程,高度评价了他们做出的杰出贡献。全文情真意切,惜别之情溢于言表。

【技能训练】

开明公司代表在咱们公司考察了三天,即将离开。时间虽短,但双方关系融洽,交流愉快,已经相约长期合作。请你为明天的欢送会拟写一个简短的欢送词。

项目 28　答　谢　词

【走进课堂】

2006 年 01 月 17 日上午以"建设亲情小区、构建和谐社会"为主题的亲亲家园项目专家评审会暨新闻发布会,在索菲特大酒店举行,住在杭州网对此进行全程直播。坤和建设副总裁×××致答谢词。

思考:1. 答谢词适用于什么场合? 2. 答谢词缘由有哪些?

【知识导航】

一、答谢词的含义和特点

(一)答谢词的含义

答谢词,是指在特定的公共礼仪场合,主人致欢迎辞或欢送词后,客人所发表的对主人的热情接待和多多关照表示谢意的讲话。答谢词也指客人在举行必要的答谢活动中所发表的感谢主人的盛情款待的讲话。

（二）答谢词的特点

1. 充满真情。

2. 篇幅简短。

3. 注重照应。

二、答谢词的结构与写法（如表4－1所示）

表4－1　答谢词的结构与写法

写法	具体内容
标题	三种写法：第一种是只写文种名"答谢词"。第二种是写致词场合和文种名。第三种是写致词人、致词场合和文种名。
称谓	与欢迎词基本相同。人名要用全名，前加敬辞，后加头衔或"先生"、"女士"等，以突出被答谢的主人。 一般不使用泛称，只能在突出被答谢的主人之后，根据当时场合的实际，适当使用泛称以概括其余送行者。
正文	先向主人的热情接待表示由衷的感谢。再回顾欢聚的美好时光，对主人的盛情款待表示衷心的感谢，对访问取得的收获给予充分肯定，热忱真诚向主人表示感谢。
结语	再次表示衷心感谢和良好的祝愿，使举行的仪式充满祥和友好的气氛。
落款	写致词者的职务、姓名和日期，或在正文之后右下方，或在标题之下。

三、写作答谢词的注意事项

1. 客套话与真情

在礼仪场合，必要的客套话是不能省略的，比如"感谢"、"致敬"之类热情洋溢、充满真情的词语。

2. 尊重对方习惯

在异地作客，要了解当地民情、风俗、尊重对方习惯。

3. 注意照应欢迎词

答谢词要注意与欢迎词的某些内容照应，这是对主人的尊重。即使预先准备了答谢词，也要在现场紧急修改补充，或因情因境临场应变发挥。

4. 篇幅力求简短

【例文评析】

答 谢 词

女士们、先生们：

首先请允许我感谢你们的盛情邀请及款待，今天能够出席你们的招待会，我感到十分荣幸,能够有机会与在场的中国朋友畅谈,感到非常高兴。随着中国改革开放的进程不断深入,我们两国之间的交往越来越频繁,许多政府官员、科学家、艺术家、体育代表团和商人的互访,更加深了我们的友谊。多年来,我一直盼望着能有机会来中国,现在终于圆了我中国之行的梦。

这次在华一年时间的访问学习是卓有成效的,我能够有机会见到许多知名人士,聆听许多专家、学者的教诲,我们之间互相探讨、学习,并向中国专家、学者请教,收获很大。

我的到访,得到了热情好客的中国朋友的热情接待,我深深感受到了勤劳、善良的中国人民的热情、友好,我们彼此之间的深情厚谊,令我终生难忘!

借此机会请允许我再一次向大家表示衷心的感谢!

祝愿我们两国人民世代友好下去!

×××

××××年××月××日

评析:这篇答谢词正文分为三部分:其一先对主人的热情款待表示感谢。其二概写自己多年来一直要来中国的愿望,表明了自己访问的收获和感受。其三再次感谢和祝颂。全文情感真挚、感人,语言简练,结构完整,是一篇比较典型的答谢词。

在××学校欢送会上的答谢词

各位领导、各位老师、同学们:

在这惜别的欢送会上,杨校长和徐主任分别做了情深意切的讲话,希望我们"更上一层楼",为培养祖国的下一代做出新的成绩,我代表××学校实习同学向各位领导、老师和同学们表示最诚挚的谢意!

回顾五十个日日夜夜是激动人心的,令人难忘的,一幕幕感人肺腑的情景仍历历在目,校长带着学生亲自到火车站迎接,书记在欢迎会上热情洋溢的讲话,后勤同志在生活方面的各种照顾,指导老师在教学上的真诚帮助,班主任对学生的详细介绍,同学们在课堂上的专心听讲,这一切的一切都给我们留下了深刻的印象,也是我们能圆满完成这次实习任务的重要保证。

在这行将离别之际,纸短情长,词不达意,唯有献一盆鲜花。你们看见鲜花,就像看见我们一样。我们一定不忘领导的希望、老师的帮助和同学们的勉励,回校后坚决服从祖国的分配,在新的工作岗位上,在党的十五大精神鼓舞下,为开创教育事业的新局面做出我们应有的贡献!

再见吧,难忘的领导、难忘的老师和难忘的同学们!

××学校全体实习同学

××××年××月××日

评析:例文篇幅不长,却将答谢词的写作要领表现得十分充分。在答谢词开头,要简略地概括先致辞者讲话的意思,对其所表达的情谊致以热情的回应和诚挚的谢意。例文中,

"杨校长和徐主任""情深意切的讲话",被作者概括为"希望我们'更上一层楼',为培养祖国的下一代做出新的成绩",很简洁、切要,表现出很强的概括能力。紧接着表示了"最诚挚的谢意",回应了先致辞者的讲话,起到了加深情谊的作用。

【技能训练】

东方集团一行五人对江山集团进行了为期五天的考察,得到了江山集团的大力支持和盛情的款待,请以考察团负责人的身份在宴会上作答谢词。

项目 29 感 谢 信

【走进课堂】

2014 年 5 月 14 日上午,××市政府门口爆竹齐鸣,多年上访的原铸造厂职工许阿龙一行 20 多人将一封感谢信贴在了市政府门口,并把绣着"勤政务实,为民办事"的锦旗送到了××市经贸局领导干部的手中。2003 年××市铸造厂进行企业改制,用土地置换的 41 间门面房对企业的 37 名职工进行了一次性安置,许阿龙就是这些待安置职工中的一员。但是,由于原单位已经改制,主体已不存在等原因,随后门面房的产权证一直无法办理。过去的七八年来,他们一直为此事向相关部门、单位反映,但始终没有结果。今年元月,经贸局在对系统内信访稳定案件排查中将此事列为重点解决案件,经贸局领导高度重视,变上访为下访,指定专人负责到国土、住建、房管所、地税局等单位说明情况,协调解决办法。为此经贸局还专门召开局长办公会研究,出具相关证明材料。经过与多个部门多次协调后,最终为 25 户 37 名职工的 41 间门面房办理了产权证。赠与锦旗时,许阿龙感叹地说:"我们多年来的心病终于解除了,党的群众路线教育实践活动给我们带来了实实在在的好处。"

(来源:陕西传媒网:《"老上访户"送来了感谢信》)

思考:1. 如果这封感谢信由你起草,你该怎样表达对××市政府的谢意? 2. 感谢信能不能通过广播、电视、报刊和网络等媒体发布?

【知识导航】

一、感谢信的含义

感谢信是得到某人或某单位的帮助、支持或关心后答谢别人的书信。

感谢信对于弘扬正气、树立良好的社会风尚,促进社会主义精神文明建设有着重要意义。

感谢信寄送方式可以分为三种:一种是直接寄送给感谢对象,一种是寄送对方所在单位有关部门或在其单位公开张贴,还有一种是寄送给广播电台、电视台、报社、杂志社等媒体公开播发。

二、感谢信的特点

1. 感谢对象明确。感谢信都有确切的感谢对象,以便让大家都清楚是在感谢谁。

2. 表述事实具体。感谢别人是有具体的事由的,否则就会显得抽象空洞。

3. 感情色彩鲜明。感动和致谢的色彩强烈鲜明,言语里充满感激之情。

三、感谢信的种类

感谢信依据不同的标准可以有不同的分法。

（一）按感谢对象的特点来分

1. 写给集体的感谢信。这类感谢信,一般是个人处于困境时,得到了集体的帮助,并在集体的关心和支持下,自己最终克服了困难,渡过了难关,摆脱了困境,所以要用感谢信的方式表达自己的感激之情。

2. 写给个人的感谢信。这类感谢信,可以是个人也可以是单位也可以是集体为了感谢某个人曾经给予的帮助或照顾而写的。

（二）按感谢信的存在形式来分

1. 公开张贴的感谢信。这种感谢信包括可在报社登报、电台广播或电视台播报的感谢信,是一种可以公开张贴的感谢信。

2. 寄给单位、集体或个人的感谢信,这种感谢信直接寄给单位、集体或个人。

四、感谢信的结构和写法

感谢信的结构一般由标题、称谓、正文、结语、署名与日期五部分构成。

（一）标题

标题可只写"感谢信"三字;也可加上感谢对象,如《致×××同学的感谢信》、《致平安物业公司的感谢信》;还可再加上感谢者,如《×××全家致××社区居委会的感谢信》。

（二）称谓

写感谢对象的单位名称或个人姓名。如"××交警大队"、"刘自立同志"。

（三）正文

正文主要写两层意思,一是写感谢对方的理由,即"为什么感谢?"二是直接表达感谢之意。

1. 感谢理由。首先准确、具体、生动地叙述对方的帮助,交代清楚人物、时间、地点、事迹、过程、结果等基本情况;然后在叙事基础上对对方的帮助作恰贴、诚恳的评价,以揭示其精神实质、肯定对方的行为。在叙述和评价的字里行间要自然渗透感激之情。

2. 表达谢意。在叙事和评论的基础上直接对对方表达感谢之意,根据情况也可在表达谢意之后表示以实际行动向对方学习的态度。

（四）结语

结语一般用"此致敬礼"或"再次表示诚挚的感谢"之类的话,也可自然结束正文,不写结语。

（五）署名与日期

写感谢者的单位名称或个人姓名和写信的时间。

五、感谢信的写作要求

1. 叙述对方对自己或本单位的帮助,一定要把人物、时间、地点、原因、结果以及事情经过叙述清楚,便于组织了解和群众学习。

2.信中要洋溢着感激之情。在叙述事实的过程中,除了要突出对方的好思想和表示谢意外,行文要始终饱含着感情。这感情要真挚、热烈,使所有看到信的人都受到感染。

3.写表示谢意的话要得体,既要符合被感谢者的身份,也要符合感谢者的身份。

4.感谢信以说明事实为主,切勿不着边际地大发议论。

5.内容要真实,评誉要恰当。感谢信的内容必须真实,确有其事,不可夸大溢美。感谢信以感谢为主,兼有表扬,所以表达谢意时要真诚,说到做到。评誉对方时要恰当,不能过于拔高,以免给人一种失真的印象。

6.用语要适度,叙事要精练。感谢信的内容以主要事迹为主,详略得当,篇幅不能太长,所谓话不在多,点到为止。感谢信的用语要求是精练、简洁,遣词造句要把握好一个度,不可过分雕饰,否则会给人一种不真实、虚伪的感觉。

六、文种辨析:表扬信与感谢信的区别

1.二者的使用范围不同。表扬信侧重于对方做的好事,歌颂新人、新事、新风尚、新思想;感谢信,一般是写给做好事者本人或其单位领导;表扬信,可以是给好事者本人或其单位领导,也可以写给有关新闻单位,如报社、电台、电视台。

2.二者侧重点不同。表扬信是侧重表扬某人,表扬某人做了什么好事;而感谢信则是表达对某人帮助的感谢。

3.作者不同。表扬信可以是当事人写,也可以不是当事人自己写;感谢信应是当事人自己写。

【例文评析】

感 谢 信

××××电缆有限公司于××××年××月××日在南京举行隆重开业典礼,此间收到全国各地许多同行、用户以及外国公司的贺电、贺函和贺礼。上级机关及全国各地单位的领导,世界各地的贵宾,国内最著名的电缆线路专家等亲临参加庆典,寄予我公司极大的希望,谨此一并致谢,并愿一如既往与各方加强联系。进行更广泛、更友好的合作。

××××电缆有限公司

董事长:×××

总经理:×××

××××年××月××日

评析:既表达了对前来祝贺的单位、领导、贵宾、专家的感谢,也表达了继续加强合作的意愿。

例文二

感 谢 信

××公司并××总经理：

　　首先让我们向您致以衷心的感谢。

　　日前，我们"中美贸易和投资洽谈会"青岛分团正着急为赴美选带什么礼品时，是您毅然伸出友谊的手，贵公司的员工昼夜加班，赶制出一份丰厚独特的礼品，使我们深深感到，贵公司的花边美，礼品更美；贵公司的员工手巧，心灵更美。

　　让我们再次感谢总经理和贵公司员工的支持和诚挚友情。

　　此致

敬礼！

××××

×年×月×日

　　评析：对所感谢的原因进行了简单的介绍，全文虽然简短，但是感情真挚。

例文三

感 谢 信

××编辑部：

　　我院中文系×××等四名学员，前不久在贵社毕业实习两个多月，得到了贵社领导和工作人员政治上的热情关怀，业务上的耐心指导，生活上的悉心照顾。同学们实习的时间虽然不长，却取得了很好的成绩，达到了预期的实习目的。

　　贵社领导和工作人员热心支持教育事业的精神使我们深受感动，为此，特向贵社表示衷心的感谢！并决心以你们为学习榜样，忠诚党的教育事业，为党和国家培养更多优秀的人才。

　　此致

敬礼！

××大学××学院

××××年×月×日

　　评析：这篇感谢信，篇幅不长，但内容齐备，格式规范。正文概述了事由、对方的事迹，说明了我方的收获，表达了我方的感激、感谢之情，对对方的品德作出了适当的评价颂扬，最后，表示了向对方学习的态度和决心。

【技能训练】

　　一、某职校 11 会计（1）班学生于 4 月 10 日至 5 月 25 日前往某市地方税务局实习。实习期间，得到了该局领导和工作人员耐心细致的指导和无微不至的关怀，使同学们经历了一次实实在在的社会实践。请你根据这则材料适当补充内容,以班委会的名义,向该局写一封感谢信。

二、2008 年 5 月 18 日,地震发生后的第六天,中国青少年发展基金会在四川省绵竹县遵道镇援建的第一所"抗震希望小学"在四川省绵竹市遵道镇落成。请以该校师生的名义,写一封感谢信。注意事件的完整、人称的合乎实际。字数:300 字以上。

项目 30 慰 问 信

【走进课堂】

"你们关心照顾我们,高温酷暑送'清凉',逢年过节送'温暖',我们干劲倍增……"这是 2013 年 9 月 18 日,保定金茂建筑劳务公司的农民工写给中国中铁四局集团二公司宁波铁路枢纽新建北环线项目经理部二分部慰问信中的一段话。二分部承担着宁波铁路枢纽新建北环线镇海支线改线 2 公里和甬江特大桥主桥 5 公里的施工任务。根据施工需要,该分部先后与 10 余家外协施工队伍合作,对农民工给予无微不至的关怀。国庆节到来之际,这些农民工给二分部写来慰问信,以表达感激之情。

(来源:《人民铁道报》2013 年 9 月 27 日)

思考:除了节日慰问,还有什么情况下会用到慰问信?

【知识导航】

一、慰问信的含义

慰问信是以组织或领导的名义向对方表示慰问、关怀和鼓励的信函。主要用于某一集体或个人在某种特殊的状态下(灾害、事故、变故等)需要对其表达慰问之意。在元旦、新年、妇女节、劳动节、建军节等节日、纪念日,对相关人群表示关心、赞扬、鼓励,也使用慰问信。

二、慰问信的分类

1. 表扬慰问信。向取得重大成绩、做出突出贡献的集体或个人的慰问,表示表扬、赞扬和鼓励的称为表扬慰问信。表扬慰问信与贺信的区别是:贺信重在肯定结果,慰问信有兼顾过程的意味。

2. 受难慰问信。向意外遭受自然灾害、安全事故、重大牺牲的受难者或家属的慰问,表示同情、安慰和鼓励的,称为受难慰问信。如四川汶川、青海玉树遭受自然灾害后各界发去的慰问信、慰问电。

3. 节日慰问信。在某一群体的重要节日、纪念日,单位或组织向这一群体可以发出节日慰问信,以表彰、赞扬、鼓励有关人员。如:《致全体员工的新年慰问信》。

三、慰问信的结构和写法

慰问信通常有标题、称呼、正文、署名与日期四部分构成。

(一)标题

慰问信的标题通常由以下三种方式构成。

1.单独由文种名称组成,如《慰问信》。

2.由慰问对象和文种名共同组成,如《给抗洪部队的慰问信》。

3.由慰问双方和文种名共同组成,如《朱德致抗美援朝将士的慰问信》。

（二）称呼

慰问信的开头要顶格写上受文者的名称或姓名称呼。如果是写给个人的,应在姓名之后,加上"同志"、"先生"等字样,后加冒号。如"郑州市人民政府:"、"鲁迅先生:"。

（三）正文

慰问信的正文一般由发文目的、慰问缘由或慰问事项、结尾等几部分构成。

1.发文目的

该部分要开宗明义,写清楚发此信的目的是代表何人向何集体表示慰问。例如:"值此2014年新春佳节即将到来之际,中共杭州市委、市人大常委会、市人民政府、市政协代表全市人民,真诚地向你们及亲属表示亲切的慰问,并致以崇高的敬意。"

2.慰问缘由或慰问事项

本部分要概括地叙述对方的先进思想、先进事迹,或战胜困难、舍己为人、不怕牺牲的可贵品德和高尚风格;或者简要叙述对方所遭受的困难和损失,以示发信方对此关切的程度。要表现出发信方的钦佩或同情之情。

3.结尾

结尾表示共同的愿望和决心。如"让我们携手并进,为早日实现祖国的四个现代化而共同奋斗",又如"……困难是暂时的,最后的胜利一定属于我们!"等。接着写祝愿的话,如"祝你们取得更大的成绩。"、"祝节日愉快"等,但"祝"字后面的话应另起一行,空两格写,不得连写在上文末尾。

（四）署名与日期

慰问信的落款要署上发文单位或发文个人的称呼,并在署名右下方署上成文日期。

四、写作慰问信的注意事项

要根据慰问对象有针对性地进行慰问,根据不同的目的和对象来确定语气,如表达表扬性慰问信就与受难慰问信的语气、用词有所不同。篇幅要简短,不宜过长。感情要真挚。节日和表扬的,要体现出欣慰、褒奖,对遇到困难的群体进行慰问,要同情、安慰和鼓励。

根据发慰问信的目的和受众情况,可以选择不同的发布方式。如登报、电视、张贴等。

五、文种辨析:慰问信与感谢信的区别

慰问信和感谢信都有表扬的成分,但两者的区别非常明显。

一是内容侧重点不同,感谢信重在表示谢意,多讲对方对自己的帮助和支持,而慰问信则重在表示慰问,多讲对对方的勉励和激励。

二是写作对象略有不同,感谢信可以是感谢单位的,也可以是感谢个人的,而慰问信则多是对某些单位、集体或群众表示慰问。

【例文评析】

例文一

致全校师生的新年慰问信

老师们、同学们：

日月开新元，天地又一春。在全国上下深入学习贯彻党的十八届三中全会精神之际，值此万象更新、普天同庆的美好时刻，我们谨代表学校向爱岗敬业、辛勤工作的教职员工表示深深的谢意！向为学校发展无私奉献、鞠躬尽瘁的退休老同志表示亲切的慰问！向朝气蓬勃、追求梦想的莘莘学子表示衷心的祝福！恭祝大家新年快乐！

即将过去的2013年，是学校继续开拓奋进的一年。一年来，学校坚持内涵发展，加大教学改革力度，市级示范建设工程圆满收官，"国家骨干"建设工程进展顺利。深入学习宣传贯彻党的十八大、十八届三中全会精神和重庆市四届三次、四次党代会精神，实施党的群众路线教育实践活动，实现了教学工作和教育实践两手抓、两不误、两促进，党员干部服务发展的热情更旺、劲头更足。稳妥推进办学体制改革，设立了学校合作发展理事会基金；科研工作再创佳绩，成功立项省部级课题48项，公开发表论文383篇，其中核心及以上130余篇。学校开展了"校园十大学生人物"评选活动，积极打造健康、积极、向上、高雅的校园文化。学校积极开展国际合作与交流，成功申报学校首个中外合作项目，设立了韩语培训中心，实现了历史性突破。

这一年，学校不断加大投入，切实做好后勤服务和资产采购，积极协调有关各方，新增校地230亩工作推进顺利，实训中心建设工程即将竣工，"人与城市博物馆"建设工程已经启动，办学基础条件进一步扩大。深继续化人才强校战略，加强人才队伍建设，副高及以上教师148人，正高职称42人，博士19人。考生报考踊跃，第一志愿生源充足、生源质量高，一次性报到率达87.5%，位居全市高职学院第一；毕业生就业情况良好，初次就业率达98.5%，招生就业两旺的大好形势继续保持。

旧岁已展千重锦，新年更上一层楼。老师们、同学们，2014年，又将是一个充满希望、再创辉煌的一年。2014年，我们要以党的十八届三中全会精神为指导，进一步增强危机意识、机遇意识、发展意识，以内涵发展为主线、彰显特色为关键、人才队伍为保障、改革创新为动力，切实提高人才培养质量，努力提升教育教学水平，不断增强社会服务能力，促进学校各项事业的全面、协调、可持续发展，为服务国家职业教育发展、地方经济建设做出更大的贡献！

新年的钟声即将敲响，让我们共同祝福祖国更加繁荣昌盛，祝福学校明天更加美好灿烂，衷心祝愿大家新年快乐、身体健康、阖家幸福、万事如意！

××××职业学院

2013年12月31日

评析：这是一篇节日慰问信。正文开头部分说明慰问的缘由，在新年即将到来之际向全校师生表示祝福、感谢和慰问；主体部分回顾过去一年取得的成就，展望来年，发出号召；结尾表示良好的祝愿。全文礼仪周到，感情真挚，气氛热烈。"日月开新元，天地又一春。""旧岁已展千重锦，新年更上一层楼。"等华美的语言增添了节日的喜庆气氛。

致全县受灾人民群众的慰问信

全县广大受灾人民群众：

5月6日零点48分，我县遭遇百年未遇的雷电、大风、暴雨、冰雹等极端灾害性天气，给人民群众生命和财产造成了重大损失。在此，中共××县委、××县人民政府向在"5.6"特大雷电风暴冰雹灾害中遇难群众致以最深切的哀悼！向遇难者家属、受灾群众表示最亲切的慰问！

面对这场突如其来的自然灾害，在中共××市委、××市人民政府的亲切关怀下，县委、县政府团结带领全县党员干部、人民群众、公安干警和驻垫部队官兵，发扬不畏艰险、不怕牺牲的精神，万众一心、众志成城，踊跃投身伟大的抗灾救灾工作。一幕幕感人至深的救助场景、一个个可歌可泣的英雄人物跃然于丹乡大地。今天的××，已成为一个锤炼党员作风、砥砺干部品质、凝聚群众力量的大考场，94万勤劳勇敢、坚韧顽强的××人民正以自己的实际行动向世人交出一份靓丽的答卷。在此，谨向奋战在抗灾救灾第一线的全体党员干部、群众、公安干警、武警消防官兵和民兵预备役人员致以最崇高的敬意！

目前，抗灾救灾各项工作已进入攻坚阶段，县委、县政府要求，各乡镇、各部门要继续发扬不怕疲劳、连续作战的精神，做到无灾帮有灾、小灾帮大灾、轻灾帮重灾，聚万众之心、举全县之力投入抗灾救灾工作，全县各级党员干部群众要进一步鼓足干劲、振奋精神，高扬起倔强的头颅、挺立起不屈的脊梁，去夺取抗灾救灾和灾后重建工作的全面胜利。

县委、县政府相信，有市委、市政府的坚强领导，有全县各级党员干部的顽强拼搏，有广大人民群众的不屈奋斗，我们一定能战胜这场自然灾害带来的种种艰难险阻，重建一个更加富强美好的新××！

中共××县委

××县人民政府

2010年5月9日

（来源：××县人民政府网站）

评析：这是一篇受难慰问信。正文开头部分说明慰问缘由，表示哀悼和慰问；主体部分对全县人民抗灾救灾工作给予充分肯定，提出下一步救灾工作要求；结尾表达战胜灾害的信心。全文感情真挚，措辞得体，起到了慰问、表扬、鼓劲的作用。

【技能训练】

一、评析下面这篇慰问信，指出其不足之处。

慰 问 信

离休、退休教职工同志们：

我们代表全校的师生员工向你们表示祝贺和亲切的慰问！

多年来，同志们为学院的创立、发展和建设，为培养祖国的栋梁呕心沥血，辛勤工作，把自己美好的年华和聪明才智奉献给了党的教育事业，在全院人的心中，将永远铭记着你们的业绩和功劳。

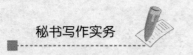

秘书写作实务

最后祝你们节日快乐！

××××学院
××××年××月××日

二、在劳动节、中秋节、春节、教师节、三八妇女节等节日来临之际，请代表单位或单位领导拟写一篇节日慰问信。

三、以个人或单位名义写作一篇慰问信，向灾区人民或受灾单位表示慰问。

四、以单位或单位领导名义写作一篇慰问信，向在艰苦恶劣环境中奋战的员工表示慰问。

项目 31　祝　贺　文　书

【走进课堂】

中国共产主义青年团第十七次全国代表大会 2013 年 6 月 17 日上午在人民大会堂开幕。习近平、李克强、张德江、俞正声、王岐山、张高丽等党和国家领导人到会祝贺，刘云山代表党发表了题为《在实现中国梦的伟大实践中谱写壮丽的青春篇章》的祝词。刘云山向大会的召开表示热烈祝贺，向全国各族青年、全体共青团员和广大青少年工作者致以亲切问候。

生态文明贵阳国际论坛 2013 年年会 20 日在贵阳开幕。中共中央总书记、国家主席习近平向论坛发来贺信。习近平在贺信中对论坛年会的召开致以热烈祝贺。习近平表示，本次论坛凝聚了国际社会对生态文明建设的共同关注，相信论坛的成果必将为保护全球生态环境做出积极贡献。习近平强调，走向生态文明新时代，建设美丽中国，是实现中华民族伟大复兴的中国梦的重要内容。中国将按照尊重自然、顺应自然、保护自然的理念，贯彻节约资源和保护环境的基本国策，更加自觉地推动绿色发展、循环发展、低碳发展，把生态文明建设融入经济建设、政治建设、文化建设、社会建设各方面和全过程，形成节约资源、保护环境的空间格局、产业结构、生产方式、生活方式，为子孙后代留下天蓝、地绿、水清的生产生活环境。

思考：1. 祝词一般用于什么场合？2. 祝词与贺词有什么不同？3. 贺信（电）有什么作用？

【知识导航】

一、祝贺文书的含义

祝贺文书是祝词、贺词、贺信、贺电等表示祝愿、庆贺的礼仪性文稿的统称。

祝词通常是对预期结果表达希冀祝愿之意。贺词一般用于对既成结果表示庆贺、道喜。祝词也含有庆贺之意，贺词也含有祝愿之意，二者在某些场合可以通用，有时也合称为祝贺词。祝词、贺词的"词"也可写作"辞"。以函件形式送达的贺词通常叫贺信，借助电报发出的贺词通常称作贺电。

祝贺文书除了用于现场致辞外，也可以在报纸、电视、网络等大众媒体上发表。

二、祝贺文书的作用

祝贺文书常用于节日、庆典、会议、酒宴等各种喜庆场合中。祝贺文书的使用不仅是出于礼仪的要求对人对事表示祝愿、庆贺,也是对祝贺对象的肯定、颂扬、慰问、希望和激励,而且对于建立友好的人际关系和组织间关系有着十分重要的作用。

三、祝贺文书的特点

1. 礼仪性

祝贺文书的使用首先是出于礼仪的需要对对方表示祝贺,在形式和言辞中体现出对祝贺对象的礼貌、尊重、欣喜、赞赏。

2. 情感性

祝贺文书感情真挚、热情洋溢,具有强烈的感染力。

3. 简短性

祝贺文书主要出于礼仪和公关的需要,不宜长篇大论,占用过长时间,所以一般篇幅短小,少则十余字,多则千余字,以尽意为目的,一般情况下以五六百字为宜。

四、祝贺文书的分类

按祝与贺的侧重不同分,祝贺文书可以分为祝词类和贺词类。

从祝贺的表达形式分,可以分为现场致辞祝贺与信函电传祝贺两类。

从祝贺内容上分类,可以分为节日祝贺、生日祝贺、事业祝贺、庆典祝贺、结婚祝贺、会议祝贺、酒宴祝贺等。

【知识卡片】

祝 酒 词

在宴会、酒会上,主人向宾客所致的祝词,称为祝酒词。祝酒词用得较多的是公关场合,尤其是外交场合。一般是先对宾客或来访者表示热烈欢迎;接着回顾双方的友好交往,盛赞友情,提出祝愿和希望;结语在表达良好的祝愿后,一般以"最后,我提议,为……干杯"的劝酒辞令作为结束语。在欢迎的宴会上所致的祝词(祝酒词)实际上就是欢迎词,在欢送宴会上的所致的祝词(祝酒词)实际上就是欢送词,只是祝酒词的结尾要比前二者的结尾多一个祝酒辞令。

五、祝贺文书的结构和写法

祝贺文书通常由标题、称呼、正文、署名和日期四部分构成。

(一)标题

标题主要有两种形式,一是只写文种,如《祝词》、《贺词》、《贺电》、《贺信》、《祝寿词》、《祝酒词》等。二是由文种与祝贺事由、致辞场合、致辞人、祝贺对象等要素构成。如:《××在××招待会上的祝词》、《在××典礼上的祝词》、《致××公司成立 50 周年的贺信》、《为庆贺×××同志××大寿的祝词》、《××××年新年贺词》等。

(二)称呼

称呼要热情友好,礼貌亲切。一般要用全称,称谓要得体。比如:"×××先生"、"×××董事长"、"尊敬的×××总统阁下"、"女士们、先生们"、"各位领导、同志们"等。对出席会议的领导和重要嘉宾应在统称前面重点称呼。称呼还要注意具体场合,尽可能在称呼中包括全部在场的人。如:"总统先生、×××夫人,女士们、先生们,同志们、朋友们"。

（三）正文

正文是祝贺文书的核心部分,分开头、主体、结尾三个部分。

开头说明祝贺缘由并向对方表达祝贺之意,如是代表,应郑重说明代表何人何组织致辞;接着在主体部分概括对方取得的成就,评价被祝贺事件意义,称颂对方的功绩与品德等;最后在结尾部分展望未来,表达热烈而庄重的祝颂。常用的祝颂语有"祝会议取得圆满成功"、"祝开业大吉,生意兴隆"、"祝相亲相爱,白头偕老"、"祝健康长寿"、"祝福如东海,寿比南山"、"祝取得更大成就"等。

（四）署名和日期

一般情况下,正式的、较为隆重的致辞,都要完整地在正文后署上致辞单位名称或致辞人姓名,并写上成文日期。姓名和日期如果在标题或题注中已经写明,则此处可不再写。

六、祝贺文书的写作要求

1.了解对象,掌握情况,切合实际,言之有物。写明祝贺事由、祝贺人与祝贺对象;主体部分有针对性地加以肯定、评论、颂扬,不能太过简单或空泛。

2.称谓礼貌妥帖,用词热情友好,感情热烈真挚,使对方感到温暖和愉快,受到激励与鼓舞。

3.颂扬与祝贺要掌握分寸,避免谄媚之嫌。要根据彼此的关系和感情程度,拿捏好说话的语气、态度、分寸;对受祝贺者成绩的概括和评价要实事求是、恰如其分;过分的赞美之词会使对方感到不安,自己也难免有谄媚之嫌。

4.对外宾致辞,注意体现民族尊严,不卑不亢。

【例文评析】

祝 酒 词

女士们、先生们:

晚上好! 中国国际××展览会今天开幕了。今晚,我们有机会同各界朋友欢聚,感到很高兴。我谨代表中国国际贸易促进委员会××市分会,对各位朋友光临我们的招待会,表示热烈的欢迎!

中国国际××展览会自上午开幕以来,已引起了我市及外地科技人员的浓厚兴趣。这次展览会在××市举行,为来自世界各国和全国各地的科技人员提供了经济技术交流的好机会。我相信,展览会在推动这一领域的技术进步以及经济贸易的发展方面将起到积极作用。

今晚 ,各国朋友欢聚一堂,我希望中外同行广交朋友,寻求合作,共同度过一个愉快的夜晚。

最后,请大家举杯,

为中国国际××展览会的圆满成功,

为朋友们的健康，

干杯！

评析：这是在展览招待会上的一篇祝酒词。开头对来宾表示亲切的问候，说明宴请的缘由并代表主办方表示热烈的欢迎，接着对本次展览会的情况及意义作了简要的介绍和评价，接下来对来宾表达希望与祝愿，最后提请大家干杯祝愿展览会的圆满成功。篇幅简短，态度热情，是一篇规范的祝酒词。

中国共产党中央委员会致中国国民党革命委员会
第十二次全国代表大会的贺词

各位代表，同志们：

在中国国民党革命委员会第十二次全国代表大会隆重召开之际，中国共产党中央委员会谨向大会表示热烈的祝贺！向全体代表，并通过你们向民革全体同志，致以亲切的问候和良好的祝愿！

中国国民党革命委员会具有光荣历史和优良传统，成立60多年来，继承和发扬孙中山先生爱国、革命和不断进步的精神，始终与中国共产党风雨同舟、同心同德，在争取民族独立和人民解放的伟大斗争中并肩作战，在社会主义革命和建设的伟大进程中携手前行，在改革开放和社会主义现代化建设的伟大实践中亲密合作，为中国革命、建设、改革作出了重要贡献。一代又一代民革中央领导人始终不渝同中国共产党亲密合作，坚定不移走中国特色社会主义道路，为统一战线和中国共产党领导的多党合作事业发展尽心竭力。历史充分证明：民革不愧为与中国共产党和衷共济、通力合作的亲密友党，不愧为致力于中国特色社会主义事业的参政党，不愧为实现国家富强、祖国统一、民族振兴的重要依靠力量！

过去的5年，是我们在中国特色社会主义道路上奋勇前进的5年，是我们经受住各种困难和风险考验、夺取全面建设小康社会新胜利的5年。5年来，民革自觉坚持中国共产党的领导，切实加强自身建设，积极履行参政党职能，各项工作都取得了显著成绩。坚持以科学发展为主题，以加快转变经济发展方式为主线，突出"三农"问题、祖国统一、社会法制三大重点领域，针对制定和实施"十二五"规划、社会主义新农村建设、促进区域协调发展、深化司法体制改革等重大问题深入考察调研，积极建言献策，为稳增长、惠民生、促和谐作出了重要贡献。顺应两岸关系和平发展的时代潮流，及时提出了"四个转变"的促进祖国统一工作思路，以纪念辛亥革命100周年为重要契机，通过双方互访、举办论坛、开展纪念活动等形式，推动了两岸交流交往，增进了两岸同胞感情。加大社会服务工作力度，建立和完善帮扶机制，帮助贵州毕节等西部地区落实重大项目、促进产业升级、积极改善民生，为当地经济社会发展作出了重要贡献。以政治交接为主线，以思想建设为核心，以组织建设为基础，以制度建设为保障，自觉加强内部监督，切实加强代表人士队伍建设，不断提升参政党建设能力和水平。在此，谨向中国国民党革命委员会的同志们致以崇高的敬意！

中国共产党第十八次全国代表大会，是在我国进入全面建成小康社会决定性阶段召开的一次十分重要的大会。大会高举中国特色社会主义伟大旗帜，以马克思列宁主义、毛泽东思想、邓小平理论、"三个代表"重要思想、科学发展观为指导，分析了国际国内形势发展变化,回顾总结了过去5年的工作和中共十六大以来的奋斗历程及取得的历史性成就,确立了科学发展观的历史地位,提出了夺取中国特色社会主义新胜利的基本要求,确定了全面建成小康社会和全面深化改革开放的目标,对新的时代条件下推进中国特色社会主义事业作出了全面部署,对全面提高中国共产党的建设科学化水平提出了明确要求,是一次高举旗帜、继往开来、团结奋进的大会,对于推动国家事业发展具有十分重大的意义。

夺取中国特色社会主义新胜利,必须充分调动一切积极因素,最大限度凝聚包括民主党派和无党派人士在内的全国各族人民的智慧和力量。中国共产党将按照十八大的要求,进一步巩固和发展最广泛的爱国统一战线,坚持长期共存、互相监督、肝胆相照、荣辱与共的方针,加强同民主党派和无党派人士团结合作,促进思想上同心同德、目标上同心同向、行动上同心同行,进一步巩固和发展中国共产党领导的多党合作的政治格局。希望民革带领广大成员,深入学习贯彻中共十八大精神,积极履行参政议政、民主监督职能,以更加饱满的政治热情投身改革开放伟大实践,发挥社会和法制领域人才优势,围绕加强和创新社会管理、全面推进依法治国等经济社会发展中的重要问题深入考察调研,积极建言献策,为社会主义现代化建设作出更大贡献。

实现祖国完全统一是海内外中华儿女的共同愿景,是不可阻挡的历史进程。中共十八大再次强调,必须坚持"和平统一、一国两制"方针,坚持发展两岸关系、推进祖国和平统一进程的八项主张,全面贯彻两岸关系和平发展重要思想,巩固和深化两岸关系和平发展的政治、经济、文化、社会基础,为和平统一创造更充分的条件。希望民革充分发挥在台湾和海内外联系广泛的优势,巩固交往成果、深化交流内涵、拓展工作领域,为促进两岸交流合作、实现祖国和平统一贡献力量。

中国国民党革命委员会第十二次全国代表大会是一次承前启后、继往开来的重要会议。大会将认真学习贯彻中共十八大精神,全面总结民革5年来的工作和经验,部署今后一个时期的工作任务,选举产生民革新一届中央领导机构。我们相信,民革新一届中央领导机构一定能够继承优良传统,深化政治交接,团结带领广大成员坚持中国共产党的领导,坚持走中国特色社会主义政治发展道路,加强自身建设,提高履职能力,开创各项工作崭新局面。

各位代表、同志们,宏伟的蓝图已经绘就,前进的号角已经吹响。让我们更加紧密地团结在以习近平同志为总书记的中共中央周围,高举中国特色社会主义伟大旗帜,坚持以邓小平理论、"三个代表"重要思想、科学发展观为指导,认真学习贯彻中共十八大精神,同心同德,开拓进取,为实现全面建成小康社会宏伟目标携手并进,为实现祖国和平统一和中华民族伟大复兴共同奋斗!

祝中国国民党革命委员会第十二次全国代表大会圆满成功!

中国共产党中央委员会

2012年12月12日

(来源:新华网)

评析:这是中共中央致民革全国代表大会的贺词。贺词首先向民革全国代表大会的召开和与会的代表表达了诚挚的问候;接着回顾了民革成立以来以及最近五年与中国共产党携手并肩,开创未来取得的成绩,并且对会议的成功召开提出了殷切的希望。表达了对参政党的深深关注之情。全国结构严谨,语言凝练庄重,朴实亲切,是一篇贺词的佳作。

 例文三

贺　信

《××》杂志社:

　　我们怀着十分欣喜与钦佩的心情通知您,贵刊在刚刚结束的"中国期刊奖"暨"第二届全国百种重点社科期刊"评选中荣获"中国期刊奖"暨"第二届全国百种重点社科期刊"称号。在此,向贵刊表示衷心的祝贺与诚挚的敬意。

　　处于世纪之交的"中国期刊奖"与"第二届全国百种重点社科期刊"的评选,是本世纪最后一次对全国期刊界的检阅,承先启后,继往开来,预示着新世纪中国期刊业进一步繁荣、腾飞的灿烂前景。吮吸着悠久历史的芬芳,化育着时代奋进的精神,祝愿贵刊早日成长为中国期刊之林的一棵参天大树。

中国出版杂志社

××××年××月××日

　　评析: 这篇贺信言简意赅,内容表达恰如其分,感情饱满充沛,充分表达出中国出版杂志社对《××》杂志社所获荣誉的肯定与热情祝贺,由衷地表达了其真诚的慰问与祝福。

 例文四

中共中央　国务院　中央军委对探月工程
嫦娥二号任务取得圆满成功的贺电

工业和信息化部、国家国防科技工业局、总装备部、中国科学院、中国航天科技集团公司、中国电子科技集团公司并参加探月工程嫦娥二号任务的全体同志:

　　值此探月工程嫦娥二号任务取得圆满成功之际,中共中央、国务院、中央军委特向参加这次工程任务的广大科技工作者、干部职工和解放军指战员,表示热烈的祝贺和亲切的慰问!

　　探月工程是我国高科技领域的标志性工程之一。嫦娥二号承担着为探月工程二期后续任务验证部分关键技术和为预选着陆区成像的重要任务。参与工程任务的全体同志牢记使命、科学求实、大力协同、拼搏奉献,使嫦娥二号实现了准时发射、准确入轨、直接地月转移、成功环月,胜利完成了既定的工程目标和科学目标。嫦娥二号任务的圆满成功,是继我国首次月球探测工程成功后取得的又一重大成就,是建设创新型国家进程中的又一重要成果,是中国人民攀登世界科技高峰的又一壮举,对于进一步推动我国航天事业发展,提升我国综合国力和民族凝聚力,激励全党全国各族人民更加意气风发地投身改革开放和社会主义现代化建设,不断把中国特色社会主义伟大事业推向前进,具有重大而深远的意义。祖国和人民感谢你们!

　　发展深空探测技术,和平开发利用太空,是中国人民始终不渝的追求。希望你们在以胡锦涛同志为总书记的党中央领导下,坚持以邓小平理论和"三个代表"重要思想为指导,深入贯彻落实科学发展观,大力弘扬"两弹一星"精神和载人航天精神,再接再厉,开拓进取,为推动"十二五"时期经济社会又好又快发展,为全面建设小康社会、实现中华民族伟大复兴作出新的更大贡献。

中共中央

国务院

中央军委

2010 年 11 月 8 日

(来源:新华网)

评析:这是一篇由中共中央、国务院和中央军委联合发给为我国探月工程取得成功做出贡献的相关单位和个人的贺电。标题采用"发电者＋事由＋文种"的方式表述,使人一看标题就能明了贺信的主题。正文首先讲明了祝贺的事由,接着分析了所祝贺事情的重大意义,最后提出了希望。全文感情饱满,语调喜悦,值得借鉴和学习。

【技能训练】

一、秘书学专业学生社会实践交流会将于 2014 年 8 月 22 日在北京港华大酒店举行,请你以北京港华大酒店总经理的名义写一篇祝词。

二、人民日报社网络中心给最高人民法院网的祝贺词信,内容如下:历经十年的发展,最高人民法院网在信息公开、网上办事和公众参与等方面发挥了重大作用,成为实现人民法院职能的网络平台和联系人民群众的重要纽带。我们衷心祝愿贵网越办越好,越办越强。按要求写一封祝贺信。

项目 32 告 启 文 书

【走进课堂】

某保健品公司因业务发展需要,决定向社会公开招聘业务经理 1 名,业务员 8 名,公司在当地某日报上刊登了招聘启事。

2010 年,有传闻称,××集团策划了"××奶粉性早熟事件","有××集团高管已被公安机关拘留"。对此,内蒙古××乳业(集团)股份有限公司就发表了《关于××被诬陷策划"××性早熟事件"的声明》,以此来澄清自己。

思考:1.启事有什么用途？ 2.启事与广告有什么区别？ 3.声明在社会公关中有何作用？

【知识导航】

一、启事的写作

(一)启事的含义和特点

"启"字含有"陈述"的意思。"事"即"事情"。启事,就是公开陈述事情。启事是机关、企事业单位、团体或个人,需要向公众说明某事或希望公众协助办理某事时使用的一种事务文书。

启事的特点：一是告启性，二是简明性，三是公开性。

启事一般在大众媒体或通过张贴的方式发布。

（二）启事的种类

1. 根据公布的方式分，可分为张贴启事、报刊启事、广播启事、电视启事。

2. 根据启事的目的分，可以分为请求协作型启事和声明知照型启事。

（1）请求协作型启事

请求协作型启事目的是希望得到别人的帮助和配合，这类启事的事务性、实用性很强。

请求协作型启事包括四个小类：寻人寻物等寻找类请示；招领遗失物品走失亲人等招领类启事；征稿征婚招聘等征求类启事；周年庆典婚礼庆典等聚会类启事。

（2）声明知照型启事

声明知照型启事的目的仅是让别人知晓某件事或某种心意，不需要别人采取相应的行为，这类启事多带有公关宣传性质。

声明知照型启事包括三个小类：迁移地址、更正事项等通知类启事；遗失证件、支票，更换厂名、印章等声明类启事；道歉、鸣谢、祝贺等陈情类启事。

（三）启事的结构和写法

1. 标题

一是以文种作标题，如"启事"、"紧急启事"；

二是以事由作标题，如"招聘"；

三是以启事单位和文种作标题，如"××公司启事"；

四是以事由和文种作标题，如"征文启事"；

五是由启事单位、事由、文种构成标题，如"××商城开业启事"等。

2. 正文

正文将有关事项一一交代清楚，具体说明启事的内容。

正文一般包含启事目的、原因、具体事项、要求等。如果内容较多，可分条列项，逐一交代明白。文末结束语可写上"此启"、"特此启事"、"谨此启事"等，亦可略而不写。如果是鸣谢启事，则写"谨此启事以感谢"；如果是道歉启事，则写"谨此启事以致歉"。

正文部分是体现各种启事不同性质和特点的关键部分，应依据不同启事的内容和要求，变通处置，注意突出启事的有关事项，不可强求一律。

寻人寻物启事主要写明要寻找的人或物的基本特征、丢失的时间与地点、联系的地点与电话号码、对协助寻找者的酬谢等。

更名启事主要说明更改名称的原因、更改名的全称、更改名称后的服务宗旨及业务范围等。若是经济实体，还要写明更改名称的单位对债权和债务的权利与义务等。

开业启事则应写明开业单位的名称、概况、性质、地点、经营项目和开业时间等内容。

招聘启事一般包括招聘单位基本情况、招聘对象、应聘条件、招聘待遇、招聘方法等内容。

征文启事应写清征文的目的、主要内容、具体要求、截稿时间、投寄方式、出版形式、如何奖励等。

征订启事要写明征订报刊书籍的性质、内容、特点、价目、征订单位及截止时间等。

3. 落款

写明启事单位名称或个人姓名和启事日期。

如果标题或正文中已写明单位名称,此处可以省略。

有的启事还需要写明单位地址、时间、电话、电子邮箱、联系人等。

凡以机关、团体、单位的名义张贴的启事,应加盖公章,以示负责。

(四)启事写作的注意事项

1. 要正确标示文种名称,不能将"启事"写成"启示",因为"启示"是启发、开导、使人有所领悟的意思。也不能用"公告"、"通告"、"通知"、"公示"之类。

2. 告启事项的表述要严密、完整。表述清楚,不遗漏应启之事。内容单一,一事一启,便于公众迅速理解和记忆。联系方式等要交代清楚。内容较多的,可分条列项,并在字体、字号等文本格式作些处理,使其内容醒目。

3. 用语简明得体,态度诚恳,措词礼貌,不要使用命令式或带有要挟性的语言。

(五)文种辨析

1. 启事与通知的区别

启事的诉求对象要么是公众,要么是不确定的。如果受文对象比较明确,有行政隶属关系的,则用通知。比如,某厂要让员工来换工作证,就可用通知,因为对象是明确的。如果是要让公众提供自己珍藏的该厂历史资料的,则可用启事,因为对象不明确,不知道谁手上有需要的史料。

2. 启事与通告的区别

个人不能用通告。行业管理性的内容用通告。如城管部门贴出的《菜市场迁址通告》。单位中有公关性质的事务用启事。比如,开业启事、厂庆启事等。

3. 启事与广告的区别

如果是固定的、长期的、大批量的商品、贸易信息,则可视为广告,如果是临时性的、偶然性的、个别的信息,则用启事。如大学生毕业前出售旧书、旧车等的启事,某居民出租房屋、与人调房的启事。

4. 启事与海报的区别

海报是向公众报道或介绍有关电影、演出、文体活动、学术报告等群众关心或喜闻乐见的活动时,用于传播消息的一种张贴性文体。启事与海报都具有告启性,而不具有强制性与约束力,都可在公共场所张贴。但两者是有明显区别的

一是内容范围不同:启事可以反映政治、经济和生活等多方面的内容,使用的范围较广,而海报则通常用于报道文化、娱乐、体育活动等方面的消息。

二是表现形式和表达风格不同:启事一般只以文字的形式来告知,语言严肃庄重,海报则可以作美术加工,图文并茂,生动活泼,可以用夸张性、鼓动性的语言。

三是公布方式不同:启事除张贴外,还可以通过广播、电视、报纸、网络传播,海报一般是在公告场所张贴、悬挂。

四是使用对象不同:启事是单位或个人均可使用,而海报多是单位使用,个人一般不用。

【例文评析】

寻 物 启 事

　　本人不慎于元月二十五日乘七路公共汽车时,将工作证、驾驶证、部队复员证、复员介绍信遗失。有拾到者请与××机械厂机修车间×××联系,必有重谢。电话:×××××××××。

启事人:×××

×年×月×日

　　评析:该启事语句通畅,要件齐全,格式规范。但也有不少欠缺的地方:一是遗失地点最好写详细点,是在哪个站台或从哪到哪的一段路上;二是那些证件应该装在一个包里,要把包的特征写清楚;三是"机械厂机修车间"等的描述可能多余,因为工作证上应该写明。

寻 人 启 事

　　×××,女,18岁,身高1.6米,瓜子脸,肤白,大眼睛,气质高雅,身穿浅红色连衣裙,白色皮凉鞋。于7月14日离家,至今未归,家中人十分想念她。本人若见到此启事,请尽快同家人联系,一切回家后好说。有知其下落者,请与××大学××系其父吴家俊联系,联系电话:×××;或请与××市×××路派出所联系,联系人:×××,电话:×××。定重谢。

××××年×月×日

　　评析:该寻人启事把走失人的特征和联系方式写得很详细、很清楚,略去走失原因不写,注意到了对两种受文对象的诉说,这些都是写得比较好的地方。但有个地方似乎欠考虑,那就是走失人的姓名和写启事人姓名,如果不是万般无奈,没必要把姓名写得那么真实、完整,初次发寻人启事,只写某女就够了,后面也只要留电话联系方式就行了。毕竟女孩离家出走不是什么光彩的事,要注意保全走失人和家人的脸面。

××中学校庆启事

　　××省××县××中学定于二○○六年×月×日隆重举行建校60周年庆典,敬请海内外历届学子及曾在本校工作过的教职工互相转告。

　　为编写校友录和便于联系,希各位校友见此启事后,尽快向学校寄信,写明姓名、性别、毕业时间(高中、初中、班名)、现工作单位、职务(称)、成就、通讯地址、电话等情况。

　　学校热忱欢迎各位校友届时返校同庆!

　　联系人:赵×× 李 ×

　　邮 编:423600

电 话:(0735)5223094

评析:该校庆启事语句简洁,内容完整,讲清了庆典事件,讲清了校友的概念,也讲清了需要校友做的事情。启事达到了三个诉求目的:一是向公众(校友)宣布庆典;二是希望校友相互转告;三是希望校友届时光临;四是要求校友写信给学校。文中的不足是:"学校热忱欢迎各位校友届时返校同庆"这句话应接在"互相转告"句后面;最后应写几句鼓动性的话。

例文四

××市人民医院院徽征集活动鸣谢启事

我院的院徽征集活动日前已经圆满结束,现向参加征集活动的设计者、社会监督员、职代会代表,以及在征集活动中给予关心支持的社会各界人士、激情参与的全院职工表示衷心感谢!

特此鸣谢

××市人民医院

××××年×月××日

评析:该启事就三句话,把鸣谢的缘由、对象和心意都表达出来了。但是,由于句子太简洁了,似乎鸣谢的因由和情意都不够充分,应该将征集院徽活动的成效和意义阐述一下,这样就能让大家看到医院的得益和对象的贡献,从而也就能真诚表现出医院的谢意。

例文五

国庆征文启事

为了欢度国庆,推动职工业余文艺创作,我们决定在国庆节前夕出一期《国庆专刊》。内容要求歌颂祖国、歌颂中国共产党,反映我公司自改革开放以来的巨大成就和职工新的精神风貌。稿件力求短小精悍、形式不拘,诗歌、散文、报告文学、小说等均可。希望同志们积极支持,踊跃投稿。稿件请于本月25日之前投入稿箱或交给各部门学习组长。

××公司宣传部

××××年9月20日

评析:该启事内容比较完整,把征文的缘由、要求、方法都交代清楚了。比较好的地方还有:缘由不只写出《国庆专刊》,还写了出专刊的意义;征文要求分内容和形式两点写,较为全面。不足之处是没有写清稿件被采用后的一些奖励办法,比如说稿酬、评奖等,如果有的话是有必要写的,写了可以提高征文效果。

二、声明的写作

(一)声明的含义和特点

1.声明的含义

声明是指单位或个人就有关事项或问题向社会表明自己立场、态度的一种启事类应用文。

声明不能写成"申明"。"申明"的意思是"郑重说明"。"声明"是指"公开表示态度或说明真相"。

声明可以在报刊登载,也可以通过广播、电台播发,还可以进行张贴。

2.声明的特点

(1)公开性。声明就是要公开宣布,让公众知晓,通常还要在媒体发布,具有公开性。

(2)表态性。声明通常对相关事项或问题进行事实披露或澄清,并表明自己的立场和态度。表态性是声明的本质特征。

(3)警示性。一些声明具有警告和警示他人,保护自己合法权益的意图和作用。

(二)声明的作用

1.表明立场、观点、态度的作用;

2.警告、警示的作用;

3.保护自己合法权益的作用。

(三)声明的种类

1.国家、政党声明

这是由某个国家、政党或其领导人对重大的国际、国内问题所发表的声明,或两个及两个以上国家、政府、政党、团体及其领导人在举行会议或会谈中,就共同关心的问题表明立场,或说明各方就双边或多边问题所达成的协议以及各自享有的权利和义务而发表的声明,这类声明,属于正式文件。如《中华人民共和国和印度尼西亚共和国联合声明》。

2.机关团体与个人发布的一般性声明

一般性声明通常有两类。

一类是法律声明,正在受侵害或可能会受侵害的组织或个人,通过传媒表示自己的维权立场或态度。这类声明,可以同时起到树立组织形象,扩大知名度的作用。

另一类是遗失声明,在自己遗失了支票、证件等重要凭据或证明文件时,为防止他人冒领冒用而发表的声明,目的是为了提醒公众及有关部门注意。

(四)声明的结构和写法

声明通常由标题、正文、落款三个部分组成。

1.标题

(1)以文种名"声明"为题。

(2)以"发文机关+声明"为题,如"商务部商业改革司声明"。

(3)以"态度+声明"为题,如"郑重声明"、"严正声明"。

(4)以"事由+文种"为题,如"知识产权声明"、"关于有人冒用本公司名义进行商业活动的声明"。

(5)以"作者+事由+声明"为题,如"腾讯集团关于反商业贿赂行为的声明"、"××市人民政府关于《××时报》失实报道的郑重声明"。

有的声明标题还由主副标题构成,如2014年3月26日签署的《中华人民共和国和法兰西共和国联合声明——开创紧密持久的中法全面战略伙伴关系新时代》,采用的就是主副标题的形式。

2.正文

正文通常分为三个层次。

（1）写明发表声明的原因，包括作者对基本事实的认定。这是发布者表达自己立场和态度的基础，要写得准确而简洁。如果是授权律师发表声明，开头必须写清受谁的委托。

（2）表明发布者的立场和态度，有时直接写明下一步将要采取的行动。写作时，要视声明的重点而定。如果重在披露或澄清事实，可以采取概述的方式；如果重在说明问题，可以依照一定的顺序或以条文的方式逐一表达；如果重在主张某项权利，可以将该内容单列一段。声明如果需要公众协助的事项，还应在文中或正文左下方写明联系方式。

（3）结束语。有的声明以"特此声明"作为结语，以示再次强调；也可以不写。

3.落款

（1）署名。正文之后署上发布者名称，可以是单位，也可以是个人。

（2）日期。即发布声明的日期。一般情况下，需要精确到日。

（五）声明写作注意事项

1.声明的内容要真实，表述要简明扼要，措辞要得体。

2.声明内容不能侵犯他人权利。有的声明大多为了维护自己的合法权益，但在表达自己的态度、立场时，要注意不能侵犯他人合法权益。

3.遗失声明登报时另有格式。遗失声明在报纸上刊登时，报社通常会从广告处理和版式设计的角度对其格式进行处理。

（六）文种辨析：声明与启事的区别

1.二者适用范围不同。启事意图在告知大众应该知道的事项，适用范围较广。声明也是告知大众相关的事项，但其重点是澄清事实、说明真相，同时表明自己的态度和观点。如寻物、招领用启事；遗失证件用声明来告知大众证件作废。征婚常用启事，离婚则常用声明。开业、庆典、迁移办公地点用启事，商品、商标遭侵权则用声明。

2.二者态度、措辞不同。启事的态度温和，语言谦和。声明的态度严肃慎重，措辞较强硬，在正文结束时，常用"特作如下声明"、"特此声明"等词语。启事则正常结束，没有专门的结束语。

【例文评析】

例文一

遗 失 声 明

某人遗失第二（或一）代居民身份证，证号：36232×××××××××××××，自本声明发布日起所有与本身份证有关事情概与本人无关。

特此声明

×××

××××年×月×日

评析：这是一份身份证遗失声明，交代遗失身份证号码并声明有关法律责任。

声　明

　　我厂"×××"商标已在国家工商行政管理总局核准注册,2001年4月被广西壮族自治区行政管理局评为"广西著名商标"。产品的外观设计已于1994年获得国家外观设计专利(ＺＬ93307762.9)。根据国家《商标法》和《专利法》的规定,我厂享有"×××"商标专用权和外观设计专利权,受法律保护。

　　我厂的"×××"系列产品是严格按照国家药品标准生产,并经严格检验和监督的药品,保证质量,深受广大消费者欢迎。最近发现一些厂家生产的消毒剂擅自使用"×××"的产品名称或者包装装潢,在市场上混淆视听,以假乱真,蒙骗群众,严重侵犯了我厂的"×××"商标专用权,也严重损害了消费者的合法权益。

　　敬请广大消费者在选购时认准源安堂"×××"牌正宗药品,以防误购、误用假冒产品。

　　特此声明。

×××制药厂
×××年7月9日

　　评析：这份声明目的是要让公众知晓,对相关事项进行事实披露和澄清,并表明了自己的立场和态度,维护自己的合法权益。

×××贸易公司声明

　　本公司销售部经理×××先生已于×年×月×日离职,本公司已撤销一切赋予×××先生之职权。今后,×××在外之一切活动,概与本公司及属下之附属公司无关。

×××贸易公司谨启
×××年×月×日

　　评析：这是一份离职声明,说明有关人员离职情况,声明有关法律责任。

【技能训练】

　　一、某房地产开发有限公司拟招聘仓库管理员、空调技术员、给排水技术员、清洁助理、物业管理等多名工作人员,请为其拟写一则招聘启事。

　　二、假如你是某单位的财务会计,不慎遗失了单位一张支票,请你拟写一个适合在报纸上刊登的声明。

单元五　商务文书写作

项目33　合　　同

　　2014年4月9日,住房和城乡建设部、国家工商行政管理总局联合印发了新版《商品房买卖合同示范文本》。该示范文本是在2000年原建设部和国家工商总局联合发布的《商品房买卖合同示范文本》(GF-2000-0171)基础上修订而成。新修订的合同示范文本分为预售合同和现售合同两个文本,分别为《商品房买卖合同(预售)示范文本》(GF-2014-0171)和《商品房买卖合同(现售)示范文本》(GF-2014-0172)。自新修订的合同示范文本颁布之日起,原《商品房买卖合同示范文本》(GF-2000-0171)同时废止。

　　与2000年的合同示范文本相比,新修订的合同示范文本主要有以下特点:一是在平等维护买卖双方合法权利、明确双方义务的基础上,更加注重买受人权益的保障。二是对签订合同过程中容易忽视的问题进行提示,引导买卖双方对合同重要事项作出承诺和告知。三是对法律法规没有明确规定的事项,引导买卖双方自行约定,避免引发纠纷。四是细化了买卖双方的违约责任,合同的适用性和可操作性增强。

　　思考:1.什么是合同示范文本? 2.一份合同应包含哪些主要条款? 3.订立合同有哪些注意事项?

【知识导航】

一、合同的含义和作用

（一）合同的含义

　　合同在古代称之为"契"、"契约",是证明出卖、租赁、抵押等关系的文书。如:房契、地契、田契、卖身契等。

　　广义的合同,泛指一切设立、变更、终止权利义务关系的协议。包括民法上的民事合同、行政法上的行政合同、劳动法上的劳动合同、国际法上的国际合同等。

　　狭义的合同,仅指民法上的民事合同,包括财产合同和身份合同。财产合同又包括债权合同、物权合同、准物权合同。身份合同包括婚姻、收养、监护等有关身份关系的协议。《中华人民共和国民法通则》第八十五条:合同是当事人之间设立、变更、终止民事关系的协议。

　　最狭义的合同是《中华人民共和国合同法》(以下简称《合同法》)所称合同,指除有关身份关系的协议之外的民事合同,主要指以交易关系为内容的经济、技术合同。《合同法》第二条:本法所称合同是平等主体的自然人、法人、其他组织之间设立、变更、终止民事权利义务关系的协议。婚姻、收养、监护等有关身份关系的协议,适用其他法律的规定。《合同法》第一百二十四条:本法分则或者其他法律没有明文规定的合同,适用本法总则的规定,并可以参照本法分则或者其他法律最相类似的规定。

合同的当事人是具有平等法律地位的自然人、法人、其他组织。自然人即公民,是指从出生时起死亡时止,具有民事权利能力,依法享有民事权利、承担民事义务的人。法人是具有民事权利能力和民事行为能力,依法独立享受民事权利和承担民事义务的组织,包括公司、企业事业单位、机关、团体等。"其他组织"指不具备法人资格的合伙组织以及分支机构等。

合同的法律特征:(1)合同是一种民事法律行为。(2)合同是两个以上法律地位平等的当事人意思表示一致的协议。(3)合同以设立、变更、终止当事人的民事权利义务关系为目的。

（二）合同的作用

合同是确定民事主体间权利义务关系的基本法律文件,其主要作用有:一是维护合同当事人的合法权益;二是维护交易秩序,保证交易安全,保障合同方履行责任和承担义务,监督合约按期、按质、按预定的规则完成;三是作为衡量合同执行结果的法律依据,及时、妥善地解决双方纠纷。

二、合同的特点

1.合法性。合同的内容、形式,合同的订立、履行、合同的变更和转让、合同的权利义务终止等都必须符合《合同法》等法律法规的规定。如:合同当事人的法律地位平等,一方不得将自己的意志强加给另一方;当事人订立合同,应当具有相应的民事权利能力和民事行为能力;依法成立的合同,自成立时生效;当事人应当按照约定全面履行自己的义务;当事人协商一致,可以变更合同。

2.强制性。依法成立的合同,受法律保护,对当事人具有法律约束力。当事人应当按照约定履行自己的义务,不得擅自变更或者解除合同。当事人一方不履行合同义务或者履行合同义务不符合约定的,应当承担继续履行、采取补救措施或者赔偿损失等违约责任。当事人应按诚实信用原则履行一定的合同外义务,如完成合同的报批、登记手续以使合同生效。

3.条款性。合同的内容体现为具体的合同条款。合同的条款应完备,规定应明确具体。

三、合同的类型

1. 按合同期限分:长期合同、中期合同、短期合同。

2. 按合同订立形式分:口头合同、书面合同、其他形式合同。

书面形式是指合同书、信件和数据电文(包括电报、电传、传真、电子数据交换和电子邮件)等可以有形地表现所载内容的形式。书面形式的最大优点是合同有据可查,发生纠纷容易举证,便于分清责任。口头形式是指当事人双方用对话方式表达相互之间达成的协议。合同采取口头形式的优点是简便快捷,缺点在于发生纠纷时取证困难。对于可以即时清结、关系比较简单的合同,适于采用口头形式。法律、行政法规规定采用书面形式的,应当采用书面形式。当事人约定采用书面形式的,应当采用书面形式。其他形式合同是以行为方式表示接受而订立的合同。例如,根据当事人之间长期交往中形成的习惯做法,或发盘人在发盘中已经表明受盘人无需发出接受通知,可直接以行为作出接受而订立的合同。

3. 按合同写作形式分:条款式合同、表格式合同、条款表格结合式合同。

4. 按合同内容分:买卖合同;供用电、水、气、热力合同;赠与合同;借款合同;租赁合同;融资租赁合同;承揽合同;建设工程合同;运输合同;技术合同;保管合同;仓储合同;委托合同;行纪合同;居间合同等。

5. 按合同的法律特征分,可以分为以下几类合同。

(1)根据当事人双方是否互负义务,可以将合同分为单务合同与双务合同。

(2)根据当事人取得利益是否付出代价,可以将合同分为有偿合同与无偿合同。

(3)根据法律上是否赋予其特定名称及具体规则,可以将合同分为有名合同与无名合同。

(4)根据合同成立是否须交付标的物或完成其他给付为标准,可将合同分为诺成合同与实践合同。

(5)根据合同是否必须采取特定形式,可将合同分为要式合同与不要式合同。

(6)根据合同相互间的主从关系,可以将合同分为主合同与从合同。

(7)根据合同是否为第三人设定权利或义务,可以分为束己合同与涉他合同。

(8)根据合同条款是否预先给定,可以分为格式合同与协议合同。

(9)根据合同的订立是否以订立另一合同为内容,可以分为预约合同和本约合同。

(10)根据合同是否依法成立具有法律效力,可以分为无效合同与有效合同。

四、合同的内容

合同的内容是指合同中规定的当事人权利和义务的总和,具体体现为合同的各项条款。合同条款是合同内容的表现形式,是确定合同当事人权利义务的根据。

合同条款可以分为法定条款和约定条款。法定条款是《合同法》等法律法规规定的合同应具备的基本条款。约定条款是合同当事人经协商一致约定的其他条款。

《合同法》第十二条规定:合同的内容由当事人约定,一般包括以下条款:(一)当事人的名称或者姓名和住所;(二)标的;(三)数量;(四)质量;(五)价款或者报酬;(六)履行期限、地点和方式;(七)违约责任;(八)解决争议的方法。

下面就《合同法》规定的这八项条款的主要内容及其注意事项分述如下。

(一)当事人的名称或姓名和住所

当事人是合同权利义务的承受者,是合同法律关系的主体。当事人由其名称或者姓名及住所加以特定化、固定化。当事人的住所是指民事主体发生民事法律关系的地理区域。自然人以其户籍所在地的居住地为住所,经常居住地与住所不一致的,经常居住地视为住所;法人和其他组织的主要办事机构所在地为住所。合同的抬头、落款、公章应和对方当事人提供的资信证明等资料载明的当事人的名称或姓名、住所保持一致。

(二)标的

标的是合同法律关系的客体,是合同双方当事人的权利和义务所共同指向的对象。标的是合同成立的必要条件,没有标的,权利义务就失去了目标,当事人之间就不可能建立起权利义务关系,合同就不能成立。标的条款是一切合同必备条款之一。

合同的标的可分为三大类:一是物,指具有价值和使用价值并且法律允许流通的有形物,如生产资料与生活资料、货币和有价证券等;二是行为,指作为(含作为的结果)与不作为,如勘察、设计、建筑、安装行为,货物运输行为,仓储保管行为;三是智力成果,主要指知识产权中的财产权利,如著作权、专利权、商标权。

合同的标的必须是确定的、合法的、可能的。如买卖合同的标的物须为出卖人有权处分的物、须为非限制流通物、须为有体物。合同标的条款约定应明确具体,使标的特定化:应使用标的物的正式名称全称;写明生产厂家、品种、商标等;注意同名异物和同物异名的情况,对标的物明确约定。

(三)数量

数量是标的的多少、轻重、大小的具体计量。标的(物)的数量要确切,要写明数额、计量单位、计量方法、正负尾差、合理称差及自然损耗率等;计量单位应采用法定的标准计量单位。如在国际贸易中,对计量单位的规定,以"吨"计量时,要订明是长吨、短吨还是公吨;对于"溢短装"和"约"量必须在合同中订明增减或伸缩幅度的具体百分比;如果是按重量计算的货物,还要规定计算重量的方法,如毛重、净重、以毛作净、公量等。

(四)质量

质量是标的的内在素质和外观形象的状态,体现标的物的性能和技术要求,反映货物、工程、服务的优劣程度,是确定标的特征的最重要的条件。数量与质量是合同标的的具体化,直接确定了双方当事人权利义务的大小、范围和程度。

质量条款规定应明确具体、可操作,写明标的(物)的质量标准和质量的认定方法。力求避免使用含糊不清和笼统的字句,以免引起争议:对于采用国家标准、行业标准的,应在合同中直接引用完整的标准号;采用企业标准的,应载明该标准的主要技术指标;对于国家的强制性标准,应遵照执行;对于没有国家标准、行业标准、企业标准或其标准与单位使用要求有差异的,应明确约定质量要求,并提出特殊质量要求的理由;凭样交付的,应约定样品的产生方式、封存地点、保管方式等内容。

(五)价款或者报酬

价款或者报酬简称价金,是指合同一方当事人向交付标的的另一方当事人以货币形式支付的代价。

价款是取得标的物所应支付的货币,如购销合同中买方向卖方支付的货币,借款合同中借款人向贷款人支付的本息,财产租赁合同中的租金。有关运费、保险费、装卸费、保管费、报关费等一系列额外费用,它们由哪一方支付,需在价款条款中写明。

报酬是指向提供劳务或完成特定工作成果的当事人支付的货币,如建筑工程承包合同中的勘察费、设计费、工程价款,货物运输合同中的运费,仓储保管合同中的保管费。

价款或者报酬是有偿合同的必备条款,合同中应说明要明确标的的总价、单价、货币计算标准,付款方式、程序,结算方式等。涉外合同还应写明支付币种。

(六)履行期限、地点和方式

合同履行期限是指交付标的和支付价款或者报酬的时间界限,是合同法律效力的时限和责任界限,过时则属违约。日期应用公元纪年,年、月、日书写齐全。履行期限可以规定为及时履行,也可以规定为定时履行,还可以规定为在一定期限内履行。如果是分期履行,应写明每期的准确时间。

履行地点是指交货、服务、付款等当事人履行合同义务、完成标的任务的地点。履行地点是确定验收地点的依据,是确定运输费用由谁负担、风险由谁承受的依据,有时是确定标的物所有权是否转移、何时转移的依据,还是确定诉讼管辖的依据之一,对于涉外合同纠纷,它是确定法律适用的一项依据,十分重要。

履行方式是当事人履约的具体办法和形式,如价款或者酬金的支付方式,货物运输、提取方式、货物验收方法等。履行方式要根据标的的具体情况加以规定,例如是一次交付还是分期分批交付,是交付实物还是交付标的物的所有权凭证,是铁路运输还是空运、水运等。

合同履行期限、地点和方式是享有权利的一方要求对方履行义务的法律依据,也是确定双方当事人在没有完全履行合同的情况下承担法律责任的依据,应具体、清楚,具有确定性。

(七)违约责任

违约责任是指合同的当事人由于自身的过错造成合同不能履行或不能完全履行时所要承担的经济责任和法律后果,具体包括违约金、赔偿金和其他承担责任的法律形式等。

违约责任是合同履行的保障性条款。违约责任是促使当事人履行合同义务,减少由于一方违约给对方造成的损失的法律救济手段。违约责任是履行合同的重要保证,也是出现矛盾分歧时解决合同纠纷的可靠依据。违约责任大都用违约金表示,违约责任有法定违约金的按规定写明,法律没规定或规定不具体的,应具体写明约定的违约金数额、比例及计算方法。违约责任条款应对可能发生的情形进行充分假设,认真协商,实事求是,符合法规,切实可行。

《合同法》第七章对违约责任作了全面具体的规定,如:当事人一方不履行合同义务或者履行合同义务不符合约定的,应当承担继续履行、采取补救措施或者赔偿损失等违约责任;当事人可以约定一方违约时应当根据违约情况向对方支付一定数额的违约金,也可以约定因违约产生的损失赔偿额的计算方法;当事人既约定违约金,又约定定金的,一方违约时,对方可以选择适用违约金或者定金条款。

(八)解决争议的方法

解决争议的方法,是指约定在履行合同发生争议时解决问题的方式和程序。《合同法》规定:当事人可以通过和解或者调解解决合同争议;当事人不愿和解、调解或者和解、调解不成的,可以根据仲裁协议向仲裁机构申请仲裁;当事人没有订立仲裁协议或者仲裁协议无效的,可以向人民法院起诉。

仲裁指双方当事人根据有效的仲裁协议,将纠纷提交给仲裁机构进行处理的一种争议解决方式。仲裁协议一旦依法成立,当事人不得再就争议事项向法院提起诉讼。当事人选定仲裁方式的,应当明确具体地写明仲裁事项和一个确定的仲裁机构名称。如:"凡因本合同发生的或与本合同有关的一切争议,合同双方一致同意提请××仲裁委员会按照其规则进行仲裁。"

约定以诉讼方式解决争议,选择的管辖法院应该是确定的、单一的,不能含糊不清,更不能协议选择两个以上管辖法院。管辖法院只能在被告住所地、合同履行地、合同签订地、原告住所地、标的物所在地的法院中进行选择。

不同类型的合同,在内容上有其特殊性。如《合同法》规定:买卖合同的内容除依照《合同法》第十二条的规定以外,还可以包括包装方式、检验标准和方法、结算方式、合同使用的文字及其效力等条款;借款合同的内容包括借款种类、币种、用途、数额、利率、期限和还款方式等条款;租赁合同的内容包括租赁物的名称、数量、用途、租赁期限、租金及其支付期限和方式、租赁物维修等条款;承揽合同的内容包括承揽的标的、数量、质量、报酬、承揽方式、材料的提供、履行期限、验收标准和方法等条款;施工合同的内容包括工程范围、建设工期、中间交工工程的开工和竣工时间、工程质量、工程造价、技术资料交付时间、材料和设备供应责任、拨款和结算、竣工验收、质量保修范围和质量保证期、双方相互协作等条款。

《合同法》第十二条关于合同条款的规定目的在于引导当事人尽量周详、全面地设计合同内容,以利于合同履行,减少纠纷、促进交易,保护合同双方的合法权益。当事人在签订合同时,除应写明《合同法》第十二条规定的通用的、基础性的条款外,还应根据合同的性质和实际情况,遵照有关法律法规的相关要求约定其他有关双方权利和义务的特殊性的、补充性的条款,如质量保证条款、保险条款、免责条款等,使合同内容周全完备,条款详尽。

【知识卡片】

格式条款与格式合同

格式条款是指一方当事人为了与不特定多数人订立合同重复使用而单方预先拟定,并在订立合同时不允许对方协商变更的条款。《合同法》规定:采用格式条款订立合同的,提供格式条款的一方应当遵循公平原则确定当事人之间的权利和义务,并采取合理的方式提请对方注意免除或者限制其责任的条款,按照对方的要求,对该条款予以说明;格式条款具有《合同法》规定的合同无效和免责条款无效的情形,或者提供格式条款一方免除其责任、加重对方责任、排除对方主要权利的,该条款无效;对格式条款的理解发生争议的,应当按照通常理解予以解释;对格式条款有两种以上解释的,应当作出不利于提供格式条款一方的解释;格式条款和非格式条款不一致的,应当采用非格式条款。

格式合同又称定式合同、制式合同、标准合同、定型化合同,一般是指当事人一方预先拟定合同条款,对方只能表示全部同意或者不同意的合同。格式合同全部由格式条款组成,一方当事人要么整体上接受合同条件,要么不订立合同。现实生活中的车票、船票、飞机票、保险单、提单、仓单、出版合同等都是格式合同。

五、合同的结构和写法

合同文本有条款式、表格式和条款表格结合式三种。条款式是最常用的。合同一般由标题、约首、正文、约尾四个部分构成。有的合同还有附件,附件主要是对合同正文条款的说明性或证明性材料,如详细的技术指标。

(一)标题

标题是合同的名称,写在合同首页上方正中位置。标题应表明合同的性质、类型。标题的写法有两种,一是直接写明合同种类,如《租赁合同》、《购销合同》。二是在合同种类前加上合同标的、范围等内容,如《北京市装饰装修工程施工合同》、《商品房买卖合同》、《××职工食堂承包合同》。

（二）约首

约首部分主要写明立合同各方当事人基本信息。至少应写明各方当事人名称或姓名及其代称。当事人为法人或社会组织的，要求写其法定全称；当事人为自然人的，则写其姓名。为使行文简便，应写明当事人代称，如"甲方"、"乙方"；"供方"、"需方"；"卖方"、"买方"；"出租方"、"承租方"；"发包方"、"承包方"等。有的还写明当事人住所、法定代表人姓名、个人身份证号码、邮编、电话等。当事人基本信息在标题之下正文之上，当事人的各项内容分行排列，不同当事人的内容可以上下排列或并列排列。

有的合同在约首部分写明合同编号、签订时间、签订地点。

也有个别合同没有约首部分，当事人名称或者姓名及其代称在正文开头说明。

（三）正文

正文一般由前言、条款构成。

1. 前言

前言简要写明订立合同的原因、目的、根据，说明经双方协商一致，就某某事项订立本合同，共同遵守执行。例如："为做好企业生产经营中的膳食供应工作，经甲乙双方友好协商，由乙方为甲方提供膳食供应服务。双方依据《中华人民共和国合同法》、《中华人民共和国食品安全法》及其他有关法律法规，遵循平等、自愿、协商一致的原则签订本合同，双方信守执行。"

2. 条款

条款部分是合同书的核心部分。分条列项地写明各方约定的条款内容，说明标的（物）的数量质量要求，详尽规定合同各方的权利和义务。最后的一两条是附则，是订立合同的有关事项说明，主要内容有合同的生效方式和日期、合同文本的份数和保管方式、未尽事宜的解决办法、修订合同的程序、附件说明等。如："本合同自双方签字盖章之日起生效。本合同一式四份，甲乙双方各执一份，副本两份，送双方上级主管机关存查。本合同生效后，双方对合同内容的变更或补充应采取书面形式，作为本合同的附件。附件与本合同具有同等的法律效力。"如果订立合同的有关事项说明没有列为条款，而是单列一段，则可以看成是正文的结尾。

主体部分的写作，一是要注意条款的完备性，不能遗漏重要条款。二是要注意条款的命名要贴切。三是要根据条款的内在逻辑，合理安排条款顺序。先主要条款，后次要条款；先标的条款，后价格条款，交付与验收条款，再免责条款、违约条款，最后生效条款。四是要注意条款之间的相互照应，不得有矛盾之处。五是要注意条款的表达，既要明确具体，又要准确简练。对于复杂的涉及数据较多的条款内容，如关于产品的名称、商标、型号、数量、金额等，可以编制表格进行填写，使得合同表述简明清楚。

（四）约尾

约尾部分一般包括：双方当事人（包括法定代表人、委托代表人）签名盖章、单位地址、邮政编码、电话号码、传真号、开户银行、银行账号、签订日期、签订地点等。

单位地址、邮编、电话、开户银行、银行账户、签订合同的日期和地点如果在约首部分写出,就不必再写。合同如果需要鉴证或公证,则须在约尾写上鉴证或公证单位意见并盖公章,经办人签名。

约尾在正文之下,当事人的各项内容分行排列,不同当事人的内容可以上下排列或并列排列。

六、订立合同的基本要求

(一)合法有效,切合实际

订立合同首先应保证合同合法有效,依法成立的合同才会得到法律的保护。无效合同不但不受法律保护,而且应该根据其造成的法律后果,给予必要的处理。订立合同前,应充分考查对方的身份和资信,看对方是否具备签约的合法资格,是否具备履行合同的能力;合同的内容应该符合国家的法律和政策;不得违反法律、行政法规的强制性规定;不得以合法形式掩盖非法目的;不得损害社会公共利益;不得恶意串通,损害国家、集体或者第三人利益;订立合同,应该体现平等、自愿、公平、诚信的原则,不得以欺诈、胁迫的手段订立合同,各方的权利和义务要公平合理;对于重要的合同,可以请律师见证、公正机关公证。

应注意合同成立生效的条件:当事人采用合同书形式订立合同的,自双方当事人签字或者盖章时合同成立;当事人采用信件、数据电文等形式订立合同的,可以在合同成立之前要求签订确认书。签订确认书时合同成立;法律、行政法规规定应当办理批准登记等手续的,必须办理完有关手续合同才能生效;

其次,合同条款还应切合实际,充分考虑己方的履约能力,保证能够全面履行合同,否则就会招致违约而负违约责任。

(二)格式规范,条款齐全

合同的格式应遵循约定俗成的格式或遵照有关部门规定的格式。合同的条款应具备法律规定的基本条款,同时结合实际,详尽规定合同各方的权利、义务与违约责任,尽量做到条款齐全,没有遗漏。

此外,订立合同应尽量参照各类合同的示范文本。合同示范文本是工商部门和有关业务主管部门根据《合同法》等法律法规的相关规定制订发布的合同文本。合同示范文本为签订合同提供了范本,可以减轻当事人撰写合同条款的负担,减少签约的盲目性,避免条款短缺,防止出现违法条款。合同示范文本对于规范当事人的合同签约行为,维护当事人的合法权益,矫正不公平的合同格式条款,避免或减少合同欺诈和纠纷,有着十分积极的作用。

(三)内容具体,措辞严密

合同不仅要条款齐全,各项条款还应做到内容具体,措词严密,意思明确。在拟定每一项条款时,都应该考虑周全,表达准确,具有实际操作性,不可大而化之,笼统模糊,甚至含有歧义,这样双方的权利和义务才会明确清楚,避免因合同条款约定不明带来纠纷。尤其是标的的数量质量要求、履行期限地点和方式、违约责任等主要条款要约定清楚。比如,对于多规格产品,要对各型号产品的具体规格做出说明。再如,在定金条款中,对于当事人交付留置金、担保金、保证金、订约金、押金等,应写明"定金"字样,约定款项的定金性质,不可将"定金"写成"订金",否则,人民法院不予支持,因为"订金"是预约金之意,只具有预付款的作用。对于重要的合同,应请法律人士、行业专家审查,以防患于未然。

另外,合同的字迹应工整,标点要正确,金额数字要用大写。合同文本经过修改的,应由双方在改动处盖章确认。签订合同时,应注意当事人的印章是否与当事人一致,如果是授权代表签字,应该有授权委托书并妥善保存。单位应当制定合同管理制度,对合同进行规范管理。

七、文种辨析:合同书与协议书的异同

相同点:合同书与协议书在概念上是一致的,都是双方或多方当事人协商一致共同订立的一种契约。

不同点:(1)内容上,合同书全面、具体、细致;协议书更原则;(2)运用范围上,合同多用于生产、建筑等经济领域,协议书多用于科研合作。

联系:(1)有时先签订比较原则内容的协议书,再订立执行合同;(2)一般以协议书的形式对合同书进行补充、修改、解除或延长合同有效期限。

【例文评析】

产品定制合同

甲方:山东×××装饰设计有限公司(以下简称甲方)

乙方:枣庄××装饰设计有限公司 (以下简称乙方)

经双方洽谈,甲方委托乙方制作实木门及开放漆立柱,特签订以下合同:

一、合同内容

材料名称	规格尺寸(mm)	单位	数量	单价(元)	金额(元)
实木对开门	2020×1470×290	套	560	1200	672000 (含安装)
开放漆立柱	四面立柱每一面 宽度各110×高2440	支	1120	240	268800
窗套	见图纸	米	1600	220	352000
垭口套	见图纸	米	600	340	204000

材质要求:对开门材质、漆面同以前定做实木门,立柱同其他面板样色。

以上价格为不变价,含税费、运费等,甲方不再承担其他任何费用。

二、质量要求

乙方根据甲方提供门图片要求制作(门上玻璃每一块都要四面侧边),按甲方要求生产、交货,如有制作问题由乙方负责修改。

三、加工、售后服务方式

乙方负责全包工包料,应严格按照合同规定选用原材料,并接受甲方检验。乙方隐瞒原材料的缺陷或者使用不符合合同规定的原材料而影响货物的质量时,甲方有权要求重做、修理、减少价款或退货。

保修期为终身,在保修期内,货物出现质量问题,乙方应免费修理(包括材料费和工时费)。

四、交货时间及地点

在甲方付给乙方定金之日起30日内交货,交货地点在泰山路55号。因制作延期或货

物质量问题造成的延期问题,每逾期一天乙方向甲方缴纳违约金千分之五。

五、验收标准及方式

乙方交货给甲方进行验收,以甲方认可图片、材质为准。

六、装卸、运输方式及费用

装载必须与运输方式相符,期间损坏、费用均由乙方负责。包装不予退还。

七、付款方式及期限

签订合同后甲方付给乙方 30% 449040 元定金,安装完毕甲方验收合格后付 65% 972920 元,余款 5% 74840 元作为质保金,一年内无质量问题付清。

八、违约责任

1.甲方违约责任:

(1)甲方如中途变更定做,应赔偿乙方因此而造成的损失。

(2)甲方如中途废止合同,应赔偿乙方因此造成的全部经济损失。

2.乙方违约责任:

(1)乙方如中途变更定做,应赔偿甲方因此而造成的损失。

(2)乙方如中途废止合同,应赔偿甲方因此造成的全部经济损失。

(3)乙方未按合同规定的质量交付货物,甲方同意利用的,应当按质论价;不同意利用的,应当负责修整或调换,并承担逾期交付的责任;经过修整或调换后,仍不符合合同规定的,甲方有权拒收,由此造成的损失由乙方赔偿。

九、甲、乙双方必须严格认真地履行合同,如由于人力不可抗拒的原因而造成不能履行合同,经双方协商或有关机关证明,可免予承担经济责任。

十、合同双方在合同履行过程中发生纠纷的,当事人双方应协商解决;协商不成时任何一方可向合同管理机关申请调解、仲裁,也可以直接向人民法院起诉。

十一、本合同如有未尽事宜,须经双方协商修订,协商不成按合同法有关规定执行。

本合同一式两份,双方各执一份,自签字之日起生效。

甲方:山东×××装饰设计有限公司　　　乙方:枣庄××装饰设计有限公司

开户行账号:9040104062842050000385　　开户行账号:9040618002010 0011584

甲方代表:　　　　　　　　　　　　　　乙方代表:

公司公章:　　　　　　　　　　　　　　公司公章:

2013 年 8 月 29 日　　　　　　　　　　2013 年 8 月 29 日

评析:这是一份定做承揽合同。标题标明合同类型,正文主要采用条款式写法,合同内容采用表格写法。正文部分对合同的标的、数量、质量、报酬、承揽方式、材料的提供、履行期限、验收标准和方法、违约责任、解决争议的方法等作了较为具体明确的约定。

不足之处有:(1)约首合同当事人"甲方"、"乙方"应为"定做人"、"承揽人"。(2)第一条"一、合同内容"标题概括不准确,应改为"产品名称、规格、数量、金额";"材料名称"应为"产品名称";"材质要求:对开门材质、漆面同以前定做实木门,立柱同其他面板样色。""同以前"含义模糊,应具体说明,且"材质要求"应放于第二条"二、质量要求"内;表格应增添一行"合计人民币金额(大写):"。(3)第四条"四、交货时间及地点"中的"逾期一天乙方向甲方缴纳违约金千分之五。"没指明违约金千分之五的基数,如合同总金额。(4)第七条"七、付款方式及期限"没指明百分比的基数"合同总金额",金额应同时大写。(5)第十条解决争议的方式仲裁机关和诉讼机关约定不明。(6)约尾部分应加上"单位地址"和"开户银行"两项内容。

【技能训练】

一、指出下面这份合同的错误并作修改。

建 筑 合 同

××机械制造公司(甲方)与××建筑工程公司(乙方)经双方协商签订如下条款:

1. 工程内容:甲方原有宿舍(均系平房)8000 平方米,现扩建 20000 平方米,其中拆除旧房 4000 平方米。新宿舍要求四层钢筋混凝土梁砖墙结构(详见图纸)。

2. 建筑费用:全部建筑工程费用 2000 万元(详见清单),所有的建筑材料均由乙方负责采办。订立合同后甲方先付给乙方工程费用 1000 万元。余款在宿舍建成验收后全部付清。

3. 建筑工期:××年 3 月 1 日开工,次年 8 月 15 日竣工。

4. 经济责任:制造公司如不能按期付款,每超过一天应赔偿对方按工程费千分之一计的赔偿金,建筑公司如不能按期完成施工任务,每拖延一天,对方可在工程费中扣除千分之一作为赔偿。

5. 施工期间人身安全由乙方负责。

6. 本合同一式四份,双方各执一份,鉴证机关一份,建设银行一份。

甲方代表人:林××   乙方代表人:郝×

电话:××××××××   电话:××××××××

开户银行:市工行   开户银行:市建行

账号:××××××××   账号:××××××××

二、分析下面合同条款的语言有什么不妥。

(1)交货地点:北京。

(2)合同未尽事宜或发生纠纷,由船东和租船人协商解决,协商未果,可以在广州通过仲裁解决。

(3)如果发生争议,可由双方各所在地法院管辖。

(4)甲方收到货物后付款。

(5)争取四季度交货。

(6)还欠款一万元。

三、根据下面的材料写一份合同。

××茶叶公司和××茶场于 2014 年 6 月 8 日签订了一份茶叶购销合同,购买绿茶 500 公斤,每公斤价格为 82 元,2014 年 9 月 20 日之前由茶场直接运往公司,公司于收货 10 天之内交付货款。

四、在网上收集并学习合同的相关法律法规和各类合同典型案例。

项目 34　意 向 书

【走进课堂】

2010 年 6 月 7 日,在××旅游交流合作投资推介会上,经××市海峡两岸交流协会牵线搭桥,××市旅行社行业协会和台湾中华国际观光协会签订了《旅游合作意向书》。双方确定,建立××旅游合作机制,互为旅游客源地、目的地,让更多的游客到××和××观光旅游。

按照合作意向,双方将整合两地旅游资源,××中华国际观光协会将组织高端旅游策划机构和专业旅游开发人才,为××在××开展一系列旅游宣传代理推介活动提供帮助和指导。同时,在旅游高峰期,双方相互提供交通、接待设施及景区容量监控的信息,实现旅游信息共享。在旅游交通、安全和重大旅游投诉等方面,共同处理应急事件。(据《昆明日报》)

思考:1. 什么是意向书? 2. 意向书有哪些特点? 3. 意向书与合同有什么区别?

【知识导航】

一、意向书的含义和作用

意向书又叫合作意向书。广义的意向书包括一方单方面以书信形式向另一方表达合作意愿的文书以及当事各方表达共同合作意愿的文书。狭义的意向书是指意向协议书,即当事各方就合作事项在进入实质性谈判之前,根据初步接触所形成的带有原则性、意愿性和趋向性意见的文书,是当事各方缔结正式协议前就协商程序本身或就未来合同的内容所达成的各种约定。本书介绍的意向书特指狭义的意向书即意向协议书。

意向书多用于经济技术的合作领域。意向书的作用,一是传达合作意愿,具有表达诚意的信用作用。二是记载初步洽谈成果,具有备忘作用。三是明确共同目标和合作方向以及协商程序,为进一步磋商奠定基础,具有导向作用;四是作为下一步实质性谈判客观的、基本的依据,具有依据凭证作用。五是为正式签订协议或合同打下基础,弥补本约成立之前法律对交易者保护不足的缺陷,从而固定交易机会,保障交易的最终实现,具有预约作用。

二、意向书的特点

1.条款的原则性、灵活性

意向书条款的原则性:意向书是各方为了表示某项合作意愿而签订的文书,其目的是为进一步磋商和签署正式协议奠定基础,在条款内容上往往就一些重大问题做出原则性的确定,一般不涉及具体细则,以求同存异,为下一步磋商留有余地。

意向书条款的灵活性:一是在篇幅的长短、条款内容的多少与详略上具有较大的灵活性。意向书篇幅有的长、有的短,条款内容有的多、有的少,有的只简略地写明合作意愿和合作项目,有的具体写明合作的方式、步骤、各方基本的权利和义务,协商的程序以及未来订立正式合同的条件等。二是意向书对当事人虽然有一定的约束力,不能随意废止,但可在以后的磋商中协商变更或补充。

2. 作用的短期性、临时性

意向书是当事各方在进一步磋商和缔结正式协议前就合作意愿、协商程序、未来合同内容达成一致的约定,是协商过程中各方基本观点的记录,一旦达成正式协议,便完成了意向书的使命。

3. 一般不具法律效力性

意向书并不是严格意义上的法律概念。典型的意向书通常只是表明当事人的合作意愿以及合作的主要内容,不像正式协议那样具体约定当事人权利和义务以及违约责任,主要起到备忘和引导签订正式协议的作用,从法律上讲意向书是一种要约邀请,除非特别约定,意向书本身并不具有法律约束力。合作意向书签订后,如果某一方不履行自己的承诺,使双方合作搁浅,这只是在道义上失信,一般难以追究法律责任。

值得注意的是,不是所有的意向书都没有法律效力,某些意向书在整体上或部分上是具有法律效力的。这主要有三种情形:(1)根据《最高人民法院关于审理买卖合同纠纷案件适用法律问题的解释》,预约性质的意向书属于预约合同,本身具备法律效力,若违反,将承担缔约过失责任;(2)如果意向书某些条款明确约定了对当事人具有约束力,比如有保密条款、定金条款、独占协商条款等,那么,如果违背,应承担相应的违约责任;(3)如果意向书具备合同的主要条款和特征,当事人没有明确排除其约束力,尽管名为"意向书",实质上具有本约合同的性质,那么该意向书具有合同的法律效力,当事人应该依约履行,否则亦然应承担法律责任。例如一份购房意向书,如出卖人通过该意向书收取了定金,具有《商品房销售管理办法》第十六条规定的商品房买卖合同的主要内容,并且出卖人已经按照约定收受购房款的,该意向书应当认定为商品房买卖合同。

同时,我们还应注意到:意向书本身虽然不具备或不完全具备法律效力,不等于没有约束力,作为一种签订正式合同或协议前的意向性协议,对双方仍然具有一定的约束力,不可随意废止,不能违背《合同法》关于诚信原则等相关法律规定,否则也会承担一定的法律责任。

三、意向书的类型

(一)从范围上分,有国际合作意向书,国内合作意向书等。

(二)从内容上分,有科学文化交流合作意向书、经济技术协作意向书、技术设备引进意向书、新产品开发合作意向书、合作经营意向书、产品购销合作意向书、招商合作意向书、加盟意向书、商品房认购意向书、建立长期贸易关系意向书、投资意向书、商铺租赁意向书、贷款意向书、企业并购意向书等。

(三)从意向书的签署方式来分,有单签式意向书、联签式意向书、换文式意向书。

1. 单签式意向书:由出具合作意向书的一方签署,文件一式两份,再由合作的一方在其副本上签章认可,交还对方。

2. 换文式意向书:用交换文书的方法表达合作意向,各在自己文书上签署。

3. 联签式意向书:各方联合签署,然后各执一份为凭。重要的合作意向书签字一般还要举行仪式。联签式意向书是意向书的主要形式。

四、意向书的格式和写法

意向书的写作形式有条款式、表格式和条款表格结合式三种。条款式是最常用的、最基

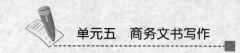

本的写法。

意向书的结构一般由标题、约首、正文、约尾四个部分构成。有的意向书还有附件。

（一）标题

意向书的标题有四种形式。

1. 文种式标题，如《意向书》、《合作意向书》、《投资意向书》、《经济合作意向书》等。

2. "事由（项目名称）+文种"，如《关于合作办学的意向书》、《承办中成药出口意向书》、《曹妃甸国家级数字化煤炭储配基地项目投资合作意向书》、《"金牛公园"旅游开发项目合作意向书》等。

3. "合作各方名称+事由（合作项目名称）+文种"，如《×××和×××合作经营××项目意向书》。

4. "合作各方名称+文种"，如《×××和×××合作经营意向书》。

（二）约首

约首部分主要写明各方当事人名称或姓名及其代称。当事人为法人或社会组织的，要求写其法定全称；当事人为自然人的，则写其姓名。为使行文简便，应写明当事人代称，如"甲方"、"乙方"；"供方"、"需方"；"卖方"、"买方"；"出租方"、"承租方"；"发包方"、"承包方"等。有的还写明当事人住所、法定代表人姓名、个人身份证号码、邮编、电话等。当事人基本信息在标题之下正文之上，当事人的各项内容分行排列，不同当事人的内容可以上下排列或并列排列。

有的意向书在约首部分写明签订时间、签订地点。

也有个别意向书没有约首部分，当事人名称或者姓名及其代称在正文开头说明。

（三）正文

正文一般由前言、条款构成。

1. 前言

前言简要写明订立意向书的原因、目的、根据、双方接触的简要情况，说明经双方协商一致，就某某事项达成一致意向，签订该意向书。例如：

（1）甲乙双方为合资组建公司从事建筑陶瓷生产经营事宜，签订本意向书。

（2）甲乙双方就"金牛公园"旅游开发项目进行了商谈，认为可以合作，拟共同开发该项目，项目拟总投资人民币1600万元。为了有利于进一步深入洽谈，特签订本意向书，明确双方开发此项目的前期工作任务。

（3）为加强旅行社的深度合作，实现旅游产品优势互补、资源共享、线路互推、客源互送、合作共赢，经双方友好协商，达成以下合作意向……

（4）鉴于甲方欲出售其公司部分资产，乙方有收购意向，经双方多次协商，现就收购事宜达成意向如下……

（5）为促进区域经济的发展，加快我县旅游资源的开发与利用，根据金沙县人民政府对开发冷水河风景区的总体规定和金沙县人民政府的招商引资政策，加快金沙县旅游资源的开发，打造最好的旅游环境，甲、乙双方本着平等互利的原则经协商一致特订立本协议。

2. 条款

条款部分是意向书的核心部分。分条列项地写明各方达成的具体意向。最后的一两条是附则,是关于本意向书的有关事项说明,主要内容有意向书的生效方式和日期、意向书的份数和保管方式、未尽事宜的解决办法等。如:"本意向书一式两份,双方各执一份,自双方签章之日起生效。"对未尽事宜,一般写明"本意向书未尽事宜,另行协商。"或"未尽事宜,在正式签订合同或协议书时予以补充。"如果订立意向书的有关事项说明没有列为条款,而是单列一段,则可以看成是正文的结尾。

不同的意向书,合作项目性质不同,当事人洽谈的深度不同,在条款内容的多少与详略以及条款的约束力上具有较大的差异。就通常情况来说,意向书的条款有两类,一类是程序性条款,主要约定当事人协商过程中的权利义务,有的意向书有约束性条款,有的没有;一类是实体性条款,主要用来记录未来正式合同的内容亦即项目的实质性洽谈内容。实体性条款往往伴随着排除或限制其效力的附带条款,体现出意向书记录备忘的功能,通常不具有约束力。

(四)约尾

约尾部分一般包括当事人名称或姓名、法定代表人或委托代表人、签订时间三项内容。当事人或代表人应盖章或签名。有的意向书还写明单位地址、邮政编码、电话号码、签订地点等。

约尾在正文之下,当事人的各项内容分行排列,不同当事人的内容可以上下排列或并列排列。

五、意向书的写作要求

1. 内容真实,意向一致

意向书是对当事各方洽谈成果的记载,是对各方意见梳理之后形成的一致意思的真实记录,反映当事各方的一致意愿。写作意向书必须忠实于洽谈内容,真实反映当事各方意愿,不可将与项目无关的内容和不一致的意见写入意向书中,否则不会被当事人接受。

2. 格式规范,条款分明

意向书的格式应遵循约定俗成的格式。根据内容的性质确定条款,条款的命名要贴切,根据条款的内在逻辑合理安排条款顺序,做到层次清楚,条款分明。

3. 名实相符,表达准确

准确把握意向书的功能和条款内容要求,分清意向书与合同书(协议书)的区别,不可随意命名,将应当由正式合同约定的内容写入意向书中,否则容易导致不必要的麻烦和纠纷。

虽然意向书条款不像正式合同那样约定详细具体,具有一定的概括性和原则性,但同样需要表意明确,语气肯定,不能有歧义。意向书中某些模糊性词语如"尽可能"、"适当"、"可"、"适当的时候"、"尽快"等,以及假设语句的使用,正是当事人意思的准确体现,但也不能滥用。

4. 严肃认真,切合实际

意向书的法律效力虽然有限,但意向书是后续磋商和签订正式合同的依据,写作意向书同样要求严肃认真,切合实际。一是意向书的条款内容应该符合国家法律法规和有关政策要求,不可写入与政策和法规相抵触的内容。二是注意切合实际,不可写入超越我方权限、能力范围的承诺,否则会给后续磋商和签订合同造成极大的被动。三是态度诚恳,不可违背诚实信用原则,借订立合同之名恶意磋商,故意隐瞒与订立合同有关的重要事实或者提供虚假情况,否则要承担法律责任。

六、文种辨析:意向书与合同书的异同

意向书与合同书的相同之处:(1)都是双方或多方通过谈判而记载谈判内容的文书;(2)文书格式基本相同。

意向书与合同书的不同之处:(1)法律效力不同。意向书只是双方或多方就合作项目在进入实质性谈判之前,根据初步接触所形成的带有原则性、意愿性和趋向性意见的文书,除预约性质的意向书外,一般不具备法律效力;而合同书是为了维护合同当事人的合法权益和明确当事人的权利、义务而签订的文书,具有法律效力。(2)内容与写法不同。意向书仅表明当事各方的一致意向,约定当事人协商过程中的权利义务,记录未来正式合同的内容,写法上一般概括、原则;而合同书反映平等主体间的民事权利义务关系,内容具体、详细、周密。(3)签订时间不同。意向书是双方就某一事项达成共识后就可以签订;合同书的签订时间是双方就权利义务关系达成一致协议后签订。

意向书与合同书的联系:(1)意向书是合同书签订的基础和主要依据,意向书的内容往往会影响合同书。(2)预约性质的意向书属于预约合同,同样具备法律效力。(3)某些意向书,其实质是本约合同,具备合同的法律效力。

【例文评析】

 例文一

×××人民政府与××建筑实业有限公司
××库区旅游开发项目投资意向协议书

甲方:×××人民政府

乙方:××建筑实业有限公司

根据国家相关法律法规,经甲、乙双方平等协商,现就乙方在甲方境内投资××库区旅游开发项目的有关事宜,达成如下意向协议:

一、项目基本情况

(一)拟定项目:××库区旅游开发项目。

(二)拟建项目地址:甲方境内的××村。

(三)拟建项目内容:根据国家相关政策,结合项目实际,投资建设××库区旅游度假区。

(四)项目投资方式及额度:乙方通过独资、合资、合作等方式,在甲方境内投入资金陆仟万元人民币(6000.00万元)以上,用于××库区旅游开发。

二、双方重点合作约定

(一)甲方积极支持乙方的发展,积极争取项目和资金解决乙水、电、路等相关配套设,积极为乙方报批和完善相关手续。

(二)乙方负责××库区旅游开发的规划和设计,经专家评审和甲方认可后方可进行投资开发。

(三)乙方在开发过程中,如遇外界因素干扰,甲方将组织相关部门和人员积极参与协

调,为乙方发展提供优质的外部环境。

(四)乙方确保于 2013 年 4 月底前启动建设。

(五)甲方大力支持乙方发展规划,积极协调相关部门做好乙方在库区开发的服务工作,确保开发项目顺利进行。

(六)本协议签订后两月内,甲乙双方各明确一名负责人牵头,搭建项目建设班子,指定具体部门负责,建立交流沟通机制,对合作事项、合作时限、合作条件等具体内容进行沟通协商,共同解决相关问题。

三、其他事项

(一)本协议为合作意向协议,在 2013 年 4 月底前有效。经双方协商一致的具体合作项目,另行签订专项合作协议,专门明确双方的权利、义务和责任。正式投资协议签订后,本协议自动失效。

(二)本协议未尽事宜,甲乙双方另行协商,并以补充协议、纪要文件等书面形式确定。

(三)本协议一式二份,双方各执一份,自双方签字之日起生效。

甲方:×××人民政府(章)　　　　　　　乙方:××建筑实业有限公司(章)

代表签字:　　　　　　　　　　　　　　代表签字:

日期:2012 年 4 月 6 日　　　　　　　　日期:2012 年 4 月 6 日

评析:这是一份投资意向书。标题由"合作单位 + 事由(项目名称) + 文种"构成,表明了意向书的基本类型;约首说明当事双方名称及代称;前言交代意向书签订的依据和合作事项;条款部分分条列项说明项目的基本情况、双方重点合作约定、其他有关事项,具体交代了双方的权利义务和下步安排。意向书格式规范、表述概括、条款分明、层次清楚,反映了初步洽谈的成果。这份意向书内容简略,不涉及约束条款,代表了意向书的一种类型,体现了典型的意向书的基本特征。

 例文二

供货合作意向书

甲方:中国建筑××工程局有限公司

乙方:

中国建筑××工程局有限公司(以下简称甲方)代表需方通过对供应商的筛选,确定乙方为中国建筑××工程局有限公司正在承接的上海虹桥国际机场扩建工程能源中心工程的战略合作供应商之一,并订立本供货意向书。

一、合作范围

甲方将××国际机场扩建工程能源中心工程的材料(设备)(详见附件一:产品及价格清单)由乙方负责供货,具体以本项目供货合同(以下简称供货合同)为准。

二、合作条件与承诺

1. 甲方承诺在本供货意向书合作范围内所属××国际机场扩建工程能源中心工程的材料(设备)由乙方负责供货,并在甲方签订该项目工程施工合同后签订供货合同。

2. 供货合同的材料(设备)价格按照以下原则确定。

(1) 甲方根据实际情况确定产品的技术性能要求、型号、规格,与本协议"附件一"中所列相应内容相同的,按实际招标价格执行。

(2) 附件一中没有列明的产品,甲方根据项目的实际需要另行招标。

3. 甲方按照以上原则要求与乙方签订供货合同时,乙方不得以任何理由提高供货单价或拒签合同。

4. 双方合作期间,如甲方发现乙方供给其他采购商的价格低于本协议价格时,或提供货物不能满足本工程技术和设计要求时,甲方有权单方终止合同,另行选择材料供应商,乙方承担由此引起的一切损失。

5. 乙方承诺提供的本工程货物皆为符合国家标准和材料(设备)技术文件要求的合格产品,验收合格率达到100%,并保证供货及时性和不间断性,保证满足工程施工进度需要;如有必要乙方派有经验技术人员到现场指导工作。

6. 在双方合作良好的基础上,在同等条件下优先考虑乙方作为后续合作单位。

三、材料(设备)款支付

为保障乙方的利益,甲方本工程款项专款专用,甲方按乙方共同确认的材料(设备)采购金额直接支付给乙方。材料(设备)款支付流程如下。

1. 由甲方根据材料进场计划及工期要求下达《供货通知书》(含材料规格、型号、数量、进场时间等),并通知乙方按《供货通知书》供货;

2. 乙方供货后办理《材料进场确认单》,双方盖章确认后作为材料款的支付依据;

3. 甲方在本意向书的义务仅为按照分项供货合同的规定支付给乙方按本分项供货合同规定应得的货款。

四、本意向书作为签订分项供货合同的依据,具体供货项目乙方须与甲方按本协议所附的合同范本另行签订分项供货合同。本意向书未涉及的内容,以供货合同为准。

五、本协议有效期自_____年____月____日起至_____年____月____日止。有效期满后,供货合同尚未履行完成的,不影响已签订的分项供货合同的法律效力。

甲方:中国建筑××工程局有限公司　　　乙方:_____

法定代表:　　　　　　　　　　　　　　法定代表:

签约代表:　　　　　　　　　　　　　　签约代表:

地址:　　　　　　　　　　　　　　　　地址:

签署日期:_____年_____月_____日_____

评析:这是一份事先拟好的具有格式条款的意向书。标题表明意向书类型,正文部分具体说明甲方的意愿,对方如果接受,那么本意向书成立。本意向书具体说明了将来合同的条款内容及签订正式合同的程序,从内容上看应属于预约合同,具有法律效力。

【技能训练】

一、指出下面《意向书》不当之处，并加以修改。

意 向 书

中国×××进出口公司（以下简称甲方）与法国××服装公司（以下简称乙方）经过友好协商，双方本着平等互利的原则，进行补偿贸易。现已达成初步意向，内容如下：

一、乙方向甲方提供价值××万美元的制作丝绸服装的专用设备和附属设备。

二、甲方根据乙方提供之服装设计原图及施工工艺要求进行加工生产，保证质量。

三、为乙方生产中国丝绸服装，甲方同意新建一家服装工厂，生产乙方所需的以真丝为面料、不绣花的女装衬衫、男式睡衣，女士睡袍等。产量定为年产35万件。

四、甲乙双方的贸易和乙方的来料加工业务，在签订正式合同时再议。

五、乙方应派工作人员来××市××县××乡服装工厂进行技术辅导和质量监督，费用由乙方自行负担。

甲方：中国×××进出口公司

代表：张××

乙方：法国××服装公司

代表：××

二、根据以下材料写一份意向书，有关内容可以根据实际情况补充。

×××黄金投资有限公司（甲方）与×××（乙方）经过协商，就乙方开设特许经营加盟店一事，达成一致意向。主要意向有：甲方为乙方提供开业前的指导与支持；乙方须在双方签署加盟意向书时，向甲方支付考察费人民币20000元；乙方承诺黄金理财中心经营面积将不少于80平方米；加盟意向书于乙方支付考察费后生效，有效期60天，有效期内甲方为乙方保留优先加盟资格。

三、根据以下材料写一份意向书，有关内容可以根据实际情况补充。

×××职业学院（甲方）与×××集团公司（乙方）就建立长期战略合作关系、甲方学生实习、乙方在职人员培训、为乙方提供优秀毕业生等事宜达成一致意向。

四、案例分析。

2012年3月7日，被告与原告签订了《房屋租赁意向书》（以下简称《意向书》）。双方在该《意向书》中约定：被告有意承租原告位于某县某大道中段房产一处，租金每年为29.5万元。本意向书有效期自2012年3月1日～8月31日。原告保证在本意向书有效期内，不得将房产另出租于他人，否则，须向被告支付违约金5万元。被告如在本意向书期满后不能与原告签订租赁合同，不再租赁该房产，被告须向原告支付六个月的该房产的租金作为违约金，同时原告有权将该房产出租于他人。本意向书双方签字后生效。

《意向书》生效之后，原告履行了双方在该《意向书》中约定的义务，在2012年8月31日之前没有将房产出租于他人。而被告应当在2012年8月31日之前与原告签订租赁合同，2012年8月31日之后被告却一直不与原告签订租赁合同。

2012年9月13日，原告以被告没有履行双方在《意向书》中约定的与原告签订租赁合同的义务,被告已经违约,依法应当承担违约责任为由起诉被告,请求法院判决被告给付违约金 14.75 万元及利息。

法院审理后认为《意向书》属于预约合同,被告已经违约,应当承担违约责任。于是判决被告给付违约金 14.75 万元。

项目 35　招 标 文 书

【走进课堂】

招标是进行大宗货物的买卖、工程建设项目的发包与承包,以及重大服务项目的采购与提供时所采用的一种交易方式。通常是由项目采购方作为招标人,通过发布招标公告或者向一定数量的特定供应商、承包商发出招标邀请等方式发出招标采购的信息,说明采购的条件和要求,邀请投标人按照同等条件进行平等竞争,招标人按照规定的程序当众开标、评标,通过综合评审,从中择优选定项目的中标人并签订合同。招标的方式有公开招标和邀请招标两种。公开招标是指招标人以招标公告的方式邀请不特定的法人或者其他组织投标。邀请招标是指招标人以投标邀请书的方式邀请三家以上符合相应资格条件的特定的法人或者其他组织投标。国有资金占控股或者主导地位的依法必须进行招标的项目,应当公开招标。公开招标是政府采购的主要采购方式。招标投标活动应当遵循公开、公平、公正和诚实信用的原则。

招标的实质是通过引入竞争以较低的价格获得最优的货物、工程和服务。招标是国际上普遍运用的一种交易方式,体现了优胜劣汰、公开公平的竞争机制,有助于经济活动在公平、公正、公开的原则下进行,有助于保护国家利益、社会公共利益,防止商业贿赂等腐败现象的发生,有助于促进竞争,提高经济效益,保证项目质量。

思考:1.在招标的过程中要使用到哪些招标文书? 2.为规范招标投标活动,我国制定了哪些招标投标的法律法规? 3.招标文件通常应包括哪些内容?

【知识导航】

一、招标文书的含义

招标文书是招标方在招标过程中使用的一系列文书的统称。

招标文书具体文种主要有:招标代理委托书、招标申请书、招标方案、资格预审公告、资格预审文件、资格预审结果通知书、招标公告、招标邀请书、招标文件、标底书、评标报告、中标公告或招标结果公示、中标通知书、合同、招标投标情况报告等。其中,招标文件是招标文书中的核心文件。

二、招标文书的特点

1.规范性:招标文书的基本内容、制作与发布要符合《中华人民共和国招标投标法》、《政府采购货物和服务招标投标管理办法》等法律法规与规章的基本规定和要求。比如:招标人采用公开招标方式的,应当发布招标公告;依法必须进行招标的项目的招标公告,应当通过国家指定的报刊、信息网络或者其他媒介发布;招标文件不得要求或者标明特定的生产供应者以及含有倾向或者排斥潜在投标人的其他内容。

2.公开性:招标都是本着公开、公平、公正的原则进行的,招标文件必须公开发表或向所有投标者提供,中标结果也必须发表并向所有投标者通报,整个过程具有透明性和公开性。

3.时间性:招标文书的制作与发布都有一定的时间规定。比如:投标人应当在招标文件要求提交投标文件的截止时间前,将投标文件送达投标地点;招标人和中标人应当自中标通知书发出之日起三十日内,按照招标文件和中标人的投标文件订立书面合同;依法必须进行招标的项目,招标人应当自确定中标人之日起十五日内,向有关行政监督部门提交招标投标情况的书面报告。

4.约束性:招标公告、招标邀请书、招标文件、中标通知书等主要的招标文书是具有法律性质的文书,对招投标双方的行为都有很强的约束性。比如:在招标文件要求提交投标文件的截止时间后送达的投标文件,招标人应当拒收;中标通知书对招标人和中标人具有法律效力,中标通知书发出后,招标人改变中标结果的,或者中标人放弃中标项目的,应当依法承担法律责任。

5.指导性:招标公告、招标邀请书、招标文件、评标报告等对招投标双方的行为具有指导作用。比如:投标人应当按照招标文件的要求编制投标文件,投标文件应当对招标文件提出的实质性要求和条件作出响应;招标人根据评标委员会提出的书面评标报告和推荐的中标候选人确定中标人。

【知识卡片】

招标的一般程序

1.招标单位或委托招标代理机构编制和报审招标文件,发表招标公告,出售招标文件。

2.投标者购买或领取招标文件。

3.招标单位或委托招标代理机构组织投标者踏勘项目现场,解答招标文件中的疑点。

4.投标者填写投标书,并向招标单位或委托招标代理机构报送。

5.招标单位对投标者的资格及信誉进行审查。

6.招标单位或委托招标代理机构按时召开揭标会议,当众开标,公布标底、标价,评定中标单位,并发出中标通知书、中标结果通知书,招标结果公示,退回未中标单位的投标保证金。

7.招标和中标单位签订合同。

三、几种主要招标文书的写法

(一)招标公告

1.招标公告的含义

招标公告是公开招标时向社会发布有关招标事宜的一种周知性文书。其作用是告知招标单位、招标项目、招标时间、招标步骤及联系方法等内容,欢迎有意向有资格的不特定的法人或者其他组织参加投标。

《中华人民共和国招标投标法实施条例》规定：国有资金占控股或者主导地位的依法必须进行招标的项目，应当公开招标。

《中华人民共和国政府采购法》规定：公开招标应作为政府采购的主要采购方式；因特殊情况需要采用公开招标以外的采购方式的，应当在采购活动开始前获得设区的市、自治州以上人民政府采购监督管理部门的批准；采购人不得将应当以公开招标方式采购的货物或者服务化整为零或者以其他任何方式规避公开招标采购。

《中华人民共和国招标投标法》、《招标公告发布暂行办法（2013 年 4 月修订）》等法律法规规定：招标人采用公开招标方式的，应当发布招标公告；依法必须招标项目的招标公告，应当在国务院发展改革部门、财政部门等指定的报刊和信息网络上发布；招标人或其委托的招标代理机构应至少在一家指定的媒介发布招标公告，指定报纸在发布招标公告的同时，应将招标公告如实抄送指定网络；在不同媒介发布的同一招标项目的招标公告的内容应当一致；拟发布的招标公告文本应当由招标人或其委托的招标代理机构的主要负责人签名并加盖公章；招标人或其委托的招标代理机构发布招标公告，应当向指定媒介提供营业执照（或法人证书）、项目批准文件的复印件等证明文件；指定媒介发布依法必须招标项目的招标公告，不得收取费用，但发布国际招标公告的除外。

另外，《政府采购非招标采购方式管理办法（财政部令第 74 号）》第十二条规定："政府采购货物或服务，采购人、采购代理机构应当通过发布公告、从省级以上财政部门建立的供应商库中随机抽取或者采购人和评审专家分别书面推荐的方式邀请不少于 3 家符合相应资格条件的供应商参与竞争性谈判或者询价采购活动。"这说明虽然竞争性谈判或者询价采购活动不是公开招标，但是要像公开招标那样发布采购公告，其写法与公开招标公告相同。

2. 招标公告的内容

招标公告一般应包括以下主要内容：(1)招标编号。(2)招标项目概况。(3)投标人的资格要求。(4)获取招标文件的时间、地点、方式及招标文件售价。(5)提交投标文件的地点、方式、截止日期。(6)开标时间及地点。(7)招标人的名称、地址和联系方法。有的还要求说明发布公告的媒介。

不同招标项目的招标公告，主要是项目概况部分有较大差异。如：工程建设项目施工招标公告应写明招标条件；招标项目的内容、规模、资金来源；招标项目的实施地点和工期。工程建设项目货物招标的招标公告应写明招标货物的名称、数量、技术规格、资金来源；交货的地点和时间。政府采购货物和服务公告应写明采购方式；招标项目的名称、数量或者招标项目的性质。

招标公告如有标准文本的，应按标准文本要求制作。

3. 招标公告的结构和写法

招标公告的写法比较概括，具体事项与要求一般另用招标文件说明。招标公告一般由标题、正文、署名与日期三个部分组成。

招标公告的标题通常由招标单位、招标项目和文种构成，如：《城市管理局农副产品便民规范点项目 B 包招标公告》、《盐边县机关事务管理局关于数字化审讯、监控系统配套设备公开招标采购项目的公告》。有的省略招标单位或招标项目或者只用文种名"招标公告"作为标题,如:《襄河镇新村居民点绿化工程招标公告》、《校园网扩容整改项目招标公告》、《××集团公司招标公告》、《招标公告》。

招标公告的正文在写作形式上有条文式和表格式两种形式。条文式写法有两种,一是前言加主体。前言简要写明招标的缘由、目的、依据和招标项目,欢迎合格的投标人参加投标。主体部分分条列项详细写明招标内容、要求及有关事项。二是全部采用条款式写法,直接分条列项交代公告事项。表格式写法则是用表格形式分项说明有关事项,本质上与全条款式写法没什么不同。

署名与日期。在招标公告正文的末尾写明招标单位的名称、招标公告发布的日期。署名是发布招标公告的单位名称,不一定和标题中的招标单位一致,有的是采购代理机构。刊发在报纸或网站上的招标公告,有的没有署名和日期。

例文一

××省科学技术厅 ××省财政厅
2013年山东省自主创新专项项目招标公告

为了加快实施创新驱动战略,提升自主创新能力,公开、公平、公正地选择省自主创新专项承担单位,提高自主创新专项资金使用效益,依据《中华人民共和国招标投标法》、《国家科研计划课题招标投标管理办法》和《××省人民政府办公厅关于做好自主创新专项资金竞争性分配工作的通知》精神,对2013年××省自主创新专项部分支持项目进行公开招标,现将有关事宜公告如下:

一、招标人及地址

××省科学技术厅:××市高新区舜华路607号

××省财政厅:济南市济大路3号

二、招标项目名称、编号及说明

详见省科技厅网站:http://www.sdstc.gov.cn,关于发布《2013年××省自主创新专项项目指南》的通知。

三、项目支持强度

省自主创新专项招标项目每个项目平均支持强度为1000万元以上。

四、招标文件的获取

获取时间:4月10日至16日,每日上午9:00~11:30,下午1:30~4:00(节假日除外)。

获取地点:××市高新区舜华路607号山东科技大厦九楼912室。

获取招标文件需携带营业执照副本原件和单位公函。

五、投标人具备的基本条件与资格

1. 申请承担重大关键共性技术项目的投标人,必须具备以下条件:

(1)承担单位必须是××省境内高等院校、科研机构、企业研发机构(包括中央驻鲁单位);

(2)承担单位应与企业建立稳定的合作关系,具有良好的产学研用合作基础,建立协同创新的战略联盟,拥有省级以上重点实验室、工程技术研究中心等科技创新平台,具有国内先进水平的研发团队,领军人才和创新型人才在行业具有较大影响力;

（3）项目属于重点产业发展的核心技术和产业链关键环节，整体技术研发水平国内领先，可以填补国内空白、替代进口或突破国外专利和技术封锁，2 年内见效，能够获取自主知识产权并实现产业化，具备科技引领和创新驱动能力；

（4）项目总投资原则上不低于 2000 万元，单位自筹资金不低于总投资的 50%。

2. 申请承担成果转化与产业化示范项目的投标人，必须具备以下条件：

（1）项目承担单位必须是省内注册的、具有独立法人资格的企业；

（2）企业资产及经营状况良好，具有较高的资信等级和相应的资金筹措能力；

（3）企业必须具有良好的生产及研发设备，重视技术研发，企业研究开发投入占销售收入的比重不低于 5%；

（4）项目总投资原则上不低于 5000 万元（现代农业项目总投资原则上不低于 2000 万元），单位自筹资金不低于总投资的 50%；

（5）项目能够突破重大关键技术，2 年内见效，带动形成产业集聚，完善产业链配套，有利于做强做大高新技术产业园区和优势产业集群。

3. 其他投标条件和资格

详见《关于发布〈2013 年××省自主创新专项项目指南〉的通知》和 2013 年××省自主创新专项项目指南招标部分。

六、投标与开标

投标截止时间：2013 年 4 月 28 日上午 8:50（北京时间）。

标书递交地点：××军区燕子山庄（××市经十路 14668 号 燕山立交西首路南 188 米）。

开标时间：2013 年 4 月 28 日上午 9:00（北京时间）。

开标地点：××军区燕子山庄（××市经十路 14668 号 燕山立交西首路南 188 米）。

招标人联系人：×××（电话：0531 - 66777216）

××省科学技术厅　××省财政厅

2013 年 4 月 9 日

（来源：山东省科学技术厅网站）

 例文二

××市信访办网络链路租赁服务采购公告

项目名称	××市信访办网络链路租赁服务
采购编号	0611 - BZ140040000490A - 2（13C0581）
采购目录	服务类
采购方式	公开招标

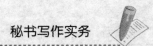

（续表）

供应商投标资格	（一）基本资格条件 1. 具有独立承担民事责任的能力 2. 具有良好的商业信誉和健全的财务会计制度 3. 具有履行合同所必需的设备和专业技术能力 4. 有依法缴纳税收和社会保障资金的良好记录 5. 参加政府采购活动前三年内，在经营活动中没有重大违法或不良记录 （二）特定资格条件 1. 具备有效的国家信息产业行政主管部门颁发的"中华人民共和国基础电信业务经营许可证"（提供复印件） 2. 若投标人采用分公司名义参加项目投标，须具备总公司针对本项目的有效授权文件（按所投分包进行授权，并分别提供授权书原件）
报名及购买采购文件开始时间	2014 年 10 月 24 日 09：30
报名及购买采购文件截止时间	2014 年 10 月 24 日 10：00
报名及购买采购文件的方式	（一）凡有意参加投标的供应商，请于公告发布之日（2014 年 9 月 29 日）起至投标截止时间之前，在《××市政府采购网》网上下载本项目招标文件以及图纸、补遗等开标前公布的所有项目资料，无论投标人下载与否，均视为已知晓所有招标内容，招标文件购买费在各供应商递交投标文件时一并缴纳 （二）招标文件购买费为：300 元/分包（售后不退），供应商在递交投标文件时向（采购机构）缴纳；如递交投标文件后未缴纳招标文件购买费，不具备有效的投标资格（投标人为微型企业且所投标产品为微型企业生产的，免收上述费用，微型企业的认定标准详见本项目招标文件"第四篇"） （三）供应商须满足以下三种要件，其投标才被接受： 1. 按时递交了投标文件 2. 按时报名签到 3. 规定时间内缴纳了招标文件购买费
采购文件售价（元）	300.00
采购文件递交开始时间	2014 年 10 月 24 日 09：30
采购文件递交截止时间	2014 年 10 月 24 日 10：00
采购文件递交地址	××市政府采购交易中心开标厅（××市江北区五简路 2 号××咨询大厦 A 栋，见当日一楼大厅指示牌）
开标时间	2014 年 10 月 24 日 10：00
开标地址	××市政府采购交易中心开标厅（××市江北区五简路 2 号××咨询大厦 A 栋，见当日一楼大厅指示牌）

（续表）

采购人名称	××市信访办
采购人地址	××市渝中区人民路214号
采购代理机构名称	××市政府采购中心
采购代理机构地址	××市江北区五简路2号××咨询大厦A栋1604室
经办人名称	××　　××
采购文件购买联系电话	(023)67703509　67707169
投标保证金退还联系电话	(023)67769201

分包信息	包号	说明
	1	网络链路租赁1
	2	网络链路租赁2

附件：	××市信访办链路租赁服务采购招标文件.doc

（来源：重庆市政府采购网）

（二）投标邀请书（函）

1. 投标邀请书的含义

投标邀请书（函）也叫招标邀请书（函），是招标单位邀请特定的法人或者其他组织参加投标使用的专用文书。

有关招投标法律法规规定：有下列情形之一的，经有关部门认定可以邀请招标：（1）技术复杂、有特殊要求或者受自然环境限制，只有少量潜在投标人可供选择；（2）采用公开招标方式的费用占项目合同金额的比例过大；（3）涉及国家安全、国家秘密或者抢险救灾，适宜招标但不宜公开招标。

《中华人民共和国招标投标法》第17条规定：招标人采用邀请招标方式的，应当向三个以上具备承担招标项目的能力、资信良好的特定的法人或者其他组织发出投标邀请书。

《政府采购货物和服务招标投标管理办法》第15条规定：采用邀请招标方式采购的，招标采购单位应当在省级以上人民政府财政部门指定的政府采购信息媒体发布资格预审公告，公布投标人资格条件，资格预审公告的期限不得少于七个工作日；投标人应当在资格预审公告期结束之日起三个工作日前，按公告要求提交资格证明文件。招标采购单位从评审合格投标人中通过随机方式选择三家以上的投标人，并向其发出投标邀请书。也就是说政府采购项目的邀请招标采用了公开选择邀请合格投标人或潜在投标人的方法。

2. 投标邀请书的内容与写法

投标邀请书的内容和招标公告的内容基本一致，只需增加要求潜在投标人确认是否收到了投标邀请书的内容。如《标准施工招标文件》中"投标邀请书"专门用一条载明："你单位收到本投标邀请书后，请于＿＿＿＿＿＿（具体时间）前以传真或快递方式予以确认。"另外，在结构上，增加一个称谓即抬头。

<h2 style="text-align:center">＿＿＿＿（项目名称）＿＿＿标段施工投标邀请书</h2>

（代资格预审通过通知书）

＿＿＿＿＿＿＿（被邀请单位名称）：

你单位已通过资格预审，现邀请你单位按招标文件规定的内容，参加＿＿＿（项目名称）＿＿＿标段施工投标。

请你单位于＿＿＿＿年＿＿月＿＿日至＿＿＿＿年＿＿月＿＿日（法定公休日、法定节假日除外），每日上午＿＿时至＿＿时，下午＿＿时至＿＿时（北京时间，下同），在＿＿＿＿＿＿（详细地址）持本投标邀请书购买招标文件。

招标文件每套售价为＿＿元，售后不退。图纸押金＿＿元，在退还图纸时退还（不计利息）。邮购招标文件的，需另加手续费（含邮费）＿＿元。招标人在收到邮购款（含手续费）后＿＿日内寄送。

递交投标文件的截止时间（投标截止时间，下同）为＿＿＿＿年＿＿月＿＿日＿＿时＿＿分，地点为＿＿＿＿＿＿＿＿＿＿＿。

逾期送达的或者未送达指定地点的投标文件，招标人不予受理。

你单位收到本投标邀请书后，请于＿＿＿＿＿＿（具体时间）前以传真或快递方式予以确认。

招标人：＿＿＿＿＿＿	招标代理机构：＿＿＿＿＿＿
地　　址：＿＿＿＿＿＿	地　　　　址：＿＿＿＿＿＿
邮　　编：＿＿＿＿＿＿	邮　　　　编：＿＿＿＿＿＿
联系人：＿＿＿＿＿＿	联　系　人：＿＿＿＿＿＿
电　　话：＿＿＿＿＿＿	电　　　　话：＿＿＿＿＿＿
传　　真：＿＿＿＿＿＿	传　　　　真：＿＿＿＿＿＿
电子邮件：＿＿＿＿＿＿	电　子　邮　件：＿＿＿＿＿＿
网　　址：＿＿＿＿＿＿	网　　　　址：＿＿＿＿＿＿
开户银行：＿＿＿＿＿＿	开　户　银　行：＿＿＿＿＿＿
账　　号：＿＿＿＿＿＿	账　　　　号：＿＿＿＿＿＿

＿＿＿＿年＿＿月＿＿日

（三）招标文件

1. 招标文件的含义

招标文件是关于项目招投标工作具体事宜和要求的综合性文件。招标文件是招标过程中的核心文件，由招标人或招标代理机构编制并向潜在投标人发送或发售。

招标文件就是我们通常所说的"标书"、"招标书"。有的教材将"招标书"等同于"招标公告"，我们认为这是不恰当的。目前有关招标投标的规范性文件中都没有"招标书"这个概念，我们认为使用"招标文件"这个规范名称更为适宜。

2. 招标文件的种类

按招标的范围分，可分为国际招标文件和国内招标文件。国际招标文件要求两种版本，按国际惯例以英文版本为准。考虑到我国企业的外文水平,招标文件中常常特别说明,当中英文版本产生差异时以中文版本为准。

按招标项目分,招标文件有工程建设项目招标文件、大宗商品交易招标文件、企业承包招标文件、企业租赁招标文件、选聘企业经营者招标文件、科研课题招标文件、技术引进或者转让招标文件、劳务招标文件等。工程建设项目招标文件还可以再细分为工程施工招标文件、工程设备材料招标文件、工程监理招标文件、工程勘察招标文件、工程设计招标文件等。

《中华人民共和国政府采购法》将政府采购项目分为货物、工程、服务三类,政府采购货物是指各种形态和种类的物品,包括原材料、燃料、设备、产品等。政府采购工程是指建设工程,包括建筑物和构筑物的新建、改建、扩建、装修、拆除、修缮等。政府采购服务是指除货物和工程以外的其他政府采购对象。所以,政府采购招标文件可以分为政府采购货物招标文件、政府采购工程项目招标文件、政府采购服务项目招标文件三大类。

3. 招标文件的作用

招标文件是指导整个招标过程作业的纲领性、标准性文件,在整个招标采购过程中起着至关重要的作用。招标文件具体说明项目的内容与要求、投标资格条件、招标的程序和规则、合同条款以及投标文件响应格式等,它不仅是招标人组织招标工作、评标、定标的依据,而且是投标人编制投标文件、采购人与中标人签订合同的重要依据。

4. 招标文件的内容

招标文件一般应包括项目的概括信息、招标程序、对投标人资格审查的标准、评标标准和方法、项目的技术要求、投标报价要求、合同主要条款、投标文件编制要求、投标有效期、投标保证金等。招标的实质性要求和条件都应当在招标文件中体现。

国家对招标项目的技术、标准有规定的,招标人应当按照其规定在招标文件中提出相应要求。招标项目需要划分标段、确定工期的,招标人应当合理划分标段、确定工期,并在招标文件中载明。招标文件不得要求或者标明特定的生产供应者以及含有倾向或者排斥潜在投标人的其他内容。

不同的招标项目,招标文件的内容有较大差异,其差异主要体现在标的的商务要求、标的的技术要求、合同的主要条款上。如:工程建设项目施工招标文件应当包括设计图纸;采用工程量清单招标的,应当提供工程量清单。工程建设项目货物招标文件的技术要求体现在货物的技术规格、参数及其他要求上。工程项目勘察设计招标文件应当包括:勘察设计范围,对勘察设计进度、阶段和深度要求;勘察设计基础资料;勘察设计费用支付方式,对未中标人是否给予补偿及补偿标准等。

5. 招标文件的格式与写法

招标文件是一个综合性的文件,一般由以下几个部分组成:(1)招标公告或投标邀请书。(2)投标(人)须知。(3)招标项目及要求。(4)合同主要条款及格式。(5)评标标准和方法。(6)投标文件格式。招标文件一般应制作封面和目录,以"招标文件"命名。

招标人对已发出的招标文件进行必要的澄清或者修改的,应当在招标文件要求提交投标文件截止时间至少十五日前,以书面形式通知所有招标文件收受人。该澄清或者修改的内容为招标文件的组成部分。

招标公告或投标邀请书。将实际发出的招标公告或投标邀请书作为招标文件的第一个组成部分。招标公告或投标邀请书中,招标人可以根据招标项目本身的要求,在招标公告或者投标邀请书中,要求潜在投标人提供有关资质证明文件和业绩情况,并对潜在投标人进行资格审查;国家对投标人的资格条件有规定的,依照其规定。招标人不得以不合理的条件限制或者排斥潜在投标人,不得对潜在投标人实行歧视待遇。

投标(人)须知。投标(人)须知是对投标的规则、要求、投标人应知事项所作的规定和说明。投标(人)须知一般由总则、招标文件、投标文件、投标、开标、评标、合同授予、质疑与投诉等几部分构成,其内容主要有:项目概况、对投标人的资格要求;招标文件的组成、澄清、修改;投标文件的组成、投标文件的编制、投标文件的密封和标记、投标文件的递交、投标文件的修改与撤回;投标报价、投标有效期、投标保证金、资格审查资料;开标时间和地点、开标程序、开标异议;评标委员会、评标的标准和程序;定标方式、中标候选人公示、中标通知、履约担保、签订合同;对招标人、投标人、评标委员会成员、与评标活动有关的工作人员的纪律要求,投诉的处理等。

招标项目及要求。具体写明招标项目内容、范围,招标项目的商务要求、招标项目的技术与质量要求。货物类项目的商务要求包括实施(交货)时间、地点及验收方式,报价要求,质量保证及售后服务,付款方式,知识产权,培训等。货物类项目的技术与质量要求包括项目的技术规格、数量及质量要求。工程施工项目要求包括工程量清单、图纸、技术标准与要求等。

合同的主要条款及格式。规定合同的一般条款和特殊条款,给出拟签订合同的格式样本。货物类招标合同条款一般包括货物内容、合同价格、转包或分包、质量保证及售后服务、付款、检查验收、索赔、知识产权、合同争议的解决、违约责任等。工程施工合同的一般条款包括发包人义务,监理人,承包人,材料和工程设备,施工设备和临时设施,交通运输,施工安全、治安保卫和环境保护,开工和竣工,暂停施工,工程质量,竣工验收,缺陷责任与保修责任,违约、索赔、争议的解决等。

评标标准和方法。具体说明评标的标准、方法和程序。这一部分也可在投标(人)须知中说明。

投标文件格式。说明投标文件的组成及编制要求,一般应给出格式样本。

《中华人民共和国招标投标法实施条例》规定:编制依法必须进行招标的项目的招标文件,应当使用国务院发展改革部门会同有关行政监督部门制定的标准文本。

目　录

(中华人民共和国标准施工招标文件(2007年版),删节至条)

第一卷

第一章　招标公告(未进行资格预审)

1. 招标条件

2. 项目概况与招标范围

3. 投标人资格要求

4. 招标文件的获取

5.投标文件的递交

6.发布公告的媒介

7.联系方式

第一章　投标邀请书(适用于邀请招标)(略)

第一章　投标邀请书(代资格预审通过通知书)

第二章　投标人须知

投标人须知前附表

1.总则

2.招标文件

3.投标文件

4.投标

5.开标

6.评标

7.合同授予

8.重新招标和不再招标

9.纪律和监督

10.需要补充的其他内容

附表一:开标记录表

附表二:问题澄清通知

附表三:问题的澄清

附表四:中标通知书

附表五:中标结果通知书

附表六:确认通知

第三章　评标办法(经评审的最低投标价法)

评标办法前附表

1.评标方法

2.评审标准

3.评标程序

第三章　评标办法(综合评估法)(略)

第四章　合同条款及格式

第一节通用合同条款

1.一般约定

2.发包人义务

3.监理人

4.承包人

5.材料和工程设备

6.施工设备和临时设施

7.交通运输

8. 测量放线

9. 施工安全、治安保卫和环境保护

10. 进度计划

11. 开工和竣工

12. 暂停施工

13. 工程质量

14. 试验和检验

15. 变更

16. 价格调整

17. 计量与支付

18. 竣工验收

19. 缺陷责任与保修责任

20. 保险

21. 不可抗力

22. 违约

23. 索赔

24. 争议的解决

第二节 专用合同条款

第三节 合同附件格式

第五章 工程量清单

1. 工程量清单说明

2. 投标报价说明

3. 其他说明

4. 工程量清单

第二卷

第六章 图纸

1. 图纸目录

2. 图纸

第三卷

第七章 技术标准和要求

第四卷

第八章 投标文件格式(略)

目　录

(××市政府采购货物类招标文件标准文本)

第一篇 投标邀请书

一、招标项目内容

二、资金来源

三、投标人资格要求

四、投标、开标有关说明

五、投标保证金

六、投标有关规定

七、联系方式

第二篇 项目技术规格、数量及质量要求

一、招标项目一览表

二、招标项目技术需求

三、附件、图纸及包装要求

第三篇 项目商务要求

一、实施(交货)时间、地点及验收方式

二、报价要求

三、质量保证及售后服务

四、付款方式(根据具体情况选择付款方式)

五、知识产权

六、培训

七、其他

第四篇 评标方法、评标标准、无效投标条款和废标条款

一、评标方法

二、评标标准

三、无效投标条款

四、废标条款

第五篇 投标人须知

一、投标人

二、招标文件

三、投标文件

四、开标

五、评标

六、定标

七、中标通知书

八、关于质疑和投诉

九、签订合同

第六篇 合同主要条款和格式合同(样本)

一、合同主要条款

二、政府采购购销合同(格式)

第七篇 投标文件格式(略)

(四)中标通知书

1. 中标通知书的含义

中标通知书是招标人在确定中标人后向中标的投标人发出的告知其中标的书面通知文件。

《中华人民共和国招标投标法》规定：中标人确定后，招标人应当向中标人发出中标通知书，并同时将中标结果通知所有未中标的投标人；中标通知书对招标人和中标人具有法律效力；中标通知书发出后，招标人改变中标结果的，或者中标人放弃中标项目的，应当依法承担法律责任；招标人和中标人应当自中标通知书发出之日起三十日内，按照招标文件和中标人的投标文件订立书面合同。

《政府采购货物和服务招标投标管理办法》规定：中标供应商确定后，中标结果应当在财政部门指定的政府采购信息发布媒体上公告；在发布公告的同时，招标采购单位应当向中标供应商发出中标通知书，中标通知书对采购人和中标供应商具有同等法律效力。

《工程建设项目货物招标投标办法》及《工程建设项目施工招标投标办法》规定：国有资金占控股或者主导地位的依法必须进行招标的项目，招标人应当确定排名第一的中标候选人为中标人。

2. 中标通知书的结构与写法

中标通知书由标题、称谓、正文、署名与日期等四部分构成。

标题一般以"中标通知书"为标题。称谓写明中标人名称。正文简明扼要地告知对方项目招标文件已经被接受，被确定为中标人，接着写明项目主要事项，如货物数量、工程范围、中标价、工期、开工及竣工日期、质量标准等，最后告知签订合同的时间、地点。署名与日期部分写明招标人名称并盖章，法定代表人签字，通知书发出的具体日期。

 例文六

中标通知书

_____（中标人名称）：

你方于_____（投标日期）所递交的_____（项目名称）_____标段施工投标文件已被我方接受，被确定为中标人。

中标价：_____元。

工期：_____日历天。

工程质量：符合_____标准。

项目经理：_____（姓名）。

请你方在接到本通知书后的____日内到_____（指定地点）与我方_____签订施工承包合同，在此之前按招标文件第二章"投标人须知"第 7.3 款规定向我方提交履约担保。

特此通知。

招标人：_____（盖单位章）

法定代表人：_____（签字）

_____年____月____日

例文七

中标结果通知书

_____（未中标人名称）：

我方已接受_____（中标人名称）于_____（投标日期）所递交的_____（项目名称）_____标段施工投标文件，确定_____（中标人名称）为中标人。

感谢你单位对我们工作的大力支持！

招标人：_____（盖单位章）

法定代表人：_____（签字）

_____年____月____日

（五）中标公告

1. 中标公告的含义

中标公告是评标工作结束后，招标人或招标代理机构在指定媒体上公布项目招投标结果情况的文书。中标公告是与招标公告相对应的公布性文书。中标公告具体表现形式有中标候选人公示、采购（招标）结果公示、中标公告、中标结果公示等。

《中华人民共和国招标投标法实施条例》规定：依法必须进行招标的项目，招标人应当自收到评标报告之日起 3 日内公示中标候选人，公示期不得少于 3 日；投标人或者其他利害关系人对依法必须进行招标的项目的评标结果有异议的，应当在中标候选人公示期间提出。招标人应当自收到异议之日起 3 日内作出答复；作出答复前，应当暂停招标投标活动。

《政府采购货物和服务招标投标管理办法》规定：中标供应商确定后，中标结果应当在财政部门指定的政府采购信息发布媒体上公告。公告内容应当包括招标项目名称、中标供应商名单、评标委员会成员名单、招标采购单位的名称和电话。

《工程建设项目货物招标投标办法》及《工程建设项目施工招标投标办法》规定：评标委员会推荐的中标候选人应当限定在一至三人，并标明排列顺序。招标人应当接受评标委员会推荐的中标候选人，不得在评标委员会推荐的中标候选人之外确定中标人。

2. 中标公告的结构与写法

中标公告的标题一般由招标单位、招标项目、文种组成，也有的省略招标单位。如：《鹿邑县 2014 年乡镇卫生院取暖工程建设项目评标结果公示》《镇原县民政局应急指挥中心装修改造工程中标公告》《信阳职业技术学院附属医院办公设备采购项目中标结果公示》。

中标公告正文有的采用条文式写法，有的采用表格式写法。条文式写法一般分为前言、主体、结尾三部分。中标公告正文内容一般应包括：招标项目名称及编号，评标日期、地点、评标委员会名单，评标结果，招标采购单位的名称和电话，中标公告日期等。表格式写法用表格分项说明招标采购结果情况。

例文八

××区产业集聚区和谐社区公共租赁住房项目中标公告

××省兴豫建设管理有限公司受××市××区住房保障和房地产管理局的委托，就×

×区产业集聚区和谐社区公共租赁住房项目进行公开招标,按规定程序进行了开标、评标、定标,现就本次招标的中标结果公布如下:

一、招标项目名称及编号

项目名称:××区产业集聚区和谐社区公共租赁住房项目

招标编号:商×财采[2014]061号

二、招标公告媒体及日期

公告媒体:《中国采购与招标网》、《××招标采购综合网》、《××省政府采购网》和《×××市建设工程信息网》

公告日期:2014年8月21日~2014年8月27日。

三、评标信息

评标日期:2014年10月9日上午9:00整

评标地点:××市建设工程交易中心

评标委员会名单:孙杰、于明安、窦世学、陈海玉、胡玉柱

四、中标信息

第一标段:投标截止时间因投标企业不足三家,按流标处理

第二标段:××区产业集聚区和谐社区公共租赁住房项目(3#、4#、7#楼)

中 标 人:××天元建设工程有限公司

中标金额:14920693.52元

中标质量:合格

中标工期:240日历天

项目经理:×××

…………

五、本次招标联系方式

招 标 人:××市××区住房保障和房地产管理局

联 系 人:王先生

联系电话:0370－2928982

代理机构:××省兴豫建设管理有限公司

联 系 人:陈先生

联系电话:0370－2080028

联系地址:××市神火大道华商世贸9楼B02室

各有关当事人如对中标结果有异议的,可以在中标公告发布之日起三个工作日内,以书面形式向招标人或招标代理机构提出质疑,逾期将不在受理。

××省兴豫建设管理有限公司

二○一四年十月十一日

(来源:中国政府采购网)

例文九

2014 年市政专用维护设备采购结果公告

项目名称：	2014 年市政专用维护设备采购
采购编号：	0611 – BZ140040000495A（14A2779）
评审日期：	2014 年 09 月 29 日
公告日期：	2014 年 10 月 10 日
采购方式：	公开招标
采购人名称：	××市市政设施管理局
采购人地址：	××市渝中区人和街 104 号
采购代理机构名称：	××市政府采购中心
采购代理机构地址：	××市江北五里店五简路 2 号××咨询大厦 A 幢 1401 室
项目负责人：	××　××××
联系电话：	(023)67703875 67702099
评标委员会：	×××　××　×××　×××　×××

评审结果：

分包号/名称	数量	中标人	规格型号	中标价格(万元)	地址
分包 2：小型轮式冷铣刨机	1 台	××亘畅机电有限公司	W35DC	82	××市九龙坡区火炬大道 101 号 5 – 11 号
分包 3：全液压双钢轮振动压路机	1 台	××宝利工程机械有限公司	BOMAG BW203AD – 4	90.8	××市九龙坡区石小路 183 号附 1 号 1 – 4 – 7 号
分包 4：道路灌缝成套设备	2 台	××飞博经济发展有限公司	SS125D 等	93.6	××市平谷区滨河工业区零号区 22 号

由于"分包 1：全液压多功能养护机"通过符合性检查的投标人不足 3 家,本分包招标失败,另行组织采购。

（来源：重庆市政府采购网）

四、招标文书的写作要求

1.具备多方面的知识素养。招标文书涉及的文种多,法律性强,招标项目内容广泛,项目的性质和要求各异,招标文件的编制人必须具有综合业务能力和多学科的知识,不但要掌握各类招标文书写作的基本知识,而且应具备较强的技术业务素养和法律意识与素养,特别要在商务知识、法律知识和技术知识上深入学习、提高,这样才能更好地理解和编制招标文件。

2.熟悉招标程序和相关法律政策规定。招标文书贯穿招标的整个过程,拟写、编制招标文书必须熟悉招标程序以及招投标相关法律政策规定。文书的体例格式符合标准文本,文书的条款内容符合相关法律政策规定,体现出公平、公正、合法的要求。

3.多方面专家参与。招标文件业务性、法律性强,编制招标文件应有商务、技术、法律方面的有关专家参加,必要时还要聘请咨询专家参加。汇总编制招标文件的人员要与法律专家、采购专家、技术专家沟通协作,共同完成招标文件的编制直至招标采购工作的完成。

4.事项明确,表述严密。无论是公告事项,还是说明要求,都应该考虑周全,表达准确、清楚、严密,无遗漏,无歧义,没有空子可钻。在拟好文稿后,应仔细把关,逐条审核、修改、完善。

【技能训练】

一、请根据下面提供的材料,撰写招标公告和招标文件。

××市食品药品监督管理局拟采购 460 台食品快速检测综合分析仪,最高限价为 1104万元,产品必须为中国大陆境内生产,由××市政府采购中心代理公开招标。招标文件购买费为:300 元。采购文件递交开始时间为 2014 年 10 月 21 日 09:30,采购文件递交截止时间为 2014 年 10 月 21 日 10:00。投标人须为投标产品制造商或经销商,如是经销商投标,须具备所投标产品厂家认可的经销资格。项目招标文件以及图纸、补遗等开标前公布的所有项目资料在《××市政府采购网》网上下载,招标文件购买费在各供应商递交投标文件时一并缴纳。采购文件递交与开标地址:××市政府采购交易中心开标厅。保证金金额为 11万元。

二、在网上搜集并学习招标相关法律法规文件和典型规范的招标文件案例。

项目36 投 标 文 书

【走进课堂】

投标是与招标相对应的概念,它是指投标人在获得招标信息后,按照招标文件的要求编制投标文件,并在规定的时间和地点递交招标人参与竞标的行为。

投标人是响应招标、参加投标竞争的法人、其他组织或者自然人。投标人应当具备承担招标项目的能力;国家有关规定对投标人资格条件或者招标文件对投标人资格条件有规定的,投标人应当具备规定的资格条件。如果招标人允许,两个以上法人或者其他组织可以组成一个联合体,以一个投标人的身份共同投标。

评标委员会按照招标文件确定的评标标准和方法,对投标文件进行评审和比较;评标委员会完成评标后,向招标人提出书面评标报告,并推荐合格的中标候选人。招标人根据评标委员会提出的书面评标报告和推荐的中标候选人确定中标人。

投标文件是描述投标人实力和信誉状况、投标报价竞争力及投标人对招标文件响应程度的重要文件,也是评标委员会和招标人评价投标人的主要依据。在产品、服务和实力能够满足招标文件要求的前提下,投标文件的制作质量决定着投标活动的成败。

思考:1.投标文件主要应包括哪些内容? 2.编制投标文件应注意哪些事项?

【知识导航】

一、投标文书的含义

广义的投标文书是指投标人在投标过程中使用的一系列文书的统称,包括投标方案、收到招标方投标邀请书、问题澄清通知等的确认书、投标文件的澄清说明补正、联合体各方共同投标协议、投标文件等。狭义的投标文书仅指投标文件。本项目所讲的投标文书主要指投标文件。

投标文件是指投标人应招标文件要求编制的响应性文件,它是投标人在充分领会招标文件、进行现场实地考察和调查的基础上,按照招标文件提出的条件和要求进行承诺和报价以期中标的文书材料。

我们通常所说的"投标书",其实质应是投标文件。有的教材将"投标书"等同于投标文件中的"投标函",我们认为这也是不恰当的。

二、投标文书的特点

1.针对性:投标人应当按照招标文件的要求编制投标文件,针对招标文件提出的实质性要求和条件作出切合实际、真实可信的响应和承诺。

2.竞争性:一份合格、规范、高质量的投标文件在对招标文件提出的实质性要求和条件作出响应的同时,应充分地反映投标人的资格、履约能力、信誉,最大限度地满足招标文件中规定的各项综合评价标准,以充分显示企业的实力和竞争能力,战胜众多竞争对手。

3.时间性:投标人应当在招标文件要求提交投标文件的截止时间前,将投标文件送达投标地点。在招标文件要求提交投标文件的截止时间后送达的投标文件,招标人应当拒收。

4.规范性:投标文书的基本内容、制作与提交要符合《中华人民共和国招标投标法》、《政府采购货物和服务招标投标管理办法》等法律法规与规章的基本规定和要求。比如:联合体各方应当签订共同投标协议,明确约定各方拟承担的工作和责任,并将共同投标协议连同投标文件一并提交招标人;投标人撤回已提交的投标文件,应当在投标截止时间前书面通知招标人;投标人不得以低于成本的报价竞标,也不得以他人名义投标或者以其他方式弄虚作假,骗取中标。

5.约束性:投标文件是投标人对招标人要约的承诺,是招投标双方签订合同的基础,投标文件一旦递交对投标人就具有法律的约束力。比如:投标截止后投标人撤销投标文件的,招标人可以不退还投标保证金。再如:投标人以他人名义投标或者以其他方式弄虚作假,骗取中标的,中标无效,给招标人造成损失的,依法承担赔偿责任;构成犯罪的,依法追究刑事责任。

6.保密性:投标是一项竞争十分激烈的工作,对投标文件的保密要求很强:在编制投标文件的过程中,应做好投标资料的保密工作;投标文件应按招标文件要求密封,否则招标人应当拒收;在开标前任何单位和个人不得开启投标文件。

三、投标文件(投标书)的分类

按招标范围分,投标文件可以分为国际投标文件和国内投标文件。

按招标项目分,投标文件有工程建设项目投标文件、大宗商品交易投标文件、企业承包投标文件、企业租赁投标文件、选聘企业经营者投标文件、科研课题投标文件、技术引进或者转让投标文件、劳务投标文件等。工程建设项目投标文件还可以再细分为工程施工投标文件、工程设备材料投标文件、工程监理投标文件、工程勘察投标文件、工程设计投标文件等。

《中华人民共和国政府采购法》将政府采购项目分为货物、工程、服务三类,政府采购货物是指各种形态和种类的物品,包括原材料、燃料、设备、产品等。政府采购工程是指建设工程,包括建筑物和构筑物的新建、改建、扩建、装修、拆除、修缮等。政府采购服务是指除货物和工程以外的其他政府采购对象。如科技项目、科研课题、国有资产产权转让、物业管理、金融保险服务等。所以,政府采购投标文件可以分为政府采购货物类投标文件、政府采购工程类投标文件、政府采购服务类投标文件三大类。

四、投标文件的内容

《中华人民共和国招标投标法》《政府采购货物和服务招标投标管理办法》等法律法规规章规定:

投标人应当按照招标文件的要求编制投标文件。投标文件应当对招标文件提出的实质性要求和条件作出响应。

投标文件的内容一般应包括:(一)投标函;(二)投标报价;(三)技术方案(施工组织设计或货物技术性能参数的详细描述);(四)商务和技术偏差表;(五)投标保证金;(六)有关资格证明文件;(七)招标文件要求的其他内容。

招标项目属于建设施工的,投标文件的内容应当包括拟派出的项目负责人与主要技术人员的简历、业绩和拟用于完成招标项目的机械设备等。

投标人在招标文件要求提交投标文件的截止时间前,可以补充、修改或者撤回已提交的投标文件,并书面通知招标人。补充、修改的内容应当按招标文件要求签署、盖章,并作为投标文件的组成部分。

投标人根据招标文件载明的项目实际情况,拟在中标后将中标项目的非主体、非关键性工作、非主要部分进行分包的,应当在投标文件中载明。

五、投标文件格式

投标文件是一个综合性的文件,由封面、目录和正文构成。不同的招标文件对投标文件格式规定不同,投标人应当按照招标文件的要求编制投标文件,即应严格按照招标文件中"投标文件格式"的规定组织编写和装订。

投标文件的正文,有的由商务部分和技术部分两大主要部分构成,有的由商务部分(投标函部分)、价格部分、技术部分三大主要部分构成。商务部分包括投标函及投标函附录、法定代表人身份证明、授权委托书、投标单位的各种资质证明文件、企业基本情况和业绩、投标报价等材料。技术部分包括设计施工方案、货物技术性能参数的详细描述、项目管理机构、图纸等和技术相关的材料。有的投标文件把商务部分和技术部分作为两个分文件,分别叫商务标和技术标。

投标文件有正本一份和副本若干份。正本和副本应分开包装并按要求进行密封和标记。正本和副本应当一致,当副本和正本不一致时,以正本为准。

例文一

投标文件格式

中华人民共和国标准施工招标文件(2007年版)

一、投标函及投标函附录

(一)投标函

(二)投标函附录

二、法定代表人身份证明(或附有法定代表人身份证明的授权委托书)

三、联合体协议书(投标人须知前附表规定不接受联合体投标的,或投标人没有组成联合体的,投标文件不包括联合体协议书)

四、投标保证金

五、已标价工程量清单

六、施工组织设计

附表一:拟投入本标段的主要施工设备表

附表二:拟配备本标段的试验和检测仪器设备表

附表三:劳动力计划表

附表四:计划开、竣工日期和施工进度网络图

附表五:施工总平面图

附表六:临时用地表

七、项目管理机构

(一)项目管理机构组成表

(二)主要人员简历表

八、拟分包项目情况表

九、资格审查资料

(一)投标人基本情况表

(二)近年财务状况表

(三)近年完成的类似项目情况表

(四)正在施工的和新承接的项目情况表

(五)近年发生的诉讼及仲裁情况

十、其他材料(投标人须知前附表规定的其他材料)

 例文二

投标文件格式

(××市政府采购货物类招标文件标准文本)

一、经济文件

(一)开标一览表

(二)分项报价明细表

二、资格文件

（一）营业执照副本复印件

（二）税务登记证副本复印件

（三）组织机构代码证复印件

（四）法定代表人身份证明书（格式）

（五）法定代表人授权委托书（格式）

（六）法定代表人授权代表在本单位缴纳社会保障金证明材料

（七）诚信声明

（八）特定资格条件证书或文件复印件

三、商务文件

（一）投标函（格式）

（二）投标人基本情况介绍及商务承诺

（三）商务条款差异表

四、技术文件

（一）所投各产品的技术参数（或技术指标）

（二）所投各产品进入当期国家节能、环保清单目录的证明文件（如果有）

（三）技术条款差异表

五、其他

（一）其他资料

六、几种主要投标文件的写法

（一）投标函

投标函是指投标人为响应招标文件的条件和要求所做的有关报价、质量标准、工期、保证金等主要事项的概括性说明和承诺的函件。投标函及投标函附录一般位于投标文件的首要部分,其格式、内容必须符合招标文件的规定。

 例文三

投标函（格式）

中华人民共和国标准施工招标文件（2007年版）

_____（招标人名称）:

1.我方已仔细研究了_____（项目名称）_____标段施工招标文件的全部内容,愿意以人民币（大写）_____元（￥_____）的投标总报价,工期_____日历天,按合同约定实施和完成承包工程,修补工程中的任何缺陷,工程质量达到_____。

2.我方承诺在投标有效期内不修改、撤销投标文件。

3.随同本投标函提交投标保证金一份,金额为人民币（大写）_____元（￥_____）。

4.如我方中标:

（1）我方承诺在收到中标通知书后,在中标通知书规定的期限内与你方签订合同。

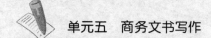

(2)随同本投标函递交的投标函附录属于合同文件的组成部分。

(3)我方承诺按照招标文件规定向你方递交履约担保。

(4)我方承诺在合同约定的期限内完成并移交全部合同工程。

5.我方在此声明,所递交的投标文件及有关资料内容完整、真实和准确,且不存在第二章"投标人须知"第1.4.3项规定的任何一种情形。

6._____(其他补充说明)。

投 标 人:_____(盖单位章)

法定代表人或其委托代理人:_____(签字)

地址:_____

网址:_____

电话:_____

传真:_____

邮政编码:_____

_____年____月____日

投标函(格式)

(××市政府采购货物类招标文件标准文本)

采购项目名称:_____

致:_____(采购机构名称):

_____(投标人名称)系中华人民共和国合法企业,注册地址:

_____。我方就参加本次投标有关事项郑重声明如下:

一、我方完全理解并接受该项目招标文件所有要求。

二、我方提交的所有投标文件、资料都是准确和真实的,如有虚假或隐瞒,我方愿意承担一切法律责任。

三、我方承诺按照招标文件要求,提供招标项目的技术服务。

四、我方按招标文件要求提交的投标文件为:投标文件正本1份,副本 份。

五、我方承诺:本次投标的投标有效期为90天。

五、我方投标报价为闭口价。即在投标有效期和合同有效期内,该报价固定不变。

六、如果我方中标,我方将履行招标文件中规定的各项要求以及我方投标文件的各项承诺,按《政府采购法》、《合同法》及合同约定条款承担我方责任。

七、我方理解,最低报价不是中标的唯一条件。

八、我方同意按有关规定及招标文件要求,缴纳足额投标保证金。

九、若我方中标,愿意按有关规定及招标文件要求缴纳招标代理服务费。

(投标人公章)

年 月 日

（二）投标函附录

投标函附录是附在投标函后面,对投标文件中涉及关键性或实质性的内容条款进行说明或强调。投标函附录是对招标文件重要条款的响应和承诺,也是评标时评委重点评审的内容。投标函附录一般以表格形式摘录列举。投标函附录除对合同重点条款摘录外,也可以根据项目的特点、需要,并结合合同执行者重视的内容进行摘录。投标人填报投标函附录时,在满足招标文件实质性要求的基础上,可以提出比招标文件要求更有利于招标人的承诺。在工程施工招标中,投标函附录为项目经理、工期、缺陷责任期、承包人履约担保金额、分包、质量标准等。

 例文五

投标函附录

工程名称 ＿＿＿×× 区廉租房昱星家园室内装修项目＿＿＿（项目名称）＿＿＿＿＿＿
（报建编号及标段号）

序号	条款内容	合同条款号	约定内容	备注
1	项目经理	20.11	姓名：＿＿＿	
2	工期	9.1	120＿＿＿日历天	
3	缺陷责任期			
4	承包人履约担保金额	7.1		
5	分包	20.2	见分包项目情况表	
6	逾期竣工违约金	15.1	＿＿＿元/天	
7	逾期竣工违约金最高限额	15.1	＿＿＿	
8	质量标准	10.2		
9	预付款额度	7.1		
10	预付款保证函金额	7.1		
11	质量保证金扣留百分比	7.2.4		
12	质量保证金额度	7.2.4		

注:投标人在响应招标文件中规定的实质性要求和条件的基础上,可作出其他有利于招标人的承诺。此类承诺可在本表中予以补充填写。

投标人（盖公章）：
法定代表人（盖章）：
日期＿＿＿＿年＿＿月＿＿日

（三）施工组织设计

切实、合理可行的施工组织设计方案是合理报价的基础,它往往体现着投标人的整体实力和施工水平,直接影响着投标文件的质量,对是否中标起着关键性的作用,应予以足够重视。施工组织设计部分的内容较多且繁杂,既有文字说明、施工方案图、场地布置图,又有各种表格和网络计划等,应做到合理、优化,并完全响应招标文件的要求和紧扣设计者或业主的意图。

　　投标人编制施工组织设计时应采用文字并结合图表形式说明施工方法;拟投入本标段的主要施工设备情况、拟配备本标段的试验和检测仪器设备情况、劳动力计划等;结合工程特点提出切实可行的工程质量、安全生产、文明施工、工程进度、技术组织措施,同时应对关键工序、复杂环节重点提出相应技术措施,如冬雨季施工技术、减少噪音、降低环境污染、地下管线及其他地上地下设施的保护加固措施等。

　　投标人应递交施工进度网络图或施工进度表,说明按招标文件要求的计划工期进行施工的各个关键日期。施工进度表可采用网络图(或横道图)表示。

　　投标人应递交一份施工总平面图,绘出现场临时设施布置图表并附文字说明,说明临时设施、加工车间、现场办公、设备及仓储、供电、供水、卫生、生活、道路、消防等设施的情况和布置。

施工组织设计方案

一、综合说明(说明编制依据、编制原则等)

二、总体施工方案

三、主要施工管理措施

四、主要施工技术措施

五、施工总平面布置图及临时用地表

六、主要施工方法

七、确保工程质量的技术组织措施

八、水电用量计划

九、现场文明施工

十、劳动力安排保证措施

十一、施工机械设备型号及数量

十二、施工网络图

十三、冬雨季施工及降水措施

十四、确保工期的技术组织措施

七、编制投标文件的要求

1. 吃透招标要求

　　通过详细解读招标文件、考察现场和参加标前会议,吃透招标要求。招标文件是编制投标文件的依据,阅读招标文件应认真细致、一字不漏,对投标人的资格要求、招标项目的范围和性质、技术条款和商务条款、评标办法和标准等重要内容应全部了解和掌握,切忌不具备资格资质条件出现投标无效情况;如果招标文件中出现表述不清楚、模糊及容易引起歧义、漏洞等问题时,应及时要求招标人对招标文件做出解答、澄清和修改,防止出现自己对招标文件的理解错误造成投标失误发生;根据招标文件的要求,充分衡量自己在商务和技术上的能力,不要勉强行事。

2. 科学合理报价

在评标过程中,投标报价在评标因素中所占的比重一般为 30% ~ 40% , 个别项目高达 60% 。投标报价是中标的最重要的决定因素。投标人应在研究评标办法、了解潜在竞争对手情况等基础上确定投标策略,以最优性价比提出自己的最合理报价,既达到中标的目的,又使投标人获得尽可能大的经济利益。

投标报价还应注意以下几点:(1)按法律规定,投标价不能低于成本价。如有特殊情况,在投标文件中应加以说明。(2)应把握好确定投标报价的时间。有经验的投标人都会在递交投标文件的前夕,根据竞争对手和投标现场的情况,最终确定投标报价或折扣率,现场填写有关方面的文件。(3)慎重确定投标保证金的金额。通常招标文件都规定投标保证金的金额为投标报价的 2% 。由于出具投标保证金需要一些必要的程序,其金额较容易被竞争手掌握,推算出投标报价。为保密起见,可适当提高投标保证金的金额,以迷惑竞争对手。(4)投标报价是一次性的,开标后不能更改,投标报价应一步到位。

3. 做好分工协作

投标工作是一项综合性很强的工作,涉及面广,内容多而杂,编制投标文件应组织专业的制作班子,分工协作。投标小组由 3 ~ 4 个人组成比较合适,其中一个人应负责总体的协调工作与标书的审查。

编标过程中,每个参加编标的人员都应熟悉招标文件,清楚了解所确定的投标方案,以高度的责任心投入工作。参编人员应在一起经常沟通、交流,以使每个人所编制部分的内容在总体上具有一致性,避免产生相互不一致甚至自相矛盾的现象。

4. 内容真实可靠

投标人必须在认真研究招标文件的基础上,对投标项目和己方的技术、经济实力进行客观分析,经过充分论证后,再决定是否投标;投标文件应实事求是地说明己方优势与特点,提供的资质文件一定要真实,切不可妄加许诺,弄虚作假。片面地夸大自己的业绩和能力,很可能引起评标委员会对投标人实力的怀疑和反感。一旦中标,就要在规定期限内与招标方签订合同,按合同办事,如违约或毁约,将承担法律责任。

5. 严格遵循格式

投标文件应严格按照招标文件给定的格式和要求填写、编制,做到内容完整、格式规范,不可自行更改格式、添加内容,否则可能严重影响评标。

6. 熟悉相关法规

编制招标文书必须熟悉招投标程序以及招投标相关法律政策规定,否则投标文件会被评标委员会否决。

如《中华人民共和国招标投标法实施条例》规定:未通过资格预审的申请人提交的投标文件,以及逾期送达或者不按照招标文件要求密封的投标文件,招标人应当拒收。有下列情形之一的,评标委员会应当否决其投标:(1)投标文件未经投标单位盖章和单位负责人签字;(2)投标联合体没有提交共同投标协议;(3)投标人不符合国家或者招标文件规定的资格条件;(4)同一投标人提交两个以上不同的投标文件或者投标报价,但招标文件要求提交备选投标的除外;(5)投标报价低于成本或者高于招标文件设定的最高投标限价;(6)投标文件没有对招标文件的实质性要求和条件作出响应;(7)投标人有串通投标、弄虚作假、行贿等违法行为。

【技能训练】

一、讨论下面的案例是否具有合理性并谈谈投标文件编制与递交的注意事项。

证明资料不全,能否现场退回投标文件

2011 年 12 月 13 日,××市某道路工程招标,至递交截止时间,共收到 4 家单位递交的投标文件。招标文件要求:已在××范围内承担项目施工的单位,暂按本次招标工程的建安估算额的 10% 缴纳综合诚信保证金,否则按 20% 缴纳。有在建项目的投标人须提供由在建工程项目业主的证明材料和投标人在该项目的综合诚信保证金缴纳收据。开标时,招标人和监督单位按照招标程序验证投标单位授权委托人身份、综合诚信保证金缴纳情况、投标保证金缴纳情况等。经验证,中建××局按暂估价 10% 交纳了综合诚信保证金,提供了其在××范围内有在建工程的相关证明材料,但未提供该项目的综合诚信保证金缴纳收据。监督单位商量,征求另外三家投标单位的意见,如果同意就正常开标,如果不同意就退回投标文件。经询问,三家投标单位均表示按招标文件执行,于是招标代理单位征求招标人和监督单位意见后宣布中建××局提供资料不齐全,按照招标文件要求投标无效,退回其投标文件,只开启另外三家投标人的投标文件。

二、在网上搜集并学习投标相关法律法规文件和典型规范的投标文件案例。

三、在网上搜集一份招标文件,拟写投标文件。

附　录　党政机关公文处理工作条例

（2012 年 4 月 16 日由中共中央办公厅和国务院办公厅联合印发,中办发〔2012〕14 号）

第一章　总　则

第一条　为了适应中国共产党机关和国家行政机关(以下简称党政机关)工作需要,推进党政机关公文处理工作科学化、制度化、规范化,制定本条例。

第二条　本条例适用于各级党政机关公文处理工作。

第三条　党政机关公文是党政机关实施领导、履行职能、处理公务的具有特定效力和规范体式的文书,是传达贯彻党和国家方针政策,公布法规和规章,指导、布置和商洽工作,请示和答复问题,报告、通报和交流情况等的重要工具。

第四条　公文处理工作是指公文拟制、办理、管理等一系列相互关联、衔接有序的工作。

第五条　公文处理工作应当坚持实事求是、准确规范、精简高效、安全保密的原则。

第六条　各级党政机关应当高度重视公文处理工作,加强组织领导,强化队伍建设,设立文秘部门或者由专人负责公文处理工作。

第七条　各级党政机关办公厅(室)主管本机关的公文处理工作,并对下级机关的公文处理工作进行业务指导和督促检查。

第二章　公 文 种 类

第八条　公文种类主要有:

(一)决议。适用于会议讨论通过的重大决策事项。

(二)决定。适用于对重要事项作出决策和部署、奖惩有关单位和人员、变更或者撤销下级机关不适当的决定事项。

(三)命令(令)。适用于公布行政法规和规章、宣布施行重大强制性措施、批准授予和晋升衔级、嘉奖有关单位和人员。

(四)公报。适用于公布重要决定或者重大事项。

(五)公告。适用于向国内外宣布重要事项或者法定事项。

(六)通告。适用于在一定范围内公布应当遵守或者周知的事项。

(七)意见。适用于对重要问题提出见解和处理办法。

(八)通知。适用于发布、传达要求下级机关执行和有关单位周知或者执行的事项,批转、转发公文。

(九)通报。适用于表彰先进、批评错误、传达重要精神和告知重要情况。

(十)报告。适用于向上级机关汇报工作、反映情况,回复上级机关的询问。

(十一)请示。适用于向上级机关请求指示、批准。

(十二)批复。适用于答复下级机关请示事项。

(十三)议案。适用于各级人民政府按照法律程序向同级人民代表大会或者人民代表大会常务委员会提请审议事项。

（十四）函。适用于不相隶属机关之间商洽工作、询问和答复问题、请求批准和答复审批事项。

（十五）纪要。适用于记载会议主要情况和议定事项。

第三章 公 文 格 式

第九条 公文一般由份号、密级和保密期限、紧急程度、发文机关标志、发文字号、签发人、标题、主送机关、正文、附件说明、发文机关署名、成文日期、印章、附注、附件、抄送机关、印发机关和印发日期、页码等组成。

（一）份号。公文印制份数的顺序号。涉密公文应当标注份号。

（二）密级和保密期限。公文的秘密等级和保密的期限。涉密公文应当根据涉密程度分别标注"绝密"、"机密"、"秘密"和保密期限。

（三）紧急程度。公文送达和办理的时限要求。根据紧急程度，紧急公文应当分别标注"特急"、"加急"，电报应当分别标注"特提"、"特急"、"加急"、"平急"。

（四）发文机关标志。由发文机关全称或者规范化简称加"文件"二字组成，也可以使用发文机关全称或者规范化简称。联合行文时，发文机关标志可以并用联合发文机关名称，也可以单独用主办机关名称。

（五）发文字号。由发文机关代字、年份、发文顺序号组成。联合行文时，使用主办机关的发文字号。

（六）签发人。上行文应当标注签发人姓名。

（七）标题。由发文机关名称、事由和文种组成。

（八）主送机关。公文的主要受理机关，应当使用机关全称、规范化简称或者同类型机关统称。

（九）正文。公文的主体，用来表述公文的内容。

（十）附件说明。公文附件的顺序号和名称。

（十一）发文机关署名。署发文机关全称或者规范化简称。

（十二）成文日期。署会议通过或者发文机关负责人签发的日期。联合行文时，署最后签发机关负责人签发的日期。

（十三）印章。公文中有发文机关署名的，应当加盖发文机关印章，并与署名机关相符。有特定发文机关标志的普发性公文和电报可以不加盖印章。

（十四）附注。公文印发传达范围等需要说明的事项。

（十五）附件。公文正文的说明、补充或者参考资料。

（十六）抄送机关。除主送机关外需要执行或者知晓公文内容的其他机关，应当使用机关全称、规范化简称或者同类型机关统称。

（十七）印发机关和印发日期。公文的送印机关和送印日期。

（十八）页码。公文页数顺序号。

第十条 公文的版式按照《党政机关公文格式》国家标准执行。

第十一条 公文使用的汉字、数字、外文字符、计量单位和标点符号等，按照有关国家标准和规定执行。民族自治地方的公文，可以并用汉字和当地通用的少数民族文字。

第十二条　公文用纸幅面采用国际标准 A4 型。特殊形式的公文用纸幅面,根据实际需要确定。

<h2 style="text-align:center">第四章　行　文　规　则</h2>

第十三条　行文应当确有必要,讲求实效,注重针对性和可操作性。

第十四条　行文关系根据隶属关系和职权范围确定。一般不得越级行文,特殊情况需要越级行文的,应当同时抄送被越过的机关。

第十五条　向上级机关行文,应当遵循以下规则:

(一)原则上主送一个上级机关,根据需要同时抄送相关上级机关和同级机关,不抄送下级机关。

(二)党委、政府的部门向上级主管部门请示、报告重大事项,应当经本级党委、政府同意或者授权;属于部门职权范围内的事项应当直接报送上级主管部门。

(三)下级机关的请示事项,如需以本机关名义向上级机关请示,应当提出倾向性意见后上报,不得原文转报上级机关。

(四)请示应当一文一事。不得在报告等非请示性公文中夹带请示事项。

(五)除上级机关负责人直接交办事项外,不得以本机关名义向上级机关负责人报送公文,不得以本机关负责人名义向上级机关报送公文。

(六)受双重领导的机关向一个上级机关行文,必要时抄送另一个上级机关。

第十六条　向下级机关行文,应当遵循以下规则:

(一)主送受理机关,根据需要抄送相关机关。重要行文应当同时抄送发文机关的直接上级机关。

(二)党委、政府的办公厅(室)根据本级党委、政府授权,可以向下级党委、政府行文,其他部门和单位不得向下级党委、政府发布指令性公文或者在公文中向下级党委、政府提出指令性要求。需经政府审批的具体事项,经政府同意后可以由政府职能部门行文,文中须注明已经政府同意。

(三)党委、政府的部门在各自职权范围内可以向下级党委、政府的相关部门行文。

(四)涉及多个部门职权范围内的事务,部门之间未协商一致的,不得向下行文;擅自行文的,上级机关应当责令其纠正或者撤销。

(五)上级机关向受双重领导的下级机关行文,必要时抄送该下级机关的另一个上级机关。

第十七条　同级党政机关、党政机关与其他同级机关必要时可以联合行文。属于党委、政府各自职权范围内的工作,不得联合行文。

党委、政府的部门依据职权可以相互行文。

部门内设机构除办公厅(室)外不得对外正式行文。

<h2 style="text-align:center">第五章　公　文　拟　制</h2>

第十八条　公文拟制包括公文的起草、审核、签发等程序。

第十九条　公文起草应当做到:

(一)符合国家法律法规和党的路线方针政策,完整准确体现发文机关意图,并同现行有关公文相衔接。

（二）一切从实际出发，分析问题实事求是，所提政策措施和办法切实可行。

（三）内容简洁，主题突出，观点鲜明，结构严谨，表述准确，文字精练。

（四）文种正确，格式规范。

（五）深入调查研究，充分进行论证，广泛听取意见。

（六）公文涉及其他地区或者部门职权范围内的事项，起草单位必须征求相关地区或者部门意见，力求达成一致。

（七）机关负责人应当主持、指导重要公文起草工作。

第二十条　公文文稿签发前，应当由发文机关办公厅（室）进行审核。审核的重点是：

（一）行文理由是否充分，行文依据是否准确。

（二）内容是否符合国家法律法规和党的路线方针政策；是否完整准确体现发文机关意图；是否同现行有关公文相衔接；所提政策措施和办法是否切实可行。

（三）涉及有关地区或者部门职权范围内的事项是否经过充分协商并达成一致意见。

（四）文种是否正确，格式是否规范；人名、地名、时间、数字、段落顺序、引文等是否准确；文字、数字、计量单位和标点符号等用法是否规范。

（五）其他内容是否符合公文起草的有关要求。

需要发文机关审议的重要公文文稿，审议前由发文机关办公厅（室）进行初核。

第二十一条　经审核不宜发文的公文文稿，应当退回起草单位并说明理由；符合发文条件但内容需作进一步研究和修改的，由起草单位修改后重新报送。

第二十二条　公文应当经本机关负责人审批签发。重要公文和上行文由机关主要负责人签发。党委、政府的办公厅（室）根据党委、政府授权制发的公文，由受权机关主要负责人签发或者按照有关规定签发。签发人签发公文，应当签署意见、姓名和完整日期；圈阅或者签名的，视为同意。联合发文由所有联署机关的负责人会签。

第六章　公 文 办 理

第二十三条　公文办理包括收文办理、发文办理和整理归档。

第二十四条　收文办理主要程序是：

（一）签收。对收到的公文应当逐件清点，核对无误后签字或者盖章，并注明签收时间。

（二）登记。对公文的主要信息和办理情况应当详细记载。

（三）初审。对收到的公文应当进行初审。初审的重点是：是否应当由本机关办理，是否符合行文规则，文种、格式是否符合要求，涉及其他地区或者部门职权范围内的事项是否已经协商、会签，是否符合公文起草的其他要求。经初审不符合规定的公文，应当及时退回来文单位并说明理由。

（四）承办。阅知性公文应当根据公文内容、要求和工作需要确定范围后分送。批办性公文应当提出拟办意见报本机关负责人批示或者转有关部门办理；需要两个以上部门办理的，应当明确主办部门。紧急公文应当明确办理时限。承办部门对交办的公文应当及时办理，有明确办理时限要求的应当在规定时限内办理完毕。

（五）传阅。根据领导批示和工作需要将公文及时送传阅对象阅知或者批示。办理公文传阅应当随时掌握公文去向，不得漏传、误传、延误。

（六）催办。及时了解掌握公文的办理进展情况，督促承办部门按期办结。紧急公文或者重要公文应当由专人负责催办。

（七）答复。公文的办理结果应当及时答复来文单位,并根据需要告知相关单位。

第二十五条 发文办理主要程序是:

（一）复核。已经发文机关负责人签批的公文,印发前应当对公文的审批手续、内容、文种、格式等进行复核;需作实质性修改的,应当报原签批人复审。

（二）登记。对复核后的公文,应当确定发文字号、分送范围和印制份数并详细记载。

（三）印制。公文印制必须确保质量和时效。涉密公文应当在符合保密要求的场所印制。

（四）核发。公文印制完毕,应当对公文的文字、格式和印刷质量进行检查后分发。

第二十六条 涉密公文应当通过机要交通、邮政机要通信、城市机要文件交换站或者收发件机关机要收发人员进行传递,通过密码电报或者符合国家保密规定的计算机信息系统进行传输。

第二十七条 需要归档的公文及有关材料,应当根据有关档案法律法规以及机关档案管理规定,及时收集齐全、整理归档。两个以上机关联合办理的公文,原件由主办机关归档,相关机关保存复制件。机关负责人兼任其他机关职务的,在履行所兼职务过程中形成的公文,由其兼职机关归档。

第七章 公 文 管 理

第二十八条 各级党政机关应当建立健全本机关公文管理制度,确保管理严格规范,充分发挥公文效用。

第二十九条 党政机关公文由文秘部门或者专人统一管理。设立党委（党组）的县级以上单位应当建立机要保密室和机要阅文室,并按照有关保密规定配备工作人员和必要的安全保密设施设备。

第三十条 公文确定密级前,应当按照拟定的密级先行采取保密措施。确定密级后,应当按照所定密级严格管理。绝密级公文应当由专人管理。

公文的密级需要变更或者解除的,由原确定密级的机关或者其上级机关决定。

第三十一条 公文的印发传达范围应当按照发文机关的要求执行;需要变更的,应当经发文机关批准。

涉密公文公开发布前应当履行解密程序。公开发布的时间、形式和渠道,由发文机关确定。

经批准公开发布的公文,同发文机关正式印发的公文具有同等效力。

第三十二条 复制、汇编机密级、秘密级公文,应当符合有关规定并经本机关负责人批准。绝密级公文一般不得复制、汇编,确有工作需要的,应当经发文机关或者其上级机关批准。复制、汇编的公文视同原件管理。

复制件应当加盖复制机关戳记。翻印件应当注明翻印的机关名称、日期。汇编本的密级按照编入公文的最高密级标注。

第三十三条 公文的撤销和废止,由发文机关、上级机关或者权力机关根据职权范围和有关法律法规决定。公文被撤销的,视为自始无效;公文被废止的,视为自废止之日起失效。

第三十四条 涉密公文应当按照发文机关的要求和有关规定进行清退或者销毁。

第三十五条　不具备归档和保存价值的公文，经批准后可以销毁。销毁涉密公文必须严格按照有关规定履行审批登记手续，确保不丢失、不漏销。个人不得私自销毁、留存涉密公文。

第三十六条　机关合并时，全部公文应当随之合并管理；机关撤销时，需要归档的公文经整理后按照有关规定移交档案管理部门。

工作人员离岗离职时，所在机关应当督促其将暂存、借用的公文按照有关规定移交、清退。

第三十七条　新设立的机关应当向本级党委、政府的办公厅（室）提出发文立户申请。经审查符合条件的，列为发文单位，机关合并或者撤销时，相应进行调整。

第八章　附　　则

第三十八条　党政机关公文含电子公文。电子公文处理工作的具体办法另行制定。

第三十九条　法规、规章方面的公文，依照有关规定处理。外事方面的公文，依照外事主管部门的有关规定处理。

第四十条　其他机关和单位的公文处理工作，可以参照本条例执行。

第四十一条　本条例由中共中央办公厅、国务院办公厅负责解释。

第四十二条　本条例自 2012 年 7 月 1 日起施行。1996 年 5 月 3 日中共中央办公厅发布的《党机关公文处理条例》和 2000 年 8 月 24 日国务院发布的《国家行政机关公文处理办法》停止执行。

参 考 文 献

1. 李艳婷,王瑞玲. 现代职业秘书写作[M]. 北京:北京大学出版社,2012.

2. 郭冬. 秘书写作(第二版)[M]. 北京:高等教育出版社,2009.

3. 卢如华. 新编秘书写作[M]. 北京:高等教育出版社,2010.

4. 陈兴强,胡恒杰等. 文秘写作[M]. 北京:中国传媒大学出版社,2011.

5. 中国就业培训技术指导中心. 秘书国家职业资格培训教程·基础知识[M]. 北京:中央广播电视大学出版社,2006.

6. 魏建周. 新编机关公文实务全书[M]. 北京:人民日报出版社,2014.

7. 杨文丰. 现代应用文书写作[M]. 北京:中国人民大学出版社,2006.

8. 郑敬东. 现代应用文导写[M]. 重庆:重庆出版社,2002.

9. 邱飞廉. 职场应用写作[M]. 北京:中国人民大学出版社,2011.

10. 杨锋,周蓓新. 秘书实用写作[M]. 广州:暨南大学出版社,2007.

11. 中国法学会法律文书学研究会,文秘写作指南[M]. 北京:中国工商出版社,2007.

12. 朱利萍,韩开绯. 秘书写作实务[M]. 重庆:重庆大学出版社,2010.

13. 刘宏彬. 新编应用文写作教程[M]. 北京:新华出版社,2012.

14. 张家平. 秘书实用写作[M]. 北京:教育科学出版社,2013.

15. 朱悦雄. 应用文写作病文评析与修改[M]. 广州:广东高等教育出版社,2010.